图 1　一只被撞晕的粉颊小翠鸟在我的手指上恢复了神智。

图 2　脾气暴躁的奇曼努卡似乎还没睡醒。这只巨大的银背大猩猩是奇梵加附近一个大猩猩家族的头领，它刚从夜间睡觉的巢里出来，在清晨的阳光下眨眼。

图3　非洲树蛙丰富多彩的颜色类型。A 成年雄性 *Hyperolius castaneus adult male*；B 成年雌性 *H.castaneus adult female*；C 亚成体 *H.castaneus subadult*；D 成年雄性 *Hyperolius constellatus adult male*；E 成年雌性 *H.constellatus adult female*；F 成年雌性（疑为亚成体之误——译注）*H.constellatus adult female*。

图4　穆加巴附近，一只成年雄性卡利小黑蛙（*Leptopelis karissimbensis*）在装死。脚底和嘴里的浅蓝色也许让可能的捕食者看来像是腐烂的尸体。

图5　考察队从东面驶近姆文加时看到的伊托姆伯维高原。

图6　非洲树蝰（*Atheris nitschei*）。

图7　比沙卡村一瞥。在一个暴风雨之夜，我的队伍在这里得到了食物和住处。善良的村长穿着白衬衫，站在右边背景里。前景里的男孩头上有斑秃，是刚果（金）的孩子常患的一种常见皮肤病。

图 8　比沙卡的一只雷西石龙子属（*Leptosiaphos*）石龙子。

图 9　这只水树蛙（*Phlyctimantis*）的鲜艳色彩很可能是向捕食者发出警告：这只青蛙有毒。

图 10　在米基那栋年久失修的比利时风格房子前面看到的山地森林的壮观景色。这片原始森林覆盖的莽莽群山向远处延伸了数千千米。

图 11　维龙加国家公园南部草甸，一群活泼的肯尼亚水羚（*Kobus kob*）看着我。

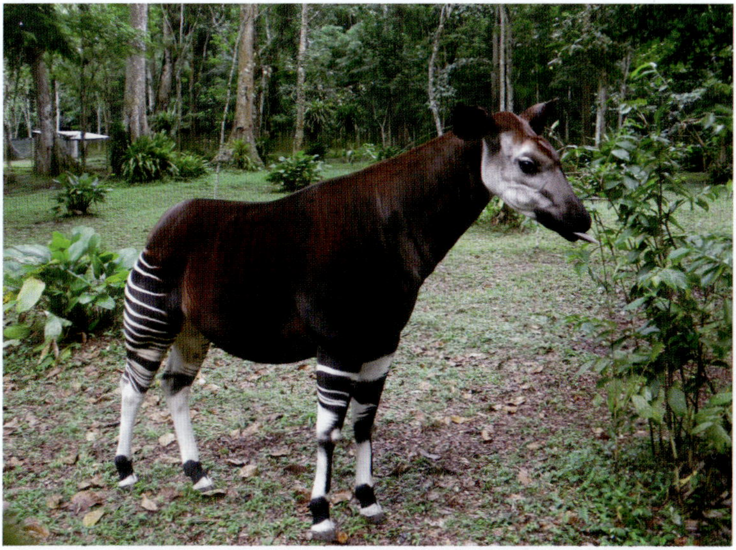

图 12 埃普鲁镇（Epulu）的一只圈养獾㹢狓（*Okapia johnstoni*）。2012 年 1 月，在辛巴和马伊—马伊武装分子发动的一次袭击中，这只和另外 12 只獾㹢狓及 6 个人被打死。刚果（金）自然保护研究所的护林员一直在努力保护埃普鲁镇附近的獾㹢狓野生生物保护区（Okapi Wildlife Reserve）的完整，严厉打击偷猎大象和开采金矿行为，武装分子的行动似乎是对此的报复。

图 13 美丽但剧毒的犀咝蝰（*Bitis nasicornis*）。它在林地里伏击猎物，背上的几何图案帮它隐藏在落叶里。

图 14 右眼被一条黑颈射毒眼镜蛇（*Naja nigricollis*）吐出的毒液毒伤后不久的万德杰。几天后，他的视力得到恢复。

图 15　阿苏库鲁在隆格韦湖。他正在伊托姆伯维高原海拔约 2 900 米的群山之中。摄影：姆温尼巴图·亚里士多德。

图 16　亚里士多德在隆格韦湖发现的美丽而神秘的青蛙。多年后，它被认出是铜金蛙（*Chrysobatrachus cupreonitens*），一个伊托姆伯维高原特有的物种。

图 17　我的团队在卡波波高原合影。前排蹲者从左到右为：马赛尔、亚里士多德和希芬德拉。穆卢雷马在后排左边，戴一顶褪了色的帽子，同排还有我和五名少年脚夫兼向导。摄影：万德杰·穆宁加。

图 21　考察队的车乘一条快散架的木船渡过混浊的伊图里河。背景中可见雨林和那辆对着我鸣喇叭的红色公共汽车。万德杰穿着色彩鲜艳的衬衫，戴了一顶黄帽子，站在车的右边，他左边的穆卢雷马穿着棕色衬衫，扶着车头。摄影：姆温尼巴图·亚里士多德。

图 22　我捉到的树蝰（*Atheris squamigera*）吐着信子。埃普鲁镇。

图 23　维龙加国家公园未成年的非洲象（*Loxodonta africana*）。

图 24　阿苏库鲁草蜥（*Congolacerta asukului*）正模标本活着的样子。

# 野性与文明

# Emerald Labyrinth

A Scientist's Adventures In The Jungles Of The Congo

[美] 伊莱 · 格林鲍姆 —— 著
*Eli Greenbaum*
朱鸿飞 —— 译

一位进化遗传学家在刚果（金）丛林的新发现

新世界出版社
NEW WORLD PRESS

北京版权保护中心引进书版权合同登记号：图字 01-2019-6738号

**图书在版编目（CIP）数据**

野性与文明：一位进化遗传学家在刚果（金）丛林的新发现 /（美）伊莱·格林鲍姆著；朱鸿飞译．-- 北京：新世界出版社，2020.3
ISBN 978-7-5104-7001-1

Ⅰ．①野… Ⅱ．①伊… ②朱… Ⅲ．①文化史－非洲－通俗读物 Ⅳ．① K400.3-49

中国版本图书馆 CIP 数据核字 (2019) 第 287800 号

**野性与文明：一位进化遗传学家在刚果（金）丛林的新发现**

**作　　者**：[ 美 ] 伊莱·格林鲍姆（Eli Greenbaum）
**译　　者**：朱鸿飞
**策　　划**：中资海派
**执行策划**：黄　河　桂　林
**责任编辑**：秦彦杰
**特约编辑**：羊桓汶辛　刘馥鸣
**责任校对**：宣　慧
**责任印制**：王宝根　汪勋辽
**出版发行**：新世界出版社
**社　　址**：北京西城区百万庄大街 24 号（100037）
**发 行 部**：（010）6899 5968　（010）6899 8705（传真）
**总 编 室**：（010）6899 5424　（010）6832 6679（传真）
http：//www.nwp.cn　http：//www.nwp.com.cn
**版 权 部**：+8610 6899 6306
**版权部电子信箱**：nwpcd@sina.com
**印　　刷**：深圳市雅佳图印刷有限公司
**经　　销**：新华书店
**开　　本**：787mm × 1092mm　1/32
**字　　数**：190 千字　**印　张**：10
**版　　次**：2020 年 3 月第 1 版　2020 年 3 月第 1 次印刷
**书　　号**：ISBN 978-7-5104-7001-1
**定　　价**：59.80 元

献给温迪

感谢你对我工作的支持和无私奉献

# 权威推荐

## 美国图书馆协会《书单》(*Booklist*)杂志，带星评论

引人入胜的科学之旅……在《野性与文明》中，格林鲍姆记叙了他在刚果（金）历经的艰辛之旅，详细地介绍了那里曾经的血腥历史、壮观的自然景观以及丰富多彩却又正在迅速消失的各类动植物。

## 《科克斯书评》(*Kirkus Reviews*)

《野性与文明》文字流畅，读起来让人身临其境，把刚果（金）的自然奇观以及它的脆弱清晰地呈现在了读者的面前。格林鲍姆对工作的热情贯穿于整本书中，同样贯穿始终的是他对地球自然环境的未来的看法，颇具说服力。

## 《出版人周刊》(*Publishers Weekly*)

格林鲍姆……将科学研究、环境保护以及刚果（金）的历

史等话题整合到了一本书中，向读者分享了他探索刚果（金）令人赞叹的生态系统的经历。

**伊恩·雷德蒙德（Ian Redmond）**
**野生动物学家、《联合国迁徙物种公约》大使**
**伦敦动物学学会会士、林奈学会会士**
**大英帝国勋章获得者**

引人入胜的一部书……格林鲍姆引领读者去深入探索刚果（金）被人忽视的自然。

**乔纳森·金顿（Jonathan Kingdon）**
**牛津大学动物学家**

感谢格林鲍姆这样的科学家，《野性与文明》中描述的科学考察经历表明，虽然面临着很多困难，但创新性研究仍然能够进行。

# 推荐序

**赵 阳**

《荒野星球》探索系列纪录电影
出品人、制片人，
荒野星球品牌创始人

## 衰竭的非洲之心

我们常常听到“美丽的星球”这样的形容。然而，美丽的另一面一定是黑暗——有人为了私欲在肆意破坏。那么，就一定有人为了大众在全力保护，甚至还有一部分人冒着生命危险，用科学的方式在进行生物多样性考察和研究，为了后代，为了人类文明的延续。

作为一名具有献身精神的科考人员，作者深入神秘的“非洲之心”核心地带，走进一处城市人永远无法想象的地球的另一面。那里疾病肆虐，危机四伏，充满各种生吃死人的传说；那里有残暴殖民的血腥历史，有种族屠杀惨剧，是无数探险家书写传奇的荒野腹地，抑或征服，抑或贪婪，抑或残暴，抑或猎奇。

那里有人类贪婪的猎取杀戮，也有人与动物生死相护的赞歌传奇，那里有利益驱使的非法木炭贸易，也有精致利己、欲壑难填的丛林肉贸易。那里是“非洲世界大战”的战场，也是惨绝人寰的种族大屠杀的发生地，仅仅 100 天，80 万人被杀死，且大多死于砍刀之下。

1997 年，刚果（金）进入无政府状态，维龙加国家公园的大部分标志性动物被大规模屠杀。那里曾经拥有世界上最大的河马种群，约 3 万头，到 2005 年剩下不到 900 头。

那里，一个最接近人类起源的地方，依然每天上演着最简单粗暴的丛林法则，人类、野生动物和原始森林等所有生命，都显得如此的脆弱。为了谋生和改善生活而摧毁雨林时，热带地区的人也不知不觉地打开了潘多拉魔盒，恶化了自己的生活环境，正如中国人所说的“凡是兴一利必有一弊”。“非洲之心”已经遭到严重损害，真正的荒野所剩无几。

这是一部带你走进中部非洲刚果（金）的探险手记实录。作品以科考探险之旅为主线，带领读者进行一次从殖民统治到内战爆发的历史演变、从食人部落到部族冲突的文化探秘，以及现代刚果（金）人民命运多舛的惊险旅程，适合对探索世界和人类文明进化拥有强烈好奇心，对动植物科考有浓厚兴趣的专业科学家和爱好者阅读。

在这个世界上，地理概念上真正的荒野已经所剩无几，然而人心的荒野却始终杂草丛生，一年又一年，一代又一代。在人工智能时代即将来临的时候，我们是时候开始关注人心的荒野和人性的美好，以保证我们在人工智能时代可以保留住人类的一点优势和尊严。荒野星球（Wild Planet），一个源自中国的国际探索品牌，主张探索真实的世界，自我成长，快乐成功，消除人心的荒野，守护星球的美好。

# 前 言

## 探寻"黑暗之心"

不止一位作家说过，只要饮过尼罗河水，不管过多久，一个人注定会回到非洲。于我而言，尼日尔河[1]将这个咒语加到我身上的时候是2001年，那时我第一次游历西非。在那趟迂回曲折的行程中，在那条对我产生深远影响的大河边，我的靴子第一次沾上非洲的泥土。随着时间的流逝，非洲最终成为我科研活动的中心区域。我发现在我的研究领域还有很多未解之谜，而在非洲工作的科学家又十分缺乏，于是我逐渐转变科研重点，致力探索这个物种丰富但鲜为人知的地方。这项工作迫在眉睫，因为人口激增导致的森林锐减、气候变化等加速了我努力想要发现和理解生物多样性消失的原因。

许多人将这份激情误解为对冒险的病态追求。"有命去，无命回。"我的朋友、家人和同事反复用这句话或类似的忠告敲打我，

①仅次于尼罗河和刚果河的非洲第三长河。——译者注

尤其是在我第一次进入中部非洲[1]之前。谁会责怪这些用意良好的人呢？即使在约瑟夫·康拉德（Joseph Conrad）的名著《黑暗之心》（*Heart of Darkness*）出版 118 年后，刚果（金）[2]在许多人眼中依然是一颗神秘的“黑暗之心”。也许他们确有道理。正如我后面详细说到的，“非洲的世界大战”[3]的后果是 500 万名刚果（金）人丧生，数支危险的武装力量逡巡在刚果（金）东部的丛林里，零星的地雷和哑弹至今仍然顽固地残留在一些经历过激烈战事的地区。

除此之外，还有各种严重或致命的疾病、糟糕透顶的基础设施和至少三十多种毒蛇——而且医院里没有抗毒血清。难怪大家要问，到刚果（金）探险会不会真的是一次自杀行动。幸亏还有一些人和组织，他们要么茫然无知忽视了危险，要么出于看看会发生什么的目的而资助我前往刚果（金）。我永远感激所有支持我的人，尤其是那些在我 2007 年初次尝试考察刚果（金）时支持我的人（见“致谢”部分）。

本书的主要内容是与生物多样性考察有关的科普知识，同时也向公众介绍生物多样性考察这项工作。2012 年，美国国家科学基金会（National Science Foundation，NSF）批给我和同事凯特·杰克逊（Kate Jackson）一笔拨款，资助我继续研究刚果（金）盆地

---

①指非洲大陆中部的几个国家，通常包括中非共和国、乍得、喀麦隆、赤道几内亚、加蓬、刚果（布）、刚果（金）、圣多美和普林西比。——译者注

②刚果民主共和国，简称刚果（金）。13 ~ 16 世纪期间，班图人在刚果河下游流域曾建立刚果、卢巴、隆达等王国。15 世纪起西方殖民者相继入侵。1885 年被划分为比利时国王“私人采地”，称“刚果自由邦”，1908 年改称“比属刚果”。1960 年 6 月 30 日独立，定名刚果共和国。1964 年 8 月改名刚果民主共和国。1971 年 10 月 27 日改名扎伊尔共和国。1997 年恢复现名。——编者注

③指 20 世纪末爆发的第二次刚果战争（Second Congo War），是主要发生在刚果（金）境内的一场战争。——译者注

的两栖动物和爬行动物（以下合称两爬动物）。我在书中列出的一些成果即得益于这笔拨款的资助。由于我的研究使用了美国纳税人的钱，作为我责任的一部分，我有义务向公众交代我用他们的资金在做什么，并且向公众传播我的研究内容。因此在2016年，我开始在网上发布视频，用非专业词汇解释我的工作。

当代最伟大的科学传播者、美国自然历史博物馆（American Museum of Natural History）的尼尔·德·格拉斯·泰森（Neil de Grasse Tyson）博士对此有很恰当的解释："如果，与我们用……美国国家航空航天局（NASA）和美国国家科学基金会的资金研究天体物理学一样……你用纳税人的钱做研究，那么……与公众分享你的研究成果不仅是你的职责，而且是一项'法律义务'。如果公众不支持科学，那么受损失的不仅是科学，还有公众。"

将这个说法推及我的工作，可以说，如果公众不了解生物多样性的知识，那么包括人类在内的持续大规模物种灭绝将不可避免。出版本书的其中一个目的就是向公众传播生物多样性的知识，但除了义务外，我确实也乐于和大家分享我的激情。你即将读到的个人叙述是真实的，鉴于我希望在健康和条件允许的情况下继续在非洲的研究工作，所以故事里的一些小细节（如人名）经过了修饰。

# 出版说明

2015年，刚果（金）政府重新绘制了该国地图，改变了省界并设立了几个新省份。因为本书故事发生于2008 - 2009年，故我在本书中使用了当时的省份名称和边界。

# 目 录

Emerald Labyrinth

A Scientist's Adventures In The Jungles Of The Congo

# 第 1 章

## 灿烂的阳光下没有欢乐

2008年5月，刚果（金）利维洛，一个明媚的春日上午，我正在比利时人遗留下的一栋旧屋舒适的客厅里倒时差。在我这个两爬动物学家及进化生物学家看来，刚果（金）是非洲典型的生物多样性情况还未知的代表区域，为此我感到一阵混合了紧张、激动和疲惫的奇怪情绪。

我用疲倦的双眼懒洋洋地扫视着正对前院的那堵嵌着几面大玻璃窗的墙，突然看到一扇窗户中间有个规则的圆洞。我盯着这个洞看了很久，才发现它原来是个弹孔，也许是刚果（金）东部无处不在的AK-47突击步枪造成的。虽然我听说过关于该地区凶残的武装分子的故事，但不知道其中的细节，因此我觉得向这栋屋子的老看门人利亚登加问问利维洛的历史应该是一件有趣且明智的事情。就在疲惫让我快要放弃这个想法时，我看到对面窗户边闪过一片鲜艳的色彩，紧接着听到一声响亮的“啪嗒”声。

我好奇心大起，走到屋前试着找到声音从何处传来。附近看不到一个人，我查看窗前的花圃，发现了我生平见过的最漂亮的动物之一：一只棒球大小的鸟儿。它没看清窗户的玻璃，一头撞在上面昏了过去。昏迷的小鸟躺在花丛里，我轻轻捧起它，飞快地拍了几张照片。过了一会儿，它清醒过来，站在我的手指上。小鸟生着尖尖的淡红色喙，橙色的足，白色和橙棕色的胸，头和翅膀上有华美的孔雀蓝和紫色斑点图案：一只粉颊小翠鸟（*Ispidina picta*）。

这种翠鸟在非洲撒哈拉以南地区迁徙。它们在相对干旱的栖息地独自捕食，如果在森林附近，它们则喜欢林中空地，这就是我碰巧在利维洛一带林木被砍伐掉的地区遇到它的原因。它们喜食昆虫、水生无脊椎动物和蛙类，通常在雨季繁殖，在溪流岸边、冲沟、洼地、土豚窝甚至白蚁丘内一个 30~60 厘米长的小洞穴末端筑巢。它们一窝生 2~6 只蛋，雌雄共同育雏。这个物种分布广泛，不属于濒危物种。

这只娇俏华丽的小生物瞪着一双大大的黑眼睛打量我。我知道自己正在与一种刚果（金）珍贵的鸟类产生联系，这种经历一生中很难遇到。正是这种难得的一窥非洲野生动物的机会吸引我来到这里，而一次又一次类似的经历又继续吸引我回到这片土地。我沉醉于非洲的变幻莫测：在一天中的任何时刻，在任何不知名的角落，都可能发生让我着迷、惊恐、震撼的意外，而在这些意外发生前，没人知道它会带来奇妙的经历还是造成可怕的后果。这样的事情会让我心潮澎湃还是闻风而逃，这正是我不久后将接受的刚果（金）变幻不定的现实。

看着这个漂亮可爱的小精灵恢复元气，展翅飞走，在我手指的一小块区域上留下片刻温暖，我双腿激动得微微发抖，不禁对自己马上冒险进入的丛林深处满怀憧憬，浮想联翩。

几个世纪以来，中部非洲一直是一个神秘、危险，且富有异国情调的矛盾混合体。15 世纪晚期，欧洲人首次踏上今属刚果（金）的土地。在此之前，欧洲动物寓言故事中到处宣扬这片土地上存在神秘怪物的传言，这些神秘怪物包括能叼走大象的大鹏鸟、大如小狗的蚂蚁，甚至是长着一只眼或三个头，有些还长着狮子头的人。如果这些恐怖的生物还不足以吓退勇敢的探险者，那么根据传言，西非沿岸的晦暗之海里还有天降之火、沸腾之海、毒蛇之礁、妖魔之岛、滔天之浪，以及和撒旦相通、让人有去无回的漩涡。

另一方面，据称失踪很久的基督教祭司王约翰（Prester John）在 1165 年左右给教皇写了一封信，因为这封广为流传的伪造的信，欧洲人相信祭司王统治着众多非洲国王、怪物和巨人，他住的宫殿里有无数珍宝，包括传说中的不老泉[①]。

最终，人们的贪婪和好奇胜过了对必死传言的恐惧。1482 年，一个叫迪奥戈·康（Diogo Cão）的葡萄牙船长驾驶他的船只向南驶出比所有前人都远的距离。航行期间，一片水域将他吸引到非洲沿岸。那里的水呈深棕色，植被丰茂，甚至还有大树。一些大树直立生长，而远岸的水流依然十分强劲。康发现的这片水域即是汹涌的刚果河，非洲第二长河，当地的刚果人称之为扎伊尔河，意为吞没所有河流的河。

约瑟夫·康拉德的小说《黑暗的心》里有一段著名的对刚果河的描写。1890 年，他在“比利时国王号”（Roi de Belges）蒸

①又译为青春之泉，是一座传说中的泉，在那些相关传说中，任何人喝了它的水都会恢复青春。——译者注

汽船上当引航员时游览了刚果河，那段描写即以此为基础："溯河而上就像穿越回太初世界，地面植被繁茂，大树一统万物。一条空旷的溪流，一片死寂，一块无法穿越的森林。空气温暖、浓烈、厚重、凝滞。灿烂的阳光下没有欢乐。"

虽然中部非洲的降水随季节变化起伏不定，但刚果河蜿蜒着两度穿过赤道，河水得到来自南北半球支流的不断补充，因此这条大河的水位既无大起也无大落，常年保持着充沛的水流。刚果河发源于刚果（金）东南部加丹加省的草原高地，长4 640千米，一些河段的河流宽度达15千米。沿河有数处阻碍航行的峡谷和瀑布，这些阻碍包括地狱之门、基桑加尼（旧称斯坦利维尔）和马塔迪一带的水晶山脉。在欧洲人迪奥戈·康发现刚果河后，4个世纪以来，马塔迪一带的瀑布一直是探索刚果河腹地的主要障碍。

到达这条大河河口后不久，康开始了与当地刚果人的第一次交流。这使得之后，越来越多的葡萄牙人来到这里。一开始，这些来访者里有许多人都是牧师，后来，随着葡萄牙及其在巴西新开辟的殖民地对劳动力需求的增长，渴望大捞一笔的奴隶贩子也来到这个地方。

在康发现刚果河的多年以后，被送到美洲南部的烟草和棉花种植园的奴隶中，约有四分之一来自大西洋一侧包括刚果王国①在内的赤道非洲地区。从葡萄牙人第一次来到刚果王国到1900年，奴隶贩子从刚果王国和赤道非洲西部其他地区累计运出成百上千万的奴隶。奴隶贩运导致的死亡是一场人间惨剧，约半数被抓来的奴隶

①中非古国。约建于14世纪，以刚果河下游为中心，都姆班扎（Mbanza，后称"圣萨尔瓦多"，今安哥拉北部）。15世纪末葡萄牙殖民者渗入。1665年王国取消葡人探矿权，战争遂起，国王战死。后内战连绵，都城被毁，解体。——编者注

在到达“出口”之前就已经死去。

在迪奥戈·康抵达刚果王国的近3个世纪后，由于腐败以及与葡萄牙人的战争，刚果王国已经完全崩溃。对刚果河及其壮丽瀑布的初期考察激发了英国政府的兴趣。1815年，英国政府资助了一次以绘制刚果河地图，记录该区域自然现象、文化、商业前景和奴隶贸易为目的的探险。在皇家海军船长詹姆斯·欣斯顿·塔基[①]（James Hingston Tuckey）的带领下，考察队收集到第一批刚果王国两爬动物的标本，其中一些将在80年后收录在第一部论述安哥拉和刚果两爬动物区系的重要作品中。

每到一个地方，都有人向塔基和考察队兜售奴隶，他们的拒绝经常会招来怀疑的目光。塔基解释说，就算欧洲人废除奴隶制，“非洲内部的”奴役也不会消失。但与他交谈的非洲人都认为，如果白人不来贩奴，无处不在的绑架活动将会消失，战争也会减少。和无数后来造访刚果王国的欧洲人的命运一样，塔基和17名同行人员（包括全部科学家在内）在他们考察刚果河的3个月时间内陆续死去。其中4人在一艘考察船遇袭时被打死，其余人似乎死于黄热病。

到了1840年，英国皇家海军取缔赤道以南的跨大西洋奴隶贸易的行动或多或少取得了一些成功。在四十多年的时间里，英国在刚果河的业务扩展到象牙、铜和棕榈油贸易，年贸易额达到200万英镑。英国人在商业交易中对刚果人似乎还算公平，但非洲与其他欧洲国家的奴隶贸易还在继续。

---

①原文 James Kingston Tuckey，为 James Hingston Tuckey（1776—1816）之误。——译者注

越来越多的欧洲和美国传教士也在这一时期活跃起来。虽然一些勇敢的探险家，包括自称“半个野蛮人”的理查德·伯顿（Richard Burton）爵士继续着对刚果河的考察，但少有西方人能越过马塔迪的瀑布。因此数十年来，刚果王国的绝大部分地区在非洲地图上还是未探索过的空白。这些人谁也没想到，在那之后，人们会蜂拥来到非洲。

碰到那只翠鸟前不久，我从纽约出发，坐了约两天飞机，在卢旺达首都基加利不安地滞留了一夜，最后在与刚果（金）接壤的卢旺达尚古古的小机场走出海关。虽然这趟前往非洲的旅程很磨人，我没怎么睡觉，但一想到将要在这个国家最边远、最美丽的地区逗留 10 个星期，寻找稀有和新发现的动物，解密它们进化的历史，我就劲头十足。我提着行李走出离机场跑道不远的小楼，潮湿的热浪、灼人的阳光和非洲典型的木头被燃烧的味道扑面而来。两个男人微笑着在外面等我。

我的同事、后勤负责人希芬德拉（后来我们都昵称他“希夫”）热情地过来和我握手打招呼。他已年近花甲，但身体棒得出奇。他精力充沛，看上去很年轻，去年我在刚果（金）第一次见到他时，我猜测的年龄至少比他的实际年龄小了 15 岁。

和希夫一起来迎接我的亚里士多德不到 30 岁，他身材粗壮，富有魅力，能流利地讲 5 种语言。去年我们在距离地区首府布卡武以北仅几小时车程的卡胡齐-比埃加国家公园（Kahuzi-Biega National Park）一起工作，我初步研究了那里的两栖动物和爬行动物（即爬虫两栖类动物)。布卡武位于基伍湖西南岸,与尚古古只隔着一条边境。

“长这么胖了！你在美国都吃什么？”亚里士多德打趣说。

“我在美国工作很忙，”我解释说，“成天坐在实验室凳子上，又吃了太多垃圾食品，就变成现在这个样子了。”我是典型的美国人体形，以刚果（金）人的标准来看当然是胖子。

“别担心。你很快就会吃上刚果（金）的美食，而且我们要走到伊托姆伯维高原，到时你就不会再胖了。”那时候，我还不知道他后面一句话是多么有先见之明。

伊托姆伯维高原是坦噶尼喀湖西岸的一系列崎岖山脉，亚里士多德是高原上巴本比部落的一员。他是一名在读的生物学本科生，近年战争期间在马伊-马伊民兵组织当过指挥官。他还是个无可救药的色鬼，只要考察队遇到年轻漂亮的女人，他都要调戏一番。

我们挤进一辆出租车，沿着靠近基伍湖的一条弯弯曲曲的道路驶向不远处的边境。碧波荡漾的基伍湖是西方人在1894年发现的最后一个非洲大湖。离湖不远的山坡上可以看到几座殖民时代的酒店、商店和住房的废墟，一些新建筑和简陋的棚屋一字排开建在湖边上。

我注意到东一棵西一棵突兀挺立的漂亮大树，那是很久以前矗立在湖边的森林的残余。湖畔的大部分自然植被已经消失，取而代之的是乱七八糟的木薯或香蕉树、细长的澳洲桉树或间杂着一块块野生芦苇的岸边草地。点缀在那些殖民时代房屋废墟附近的是各种疯狂生长的鲜花：马樱丹、叶子花、美人蕉和其他多姿多彩的、由欧洲殖民者带来的象征他们身份的鲜花。

大部分殖民者的建筑倒下了，这些鲜花却挺过了非洲数十年的风风雨雨。十分钟后，我们到达刚果（金）边境，履行必要手续，在护照上盖过卢旺达的出境章后，我来到连接着基伍湖和坦噶尼喀湖的鲁济济河，踏上河上一条摇摇欲坠的木头和金属结构的桥。天空下着小雨，等我走到大约一千米之外的刚果（金）海关大楼时，靴子已经沾满了浅棕色的泥浆。

离开卢旺达才几百米远，我已经感觉到两国的差异，这里的贫困让人触目惊心。路面年久失修，到处都是坑坑洼洼的，路边垃圾遍地。妇女在路边兜售香蕉和蔬菜，我看到一张张饱经风霜、逆来顺受的脸。她们身上滴着雨水，懒洋洋地举起货品，漫天开价。而当我礼貌地拒绝后，她们的要价又马上降到几乎白送的程度。

得过小儿麻痹症的男人双手摇着用自行车零件改装的木头板车，车上装着少量商品或行李，通常还有个少年帮着推车。光脚老妇背着堆放如山的蔬菜、木柴或竹竿，蹒跚地走在道路的缓坡上，沉重的负担压弯了她们的腰，使她们的上半身几乎与双脚垂直。小孩子衣衫褴褛，趿拉着廉价拖鞋，跟在家长身后。他们带着少量物品，有的用细带子背在背上，有的顶在头上。

“Muzungu, ange！”（白人，当心！）一个男人用斯瓦希里语喊道，我离他的手推车太近了。待在刚果（金）的时间里，“Muzungu”是我以前听过许多次，以后还会听到无数次的一个词。它不断提醒我，让我意识到自己在这里是一个外人。这个词由不同的人说出来有不同的意义，它可以表示有趣、友好，也可以表示好奇、期待施舍、怀疑或害怕。

几个搬运工熟练地将我的行李顶在头上，我跟着他们和希芬德拉、亚里士多德走到边境，来到海关大楼。一个身穿白色医生外套的女人走上来，向我要黄热病免疫接种卡。要进入热带非洲国家，这份文件和护照一样重要。她接过卡片，一言不发，直接走进一栋小楼，去记录我的信息。黄热病源于非洲，几百年前经奴隶贸易传到其他国家，目前正在非洲和拉丁美洲流行。

黄热病毒是一种蚊媒病毒，对于那些未接种疫苗、来自温带地区的游客来说，由它导致的出血热几乎是致命的。黄热病早期和轻微症状包括发热、头痛、浑身疼痛、寒颤。感染数日后，这种病可以发展到致命的中毒期，症状包括剧烈腹痛，肾、肝衰竭，口、眼、鼻出血，胃出血和剧烈呕吐，脑膜炎和黄疸——皮肤和眼睛黄色素沉着，黄热病即得名于此。在此病的最后阶段会出现休克、谵妄、麻痹和昏迷，死亡随时可能出现。

我站在路边，等那个女人出来把接种卡还给我。这时候雨已经停了，我注意到所有路人都盯着我看。刚果（金）东部有许多来自非洲以外的人，自 2003 年战争正式结束后，约两万联合国部队在那里维持着脆弱的和平。我之所以引人注目，也许是因为我没有坐豪车而是徒步过来，而且我没有穿制服，还戴着防止皮肤被晒黑的宽檐帽。我的裤脚塞在沉重的棕色帆布和皮革质的的防蛇丛林靴里，长及膝盖的靴筒可阻止蚂蚁和其他咬人的害虫钻进我腿里，靴子上的污泥也更容易洗掉。

在刚果（金），只要一下雨，鞋子就不可避免地会沾上大量污泥。虽然布卡武的雨林早就毁了，但只要下一点雨，街上就泥浆四溢。这些泥浆与无处不在的垃圾一混合，就会变成滑溜溜的淤泥。一场大雨过后，空气中混合了湿润的非洲泥土、漫流的污水、腐败的食物和其他恶臭垃圾的气息，这些气息的味道直冲鼻孔。这里几乎家家户户都烧炭或烧木头做饭、取暖，空气中永远弥漫着柴火的气味。有时候，你可以看到大堆大堆垃圾在路边燃烧，那是为了清除不断累积的废物。

女人将接种卡还给我，示意我去旁边那栋更大的入境和海关大楼。这些老式比利时建筑很好辨认，它们都有拱形入口和嵌着玻璃窗的金属框架大门。希芬德拉带我走进那栋大楼。一个面色阴郁的入境检察官穿着笔挺的仿阿玛尼西装，懒洋洋地坐在一张旧木桌后。他按规定向我提问，希芬德拉为我翻译。

“Nyoka！”听到希芬德拉说我的工作内容后，这位检察官惊呼起来。这个词在斯瓦希里语中是“蛇”的意思，并且像在世界各地一样，它经常引来惊恐的表情。检察官讲起一条蛇给他“带来”的特别险恶的经历，接着他说，如果我按原计划去找蛇，他担心我会被咬死。

希芬德拉让检察官放心，说他可以对付，蛇伤不了他，而且他会照顾身边这个疯狂的白人。听到这里，检察官惊得目瞪口呆。接着希夫和检察官又嘀嘀咕咕说了几句笑话，谈了几分钟（多半在损我），两人老朋友似的笑开了，我的护照也盖上了放行章。

我们走出大楼，走到刺眼的阳光和桑拿般的湿热里。我看到搬运工不耐烦地等着。亚里士多德握着一个女孩的手大献殷勤。希夫板着脸吆喝每个人。接着，在越过进入布卡武城区的最后一个障碍（一道生了锈的旧路闸）后，一群小摊贩、外汇黄牛、出租车司机和想捞点油水的乞丐纷纷过来和我搭讪。我想表现得礼貌些，但我实在不堪其扰，连声咕哝着“Non, merci”（不，谢谢），挥手让他们走开。我们准备乘车去希夫家，所以我们要走到他为我们叫的出租车那里去。

小摊上的水果和臭鱼味、几天没洗澡的人身上的气味顽固地冲

基伍湖畔距离刚果（金）与卢旺达边境不远的布卡武市。图中可见组成该市“翠绿的手”的五座半岛中的一座。

进我的鼻腔，我用力从人群中挤到一辆小车前面，车子的挡风玻璃上有一块可疑的头形裂缝。我坐在副驾驶的位子上，收音机声嘶力竭地放着刚果（金）流行的伦巴音乐，几乎将司机的招呼声淹没。

亚里士多德在另一侧车窗晃了晃，叫司机打开后备箱放行李。这时，我这边的窗户上砰砰的敲击声吓了我一跳，我转身一看，有人将一种多汁的热带水果洒在了玻璃上，嘴里用法语喊着价格。

几个人争先恐后地想引起我的关注，但吸引我目光、触动我心弦的却是那些虚弱残疾的乞丐。我稍稍摇下车窗，递出几美元，接着，就听到车后传来呼喊声。那些搬运工显然不满意15分钟前在卢旺达那边谈妥的工钱，他们改变了主意，我看到希夫不满地对他们摆着手指。在一片争吵声中，我听到亚里士多德给他们又加了两美分的工钱。争论来得快，去得也快，所有的叫喊声一下子都停了下来。把工钱算给那些搬运工后，希夫挥手让他们走开，接着，我们飞速离开边境。

我们进入的这座城市早先只是一个村镇，19 世纪下半叶，第一批阿拉伯奴隶贩子和欧洲人来到这里。到了 20 世纪，比利时人以“刚果自由邦”（Congo Free State）的创立者之一、权势滔天的总督保罗·科斯特曼斯（Paul Costermans）的名字命名该市，称之为科斯特曼斯维尔。1953 年，它又叫回原名布卡武，之后，它又以“中部非洲的瑞士”的名号著称于世。鲁济济瀑布上的一座水电站为这座城市提供电力。基伍湖南岸一带的五座半岛被形容为一只浸润于湖中的翠绿的手，比利时人盖的几十座带有花园的漂亮公馆依然矗立在这些岛上。布卡武海拔约 1 500 米，气候常年和煦如春。

1956 年，一名导游这样介绍这座城市：“一到雨季，草木繁茂，青山滴翠，空气清新，阳光明媚。极目远眺，基伍湖以北的火山尽收眼底。”殖民时期的布卡武是一个重要的贸易中心，直到 20 世纪 70 年代，它的商业地位才被基伍湖北岸的戈马取代。布卡武现在的人口数量比以往更多，估计现在这里的人口有 100 万左右。

与这个国家的大部分地区一样，布卡武的道路几十年都没修整过。我们一路前行，所过之地处处可见坑洼和裂缝。有时候，司机会绕过坑洼，与对面来车擦肩而过。它们也在坑洼间绕来绕去，喇叭嘟嘟按个不停。有时候，司机还会踩下刹车，让车缓缓落入路上又大又深的沟槽里。

在环形路口，警察戴着显眼的黄色头盔，向来往车辆吹哨子、打手势，还时不时让倒霉的司机停到路边，检查他们的证照是否齐全。超载的大卡车和装满人的皮卡艰难地行驶在路上，它们破旧的发动机冒出滚滚黑烟。路上还可以看到几十辆摩的，每辆摩的上载着两三名没戴头盔的乘客，鸣着喇叭在车流里穿梭。车水马龙中不时可见到满载士兵的皮卡和大卡车。他们穿着军装,背着AK-47突击步枪。

我们经过一栋围在高墙和铁丝网里的联合国大楼，一名巴基斯坦士兵百无聊赖地守在警戒塔上的一挺机枪后。星星点点驻扎在市内各处的联合国士兵非常醒目，他们戴着蓝色头盔或贝雷帽，穿着迷彩作训服，开着锃亮的白色卡车，车门上漆着大大的黑色“UN”字样。

混乱的车流中还有乱穿马路的行人，有的背着孩子，有的头顶高高的重物。一个环形路口外侧，摊贩在出售水果、香烟、汽水和已经不新鲜的饼干。通过这个路口后，我们来到市监狱旁。这座石头和钢结构的宏大建筑是西班牙殖民者修建的。

我指着监狱说:“亚里士多德，你要不要到家里停一下，和朋友打个招呼?”听到这句玩笑，希芬德拉咧开嘴笑了。

“不不不，那不是我家!”亚里士多德反驳说，“也许，要是白人这趟旅行做了坏事，那它就是你的家!”

我们的汽车缓缓爬上陡坡，行人慢悠悠地走在路的两侧。一些人穿着普遍大一两号的西装，裤脚和鞋上沾着泥浆。学生穿着蓝裤或蓝裙和发皱的白衬衫。富裕的女性裹着肯加布（一种类似东南亚莎笼的非洲服饰)，扎着搭配的精美头巾，有的用布包着小孩背在背上，让孩子的两腿骑跨在她们的屁股上。最穷的人穿着褪了色的破烂衣服，光着脚走路，许多人穿的短袖衫显然是美国人丢弃的。我们走在通往希夫家的街上，他与妻子和五个十几岁的孩子住在一起。

“希夫，车怎么样了?”我问。

几周前，我汇给他一小笔钱，让他修好我们的丰田越野车。这是个野心勃勃的野外工作季,需要用到车。我以为它现在应该能开了。

“呃……工人还在修。”希夫说。我有一种不祥的预感。

“也许明天就能修好，”他接着说，“不过我觉得，我们现在可以再找辆出租车去利维洛，等车明天……或后天修好的时候再回来拿。”

利维洛是位于布卡武以北距离约两小时车程的一座小镇，坐落在基伍湖西岸。二战一结束，作为中部非洲科学研究所（Institute for Scientific Research in Central Africa，IRSAC）的总部，比利时人就在利维洛建设了巨大的科研中心。

20 世纪 50 年代，这个中心拥有生物学、动物学、植物学、热带疾病学、地球物理学、地图学、营养学等学科的尖端科研设施，比利时科学家在这里培养刚果学生。该中心里有供来访科学家暂住的大房子，每周会放电影和开展社交活动；有无数房子提供给拖家带口的比利时人居住；有收藏丰富的图书馆，馆内的红木制品堪比上好的欧洲货；有现代医院、学校、大型机修厂、网球场，甚至还有一个肾脏形状的游泳池，池水是来自一眼地下温泉的热水。

附近的奇巴蒂工作站有一个执行人工繁育计划的“实验性动物农场”，培育非洲野牛、旋角大羚羊①和灵长类动物，这个工作站是最早成功实现了人工条件下对山地大猩猩的繁育。到了 20 世纪 60 年代，刚果共和国独立后的动乱时期，比利时人开始逃离这里。由于资金缺乏，科研中心开始门庭冷落，逐渐衰败。随后，由于战争期间武装分子的袭击，这里的形势更加恶化，但许多地方依然相当完好地保存了下来，几乎保持着 20 世纪 50 年代的样子没有变化。

殖民时期之后，这个研究所改名为自然科学研究中心（Centre

①旋角大羚羊属有两个物种：德氏大羚羊和普通大羚羊。此处当指德氏大羚羊。——译者注

de Recherche en Sciences Naturelles ，CRSN)。刚果（金）政府几乎没为这个研究中心提供多少财政支持（这个情况直到现在依然如此)，刚果（金）科学家使用国际拨款和各种能得到的合作研究资金继续前人的研究。

希芬德拉是唯一一位在这个中心工作的两爬动物学家，有一栋旧时期的比利时风格的房子归他使用。殖民统治结束后，很少有外国生物学家来这里建立合作关系。我们开始互通邮件时，希芬德拉对于找到一个将一起工作的两爬动物学家非常激动。我也一样迫不及待地要与他共事，前一年的初次考察期间，我就住在他位于利维洛的家里。今年回到这里时，我以为我们还会待在那里。

我告诉希夫，我担心等车修好会浪费时间，但直接去利维洛是可行的，这样我可以开始着手一些工作。一年前，我初步分析了利维洛的林地、农地，以及靠近利维洛奇巴蒂的非原生山地森林里的样本和 DNA 样品。分析结果表明，几个新种类的阿非蛙（*Afrixalus*）分布在该地区，如果有更多的标本和数据，我们就可以在以后出版的科学文献里描绘它们。我知道自己需要几天来倒时差，因此被迫躺在一张还算舒适的床上休息休息，直到身体适应眼前非洲的现实，倒也不算坏事。

中午刚过，我们一行人便来到自然科学研究中心气派的大门前。希芬德拉自信地向看门人打个手势，后者挥手让我们进去。沿着一条遍布松动的石头和坑洼的道路，经过给访客住的大房子和研究中心主楼，我们来到一条小车道上。路旁有一棵漂亮的大树，树身上缠绕着细长的藤蔓。

当我感慨自己不认识这里时，希夫告诉我，管理机构认为我对自然科学研究中心的持续兴趣足够重要，有资格享受前中心主任的住处。亚里士多德会照顾我，我还会见到希夫新雇的厨师，他将在这次考察期间为考察队做饭。

分配给我居住的房子坐落在山丘上一小块空地的中央，四周有漂亮的花草树木。这是一幢气派的两层小楼，有三间大卧室，白色砖砌门面上嵌着三块大窗户，墙脚装饰有 0.6 米高的石贴面，殖民时期的比利时建筑特有的黏土瓦已被刺眼的红色金属屋顶代替。一间宽敞的有顶盖的车库紧邻房子大门，房子的大木门同样也十分气派，至少有 1.2 米宽、2.4 米高。屋内的地面上贴着漂亮的看上去像石头的瓷砖。房子里红木家具随处可见。三个房间都有各自的盥洗池（没有镜子）、卫生间（没有抽水马桶）和浴盆，所有这些都是刚果（金）境内罕见的奢侈设施。

虽然家具的部分装饰材料破裂或褪色了，但房子的装饰和陈设似乎还原封不动地保留着 20 世纪 50 年代时的样子。最初装在巨大的黑色铁烛台上的电灯组件依然可以使用，客厅里还有一面宽大的壁炉，表明这栋房子在利维洛寒冷的夜晚里——坐落于米通巴山脉(Mitumba Mountains)的利维洛的地势相对较高，海拔约 1 700 米——曾经高朋满座。 房子的看门人叫利亚登加，他光着脚，身材瘦小，看上去有 80 多岁了。他很客气地把我带到一间卧室，让我可以在长途旅行后休息一下。这时的我已经筋疲力尽，倒头就睡。

傍晚时，暴雨打在金属屋顶上的声音和从窗户透进来的闪电光亮惊醒了我。我盯着开裂油漆的图案、霉斑、水渍和没人照管的墙壁上的蜘蛛网看了一会儿，努力想摆脱旅行带来的疲劳感。接着我走出卧室，看到亚里士多德和希芬德拉在烛光下吃晚饭：木薯、山羊肉和番茄酱。他们邀请我一起吃饭。我觉得木薯单吃时有种硬纸板的口感和味道，而且热量不高，吃了很快就会饿，但配上山羊肉和上好的番茄酱、洋葱酱，它就成了一种美食。他们知道我喜欢喝汽水，所以还给我留了一瓶半冰的可口可乐。吃饱喝足后，我又精力充沛，可以随时准备工作了。一道道闪电时不时照亮屋子周围的草坪和树木，但我能看出雨势正在减弱，这是夜间活动的蛙最喜欢的天气。

联攻派武装分子是卢旺达种族大屠杀的主要实施者。因为他们和一些小蟊贼依然时不时在该地区出没，因此黄昏一过，我们在一名带着 AK-47 突击步枪的士兵的护送下出发了。像所有装备精良的与夜行动物打交道的两爬动物学家一样，我们也有头戴式电筒，这样可以腾出手来捕捉动物。经过研究中心时，我和亚里士多德看到几只壁虎在墙上飞速爬过。

南半球蜥虎（*Hemidactylus mabouia*）俗称热带壁虎，在撒哈拉以南许多地区，常见于人类住宅及其附近。与许多其他种类的壁虎一样，我们看到的这种约 15 厘米长的壁虎的脚趾上生着薄膜垫，这样它们可以吸附在垂直表面上，甚至“倒立”着爬过天花板。

我们沿一条小道走下研究中心所在的山丘。小道在竹子和泥土搭成的小屋之间蜿蜒穿行，其间散布有小片人类开垦过的土地，零星也可看到包括几棵树在内的原生林地和稀树草原间杂的植被遗迹。在其中一棵树上，我看到一只正在睡觉的变色龙——艾氏避役（*Trioceros ellioti*）。这个物种分布于刚果（金）东部边境到布隆迪的区域内，即东非大裂谷西段艾伯丁裂谷的附近地区，平均身长能达到 19 厘米，在受人类活动严重干扰的地区也能很好地生存。这类动物常与壁虎一起被称作“垃圾物种”，因为它们常见于自然环境被人类破坏的地区。

我轻轻将这只变色龙从它夜间栖息的地方拿起来，它钳子一样的脚握住我的手指，爪子轻轻地陷进去。变色龙起源于约 8 000 万年前恐龙依然统治着地球的白垩纪晚期，它们进化出了足趾融合的对生足，非常适合树生生活，许多种类特有可抓握的卷曲的尾巴。变色龙因伪装成名，靠伪装躲避天敌，偷袭猎物。它们靠炮塔似的双眼和可投射的舌头捕捉距离经常超过其体长的昆虫。

“Hapa chini！”（在这里！）希夫叫道。看到他和亚里士多德俯身在一个积着雨水的大坑上，我知道他们发现了一只蛙。亚里士多德的灯晃花了蛙的眼睛，他慢慢前倾身体，飞速地挥手扑了过去。我听到一阵水花声和表明他捕捉成功的得意的“唔呼”声。

我走到他跟前，看到一只中等体型的蛙，尖吻，背覆石灰绿条纹，两条长腿夹在亚里士多德的指间。这种皱蛙属（*Ptychadena*）的蛙俗称火箭蛙，因为它一下子能跳出一两米远。要不是亚里士多德一击得手，它现在早跑得无影无踪了。我们又继续工作了几个小时，找到正在睡觉的蜥蜴、各种“垃圾物种”的蛙，甚至一只倒挂在茅屋旁小树上的大果蝠。回到住处时，夜已经很深了。睡觉前，我思考如果是一个殖民时期在利维洛工作的科学家，他会是什么样子？在某些方面，利维洛一定是科研的天堂，但那些比利时人有没有善待他们的刚果（金）邻居？

19 世纪 50 年代，工业革命正如火如荼，运输、医药和通信技术飞速发展，美国和欧洲因此得以将影响力和殖民的触角延伸到世界的各个角落。至少在地理、博物学和文化的初步知识方面，这个星球的大部分地区不再神秘。也许这就是西方世界对非洲如此迷醉的原因。西方人勇敢地深入并探索这个未知大陆的危险腹地，他们的生活有时浪漫，但永远惊险刺激。

约翰·汉宁·斯皮克（John Hanning Speke）、理查德·伯顿、戴维·利文斯通（David Livingstone）、亨利·莫顿·史丹利（Henry Morton Stanley）和夫妻档塞缪尔·贝克（Samuel Baker）、弗洛伦斯·贝克（Florence Baker）等探险家将当时成千上万平方千米的未知区域绘补上地图，然后写出有些地方经过润色的与冒险经历有关的图书，并成为国际名人。但除去满足好奇心，填补知识空缺的目的外，探险家的发现之所以受到鼓吹赞扬，还因为其具有非常真实的意义。这些举动向他们在欧洲的崇拜者传达了对新发现地区的拥有感。

我们不由得要拿一个三岁小孩来类比：我发现了它，它就属于我，我不会分给别人。当然，非洲不是他们发现的，因为它一直就在那里，但这种占有欲以及将“基督教与文明带给原住民”的主张促使许多欧洲国家扩张他们的殖民地。然而，即使进入 19 世纪下半叶很久以后，刚果王国的大部分地区依然不为人知，也没有欧洲国家宣称占有这片土地。但是不久，一个威尔士的孤儿和一位拥有的国土面积比美国马里兰州还小的精明自负的国王将改变这一切。

利奥波德·路易斯·菲利普·玛丽·维克多（Leopold Louis Philippe Marie Victor）生于 1835 年 4 月 9 日，父母是路易斯·玛丽（Louise Marie）和比利时国王利奥波德一世（King Leopold I of Belgium）——一个五年前刚刚经过一场反抗荷兰的起义后成立的国家的国王。上学时，除了地图和地理学，小利奥波德对其他东西很少感兴趣。随着他渐渐长大，国王注意到儿子变得“敏锐、狡猾”，但对王子不太了解的人评论说，王子面目可憎，举止笨拙，身材瘦长，鼻子奇大。

在王子被迫与奥地利女大公玛丽·亨丽埃塔（Marie Henriette）缔结了一场双方都不情愿的婚姻后，这对天真的新婚夫妇还得由利奥波德的表姐、英国维多利亚女王及其丈夫阿尔伯特亲王（Prince Albert）教给他们生活的现实。最终，利奥波德夫妇一起生了几个孩子。

1869 年，利奥波德九岁的独子暨王位继承人得肺炎去世了，从此以后，利奥波德再也不搭理他的妻子，与女儿在一起的时间也很少，并且在妹妹夏洛特突然发疯后立即把她关了起来，不让她公开露面。

利奥波德登基前的头衔是布拉班特公爵（Duke of Brabant），虽然他会说法语、德语和英语，但不想学佛兰芒语（Flemish），即使这是一种他的半数同胞都在使用的语言。想到自己将于 1865 年得到比利时王位，他牢骚般地说道：“Petit pays, petit gens.”（小国寡民）利奥波德觉得厌烦，想暂时逃离他的小国家。

他在欧亚大陆和埃及到处旅行，　门心思沉浸在地理学上，同时培养出了对商业的兴趣。他在西班牙旅行了一个月，研究了西班牙等欧洲殖民国家的获益情况，在此期间，他发现他们无端暴富的关键因素是强迫劳动。1861 年，布拉班特公爵向比利时议会发表了一次讲话，他试图说服国人相信，比利时应该拥有一个殖民地。他说：“只看本土，（英国）只是一个有 2 800 万居民的国家，但加上殖民地，它辖下人口超过 2 亿，世界各处都有它的属地。”

最终，利奥波德将贪婪的目光投向了非洲，那里 80% 的土地依然在原住民统治者的控制之下。1876 年，他不惜代价，在布鲁塞尔王宫组织了一次地理会议，会议决定成立国际非洲协会（International African Association），主席为利奥波德自己。作为科学实验室和为继续考察提供补给的组织，这个组织表面上是要在中部非洲设立一系列基地来实地培训当地人。当那些天真的与会者回到国内，将那位似乎无私的国王的新协会捧上天时，捐款也从欧洲各地涌来。次年，协会只召开了一次会议，会议上设计了一面蓝底上缀着一颗金星的新会旗，以此象征“比属刚果”“黑暗”中的希望。

1877 年夏，两年半前在东非失踪的著名探险家亨利·莫顿·史丹利出现在离刚果河口不远处的博马小镇的附近，当时他已经饿得半死。史丹利探险时的习惯做法是先开枪，再问问题，许多非洲人因此而丧生，但他成功地从刚果河的源头坦噶尼喀湖出发，沿着河流，一直走到了刚果河的河口。这次航行的行程长达 4 828 千米，史丹利首次记录下沿途无数的有关整条河流的观测数据，为将来的殖民创造了条件。许多客观的评论者认为，这次考察取得的成果是 19 世纪考察中最伟大的。

史丹利自称是美国人，也确实在美国南北战争中参加了南北双方的战斗，但实际上他是威尔士一个女仆的私生子。考察期间，他打着美国国旗和英国国旗。尽管在他从非洲胜利归来期间，两国都向他表示祝贺，但对于史丹利一再强调的殖民赤道非洲的请求，两国都没有表现出任何兴趣。然而利奥波德听到这个消息后非常高兴，他热情地迎接了史丹利，并说服他再一次考察刚果河。

这一次，利奥波德的目的是拓展商业：他想监督修建马塔迪瀑布附近的一条道路（这条路最终将变成一条铁路），再沿着刚果河通航河段用蒸汽船建立贸易站。当一些人向利奥波德询问这个宏伟计划的目的时，他根据对象的不同，一会儿说是为了科学考察，一会儿说是为了制止阿拉伯奴隶贩运，一会儿又说为了建立一个类似红十字会的人道主义团体。

1879 年初，史丹利再次启程前往非洲。在这次考察的前两年，他花了很多时间修筑马塔迪瀑布附近的一条道路。修路的工作条件非常恶劣，他依靠刚果人、桑给巴尔人、比利时人、英国人、法国人和美国人组成的工作大军修通了道路。当他在修路期间用大锤和炸药搬走巨石时，肃然起敬的非洲人称他为“Bula Matari”（破石者），这个名字最终将用在“比属刚果”所有白人官员身上。

1882 年，史丹利患了一次疟疾，差点送命，回欧洲休养了一小段时间。后来，史丹利又在利奥波德的催促下返回非洲。他用衣服和酒精行贿，很轻松地就说服数百名不识字的“比属刚果”酋长签署条约，将他们的土地和贸易专营权出让给比利时国王。这些条约还包含了非常重要的劳役条款，结果自然是带来了巨大灾难。很快，国际非洲协会的金色和蓝色旗帜就在刚果河沿线到处飘扬。但那时整个欧洲都加入到“非洲大争夺”中，任何竞争对手都不可能承认利奥波德拥有史丹利为他“开发”的领土的主权。

但世界上有一个大国承认利奥波德的主张，这是他的幸运、刚果人的灾难。利奥波德的忠实助手里有个叫亨利·桑福德（Henry Sanford）的前美国驻比利时大使。他被派往美国，带去一封精心撰写的给时任美国总统的共和党人切斯特·艾伦·阿瑟（Chester A. Arthur）的信。桑福德声称，比利时国王关心“比属刚果”的废奴运动和人道主义活动，如果美国人承认新殖民地，他们就可以在那里自由购买土地和开展贸易。总统被桑福德的花言巧语打动，几天后，他在国会讲话时赞扬了利奥波德和他在非洲的工作。

桑福德的幸运之路还在继续。参议员约翰·摩根（John Morgan）是前美利坚联盟国[①]的准将、种族主义者、参议院外交关系委员会（Senate Foreign Relations Committee）主席。一些人认为可以将“比属刚果”作为重获自由的黑人遣返非洲的潜在途径，这样他们就不会对白人妇女构成威胁，更不会考虑显然有害的平权主张。摩根支持这个主意，于是一切水到渠成。1884 年 4 月 22 日，参议院宣布美国承认利奥波德国王对“比属刚果”的主权。法国紧接着也做出了同样的声明，接下来，其他欧洲国家承认比利时人对“比属刚果”的主权就只是一个时间问题了。

如此一来，只剩下划定殖民地边界、给它起个名字的问题。从 1884 年 11 月 15 日开始，日益强大的德意志帝国的首相奥托·冯·俾斯麦（Otto von Bismarck）在柏林主办了一次大会，数个欧洲国家政要共同商讨以一种据说会防止军事争夺的方式来决定非洲的未来。利奥波德没有参会，但他豢养了几个为他说话的代表，包括桑福德和史丹利，后者的正式身份是一个平庸的美国大使的技术顾问。1885 年，利奥波德 50 岁，他的邪恶但巧妙的活动也达到巅峰。这一年，这位国王，而不是他那名存实亡的国际非洲协会，成为时称“刚果自由邦”的新殖民地的唯一统治者。

随后若干年时间里，因为市场上对象牙的巨大需求，财富开始流回比利时。比利时官员很容易弄到象牙，他们或直接射杀大象，或间接从村民手里强抢，或者用各种方法巧取豪夺。比利时人对刚

①又称邦联州，是 1861 － 1865 年美国内战期间建立起来的政权，由今天美国南部的一部分地域组成。——译者注

果人的漠视招致众多谴责性的报道，这些报道披露了包括奴役在内的比利时人对刚果人的各种虐待行为。

1890 年，美国著名黑人作家乔治·华盛顿·威廉斯（George Washington Williams）来到“刚果自由邦”。他写给比利时国王和美国总统本杰明·哈里森（Benjamin Harrison）的信广为流传，信里控诉说比利时人有时以射杀非洲人为乐。威廉斯创造了一个将被后人无数次提及的词：反人类罪。他们强抢妇女为妾，用名为“chicotte”的河马皮鞭子殴打非洲人（包括儿童），从贫困的村庄抢走想要的任何资源，像役畜一样驱使非洲人劳动，直到他们死于疲劳、疾病

80 岁左右的看门人利亚登加。他站在利维洛这所建于二战后的比利时屋子边的平台上。平整的草地是用砍刀修剪的。

或饥饿。这些恶行在比利时官员那里都是家常便饭的事情。一个叫莱昂·罗姆（Léon Rom）的比利时上尉更是臭名远扬——可能是《黑暗之心》里的库尔兹先生的一个原型——他镇压斯坦利瀑布（今博约马瀑布）附近的起义，用一次袭击中打死的21名非洲人的头颅装饰花园。

花园里至少有十来只鸟，我在它们的鸣啭声中慢慢醒来。我确定，50年来这样的景象都没有什么变化。我走出卧室，疲惫还没消除，现在又添了饥饿。一个矮个子男人和我打招呼。他戴着一顶磨破的棒球帽，留着显眼的八字胡，眼里闪烁着快活的光芒。

"你好！"[①]他恭敬地脱下帽子说。"我是马赛尔，是一个厨师。"他热情地握着我的手，操着浓重的口音说。他的魅力立即让我心生好感。厨房里有一个多层橱柜，配有两个水池的大流理台，还有一块有电源插座的方形印迹，很久以前那里肯定放过一台大冰箱。厨房有扇后门，通向屋后的大院子。院子里有一个放柴火的地方、一个石砌炉子和一个洗衣区。我想这所屋子的前主人肯定有一大帮仆人。我叽叽咕咕说了一大通法语，表达出我想吃早饭的意思。

马赛尔的厨艺不会为他赢得詹姆斯·比尔德奖[②]，但巧妇难为无米之炊，他能调动的资源很有限。很快，他给我端上面包、半馊的黄油和茶，以及用刚果（金）随处可见的橙棕色烹调油炸出来的汪在油里的番茄洋葱煎蛋饼。看我微笑着吃完这顿平生最难吃的早饭，

①原文为法语。——译者注
②美国的一个美食奖项，旨在表彰美国最优秀的厨师、餐厅、葡萄酒专业人士、记者、食谱作者、餐厅设计师和其他食品专业人士。——译者注

马赛尔非常高兴。我和亚里士多德整个上午都在拍摄前一晚捕捉的动物，在我们拍摄时，我看见四个男人朝这间屋子走来。

两个年纪较大一些的是万德杰·穆宁加（Wandege Mastaki Muninga）和毛里斯·卢武米欧（Maurice Luhumyo），去年我们在卡胡齐–比埃加国家公园工作时，两人是野外团队的成员。他们都是自然科学研究中心里两爬动物实验室的捕蛇“技工”，归希芬德拉领导。万德杰已经 40 多岁了，他又高又瘦，性格温和，有点憨笨，经常成为所有人取笑的对象。他对蛇似乎有种直觉，一找一个准。

毛里斯是教万德杰捕蛇的师父，他也很瘦，但比万德杰矮很多，年纪也大很多。他的嗓音低沉沙哑，总是称我为“那个白人”。他自己很少找到任何动物，但碍于部族义务，希芬德拉坚持让他成为队伍里一个领工资的成员。20 多岁的约翰·阿库库（John Akuku）和费利克斯·阿库库（Felix Akuku）兄弟有轮廓分明的面部特征和明亮的眼睛。希夫希望他们今年加入队伍，因为我们这次要去更偏远的地区，如约翰、费利克斯和亚里士多德三人的出生地伊托姆伯维。旅程更为艰难，一路上需要强壮可靠的人。四人都脱下帽子和我握手，欢迎我回到利维洛。接着他们热情地和人缘很好的亚里士多德打招呼，用斯瓦希里语热烈地谈起家庭、健康和女人。

我花了几个小时处理前一夜的标本和相关 DNA 样本。做完这些事情后，我到客厅找了一张舒适的、面对着前窗的椅子坐下。透过窗子，我看着看门人一直在打理的漂亮花园，惊讶于在树枝上载歌载舞的鸟儿种类的繁多。这里一派祥和，令人舒心，经过了前几天的劳累后，这样的感觉太妙了。根据之前在非洲生活的经验，我知道这里的人不会匆忙地处理俗务，所以在汽车能用于野外工作前，我需要耐心等待。为了打发时间，我请亚里士多德做翻译，我要和看门人利亚登加谈谈。

我从利亚登加的口中得知，房子的比利时原主人在二战后定居在这里，在此之前，老人早就已经生活在利维洛了。那时候，人们面临的主要危险是相邻部落间的战争和猛兽。显然，人偶然会死于狮豹之口或者被狂奔的大象踩死。但比利时人一来到这里，就摧毁了自然植被和与之相依的动物，永远改变了以土地为生的非洲人的生活方式。利亚登加用怀恋往事的方式谈起他过去从比利时主人那里拿到的工钱，以及殖民带来的部落战争的结束。他说住在这幢房子里的科研中心主任一家人非常和善，从来没有虐待过他。

刚果共和国独立后，利亚登加原本稳定的工钱没了，过去一些部落间的暴力冲突又回来了。亚里士多德继续翻译，我注意到他眼中有无奈的忧伤，似乎已经听过很多次这样悲剧的故事。20 世纪 90 年代后期，战火烧到利维洛，来自卢旺达的联攻派民兵砍死了利亚登加的妻子和许多朋友。

我对自己勾起的这一切很不安，残酷的现实让我深感震惊，我再不想听下去了。谈话结束前，利亚登加最后告诉我和亚里士多德，即使这一切已经发生之后，他依然希望拿到以前的薪水，这样他就可以再次过上好日子。亚里士多德对我说老人太老了，刚果（金）人也永远不会再接受殖民统治。我听到的这一切让我不知所措，我又回到比利时人的老客厅，坐在座位上凝视窗玻璃上的弹孔。

为了给殖民地提供资金，利奥波德欠下大量债务，这些钱来自他的私人财产和比利时政府提供的巨额贷款。19 世纪后期，象牙和棕榈油的收入不足以偿还这些债务，为了筹措急需的资金，1889 年，利奥波德在布鲁塞尔召开了一次会议，以反对奴隶制度为借口开始征收出口税，渐渐撕下他在该国实行自由贸易的伪装。

不过利奥波德还是履行了反奴隶制度的承诺。1892—1893 年，在“刚果自由邦”东部的一系列与阿拉伯黑奴贩子的战役中，装备精良的比利时军队打死了大约 7 万人，最终赶走了奴隶贩子。其中一场战役中，比利时上尉弗朗西斯 · 达尼（Francis Dhanis）与从阿拉伯一方叛逃过来的原奴隶恩贡戈 · 卢泰特（Ngongo Lutete）领导的 1 800 名非洲人并肩作战。达尼说，卢泰特的武士“虽然在战斗中帮助很大，但也是令人尴尬的盟友。因为每次战役后，他们都忙着吃战死的人”。实际上，交战双方的刚果人都习惯煮死人和伤员吃。

到了 19 世纪 90 年代早期，因为自行车、汽车、电话、电线等方面的技术进步，世界对橡胶的需求急剧增长。合成橡胶的大规模生产直到二战时才出现，而亚洲和拉丁美洲的橡胶园需要近 20 年才能达到全部产能。因此 19 世纪后期，热带地区的天然橡胶藤和橡胶树是胶乳的唯一来源。胶乳是橡胶产品的关键成分。橡胶的利润率极高（超过 700%），因此“比属刚果”很快成为非洲收入最丰厚的殖民地，利奥波德也催促比利时官员采取一切必要手段来增加胶乳产量。为了实现那一目标，到 19 世纪 90 年代后期，一支由欧洲人（也有美国人）指挥，由非洲雇佣兵和奴隶组成的军队——公共部队，扩张到了 1 900 人，消耗了“刚果自由邦”一半的财政预算。

到达橡胶藤需要爬上十多米高的树冠层。因此在丛林深处将工人锁在一起并且监督他们的做法行不通，管理者需要另想办法哄骗

一座斑驳的利奥波德二世纪念碑至今还矗立在比利时特尔菲伦（Tervuren）的皇家中部非洲博物馆（Royal Museum for Central Africa）的院子里。20世纪前后，这位国王命令修建了许多奢华宏大的建筑，该博物馆即为其中之一。

工人在没有监督的情况下采集橡胶。包括莱昂·罗姆在内，公共部队里的富有创造力的军官想出一个恶毒的主意。他们将村里的老人、妇女和儿童扣做人质，直到村里的男人采回数量达到要求的橡胶后才把他们放回去。男人如果拒绝采橡胶，他们的家人会被当场打死，家里的女人会被强奸。而且为这些饥饿的人质建造的关押场所的卫生条件十分恶劣，许多人还是死了。但公共部队的许多士兵也是受害者：他们被锁上链子运到远离家乡的地区，没有逃跑的希望，还遭到白人军官的严酷虐待。

“比属刚果”的橡胶通过比利时源源不断地流入欧洲市场。随着巨大的利润涌入利奥波德的金库，他成为出了名的“建造者国王”，因为他用那些钱修造奢华的宫殿、博物馆、园林、纪念馆和一个高尔夫球场。19 世纪到 20 世纪的交替之际，65 岁的利奥波德爱上一个叫卡罗琳（Caroline）的美丽女孩，那时她只有 16 岁。利奥波德那时还不知道她经常出卖肉体，给她拉皮条的是一个叫迪里厄（Durrieux）的前法国军官。我们只能想象年龄相差半世纪的两个人的恋情如何发展（也许休·海夫纳[①]可指点一二），但是很快，国王就不断送给她许多昂贵的礼物和大笔钱财，在这场也许是有史以来最大的拉皮条行动中，卡罗琳将很大一部分钱转给了迪里厄。

在 19 世纪的最后几年时间里，虽然利奥波德的公关机器高速运转，压制了各种关于公共部队在“刚果自由邦”暴行的报告，但负面消息还是不间断地流传出来。

1906 年，马克·吐温写了一篇名为《利奥波德国王的独白》（*King Leopold's Soliloquy*）的讽刺小品，突出表现了“刚果自由邦”一些最恐怖的暴行，将利奥波德描绘成一个卑鄙的恶棍。他写道：“传教士将国王的统治描绘得无比美好，欺骗了许多不明真相的人。许多人一边骂着这些传教士，一边匆匆离开，只留下利奥波德和不愿再躲在他的刚果衣橱里的骨架。”

在 1970 年出版的马克·吐温的《利奥波德国王的独白》里，编辑斯蒂芬·海姆（Stefan Heym）评论说，因为利奥波德在 1906 年做出的一项决定，美国报纸忽略了许多关于比利时人在“刚果自由邦”的暴行的报告。那项决定允许 J.P 摩根（J. P.

①《花花公子》的创刊人。——译者注

Morgan)、约翰·D.洛克菲勒（John D. Rockefeller）、托马斯·福琼·赖恩（Thomas Fortune Ryan）和丹尼尔·古根海姆（Daniel Guggenheim）在“刚果自由邦”投资。海姆还补充说：“自那以后，他们一直都在投资‘刚果自由邦’的业务。”

这场公共认知之战持续了数年时间。在此期间，成千上万人在“刚果自由邦”死去，利奥波德继续财源不断。这时候，一直在利奥波德那里领取大笔薪水，为国王的“刚果自由邦”行动计划游说的律师亨利·科瓦尔斯（Henry Kowalsk）没有续签合同。他改变了主意，向一本通俗杂志透露了他的阴暗协议——这桩丑闻包括付给一名参院外交委员会成员大笔贿赂。美国人为此十分愤怒，不久，美国政府就和英国一道，要求利奥波德结束对“刚果自由邦”的统治。几份调查的谴责证词也说服了比利时人民。一个有影响力的耶稣会牧师兼法律教授亚瑟·维美徐（Arthur Vermeersch）评论说：“我们的荣誉和比利时的名誉受到了威胁。”

曾帮助建立殖民地，并以其名字命名的斯特曼斯维尔（即布卡武）的代理总督保罗·科斯特曼斯听到了其中的一些证词，这些可怕的真相让他沮丧。知道这些情况的两周后，他用一把剃刀割开了自己的喉咙。由于这些事件的出现，利奥波德设法将“刚果自由邦”并入比利时的时间又推迟了两年，直到1908年11月，在利奥波德二世的数百万债务被免除之后，他才得以以数千万法郎的价格将“刚果自由邦”“卖”给比利时。

现在，比利时控制着重新命名的“比属刚果”，“比属刚果”保留了许多以前“刚果自由邦”的法律和官员。至少在“比属刚果”成立后的四年时间里，那些引发世界愤慨的暴行仍在继续。

1880—1920年，因为肆意的杀戮、疾病、饥饿和其他因素，“比属刚果”失去了大约50%的人口，另外还有数百万人将在20世纪到21世纪的交替之际丧生。2008年6月，我走入这个人类大灾难时代之后的废墟里。

为什么过去10年，我要在这个危险的非洲腹地收集特定的标本？我希望了解什么？这对刚果（金）和世界有什么帮助？为什么别人要在乎我的工作？我们刚刚开始理解刚果（金）令人惊叹的生物多样性，但人类活动同时也在摧毁它。在受威胁的物种完全毁灭前，识别和保护它们的机会窗口非常有限。我会在后面解释，人类将从生物多样性科学中受益良多。

我在得克萨斯大学埃尔帕索分校有一个新建的进化遗传学的实验室。2008年8月，从刚果（金）考察回来后不久，我正在这个实验室里整理标本和用于DNA[①]分析的组织样本（浸在乙醇瓶里的肌肉小样）。在刚果（金）的偏远角落找到动物令人激动，但大部分情况下，我对自己的收集只有一个模糊的概念，只能识别出每个标本属于哪个属，除此之外，我们对中部非洲两爬动物区系的了解实在太少，无法轻易识别出那些物种。

《比属刚果两爬动物学文献》（*Contributions to the Herpetology of the Belgian Congo*）是最新的关于刚果（金）两爬动物的综述文献，这部文献问世已经近一个世纪。而且该地区大部分物种是由比利时两爬动物学家加斯东-弗朗索瓦·德维特（Gaston-François de Witte）和雷蒙·洛朗（Raymond Laurent）在20世纪中期描述的，他们的描述用简短的法语写成，并且没有插图。一些更早的出自19世纪的描

①脱氧核糖核酸。——编者注

述甚至更糟糕，并且见过这些动物的人现在都已经去世了，没有人可以提供有助识别的咨询意见。

好在对于我，以及我们对刚果（金）生物多样性的总体理解而言，这些科学家和无数像他们一样的人留下了一个有助于后来的科学家正确识别物种的永久信息源，即国际科学社会可以获得的保存在自然历史博物馆的标本。正如它们的名字所显示的，这些标本是我们星球三维生物史的永久宝库，是不可或缺的材料。在现代，它们帮助科学家识别像刚果（金）生物之类鲜为人知的物种，帮助他们进行形态学比较，既提供证据表明一个新物种确实是新的，而不是什么早就描述过并且被遗忘的生物，也用来描述新的物种。

在一个国际承认的博物馆里收藏的标本，包括代表新物种的正模标本，必须附有合格的物种描述，这样后来的科学家可以查找到它们并确认最初出版物里提出的形态特征（如尺寸、颜色图案、形状、鳞片图案及其他可观察、可量化的结构）确实出现在该物种身上。许多科学家犯的错误要经过很长时间（甚至数世纪后），才能通过对他们描述的物种的重新检查暴露出来。

对任何生物群进行分类研究都是一项耗时费力的工作，更大范围的科学界并不将它看作一门前沿科学，而且描述新物种的科学论文在价值上也不能与“大科学”论文相提并论。“大科学”测试的是与生物多样性随时间的改变、进化、生物地理学、生态模型、保护评估和气候变化预测有关的大规模假说。

在这个超级计算机、生物信息学、基因组尺度的数据集和改进了的实验室技术的时代，我完全同意“大科学”问题对 21 世纪的生物学非常重要，科学界对它们青睐有加也可以理解。但用于这些大分析的许多数据来自哪里呢？许多模型分析依赖数据集，数据集则源于博物馆物种的记录。得益于美国国家科学基金会的数字化许可，全球科学界现在可以通过在线数据库获取数以亿计的物种记录。模型研究采集这些数据，再结合关于温度、降水和其他可量化的气候与环境因素（有的来自人造卫星）等多个信息来源，以弄清楚某个物种历史上曾出现在何处，未来在不同的气候变化下可能会出现在哪里。

同样，以博物馆标本数据为基础，类似分析也被科学家用于预测入侵物种（如红火蚁、斑马贝）的扩散。入侵物种威胁本地物种，每年给美国经济带来数十亿美元的损失。进化遗传学和基因组学的目的是理解进化关系的主要模式，依赖前人出版的基因研究数据和日益稀少的从考察中取得的组织样本。这些样本大部分储存在距离它们的相关凭证标本（野外从其身上取出组织样本的标本）不远的博物馆里。这样做的原因是，如果对某个基因分析的结果存疑，你可以检查凭证标本来检查分类识别是否有误。

一旦任何种类的基因数据在某一科学文献中出版，它几乎总是会上传到由美国国立卫生研究院（National Institute of Health，NIH）提供资金建立的数据库里，任何人都可以查找到这个星球上任何生物的 DNA 数据。获取所有这些数据变得前所未有的便利，世界各地的研究人员因此得以取得大量激动人心的研究成果。但这些数不清的数据首先由最初的收集者、博物馆管理员（研究带头人和这些标本的管理负责人）、标本管理员、学生和志愿者输入博物馆的数据库，后来的数据使用者需要在他们记录准确的情况下开展研究。

例如，当你为了查看某个物种的地理分布，从数据库中获得一堆数据时，你必须非常小心地确认所有记录都指向同一个物种。错误在所难免——博物馆管理员常常会猜测一个进入收藏的物种的身份，并将其记录输入数据库，也许直到多年以后，一个分类学专家检查该物种时才纠正。因此分类学知识在诸多方面不可或缺：确定一个物种是否是独特的、分类是否是正确的，对有疑问的数据库记录采取质量控制措施，以及综合科学文献为一个给定物种提供总体描述。

为了应对这些情况，保护评估结果的权威性，国际自然保护联合会（International Union for the Conservation of Nature，IUCN）通过了一份国际承认的濒危动植物物种红色名录，评估一个物种是否濒危，需要理解它们的地理分布、栖息地偏好、生命周期、繁殖特征及最重要的其作为物种的有效性，这些都依赖于博物馆里的标本数据。

国家公园管理人、政府、利益相关方、保护组织和国际社会需要采取措施来保护有灭绝危险的物种，这类评估对他们非常重要。如果情况表明某个物种的地理分布相对狭小，或大片栖息地被摧毁，或任何数量的其他负面趋势显而易见，这时国际自然保护联合会就会用特定的标准——其范围从无危（指该物种数量众多，分布广泛）到极危（指濒临灭绝）不等——来确定它们受到威胁的程度。例如，山地非洲树蛙（*Hyperolius castaneus*）是一种色彩鲜艳、体型中等的蛙，常见于艾伯丁裂谷山区各处的湿地和森林边缘。

在我花费数年时间研究这种孤立分布的蛙的详细形态学和遗传特征前，根据博物馆的记录，以及对其地理分布的粗略估计（以出版于 20 世纪的数据为基础），国际自然保护联合会将该物种归为易危物种（即易灭绝的物种）。

当我开始在刚果（金）东部、布隆迪西部，以及乌干达收集这种蛙的样本时，我注意到该物种大量的可归因于颜色类型的形态学上的变种。如果没有遗传学的数据帮助你辨别这些差异，你不可能辨别出这些树蛙是否是一个差异较大的单一物种（这些差异不能确认是否归因于性别或性成熟程度），还是说这个变种内隐藏着一种形态学上的隐存种①。

我和我的同事在艾伯丁大裂谷工作过，因此我能接触到诸多不同地区该物种的雄性、雌性、亚成体和蝌蚪的多种样本，所以我可以将对该物种的精心的形态研究与详细的遗传分析结合起来，以确定刚果（金）东部的伊托姆伯维高原和卡波波高原的蛙群是一个“升了级的”物种（*Hyperolius constellatus*，以前仅为一亚种），而艾伯丁裂谷其他地区的蛙群是另一个物种山地非洲树蛙（*Hyperolius castaneus*）。有了这一新信息，山地非洲树蛙的地理分布扩大到约 7.3 万平方千米（包括艾伯丁裂谷的几个国家公园在内），因此国际自然保护联合会不再将它看作受威胁物种。

然而，新识别的 *Hyperolius constellatus* 只分布在不到 9 000 平方千米的保护程度较弱的地区，因此被归入易危物种。所以，如果没有博物馆的标本，以及分类学知识的帮助，用于保护这一特定物种的微薄资源将被分散于整个艾伯丁裂谷，而不是专注于最需要这类保护的伊托姆伯维高原和卡波波高原。

多年来，当我每个学期向上遗传学课的数百名本科生解释这项工作时，有时我会被问到标本收集可能对这些物种造成多大伤害的问题。这是一个很好的问题，因为我们当然不想在更好地理解一个

①指一组物种符合生物学对于物种的定义，即彼此相互生殖隔离，但它们在形态学上非常相似，甚至有些时候完全一致。——译者注

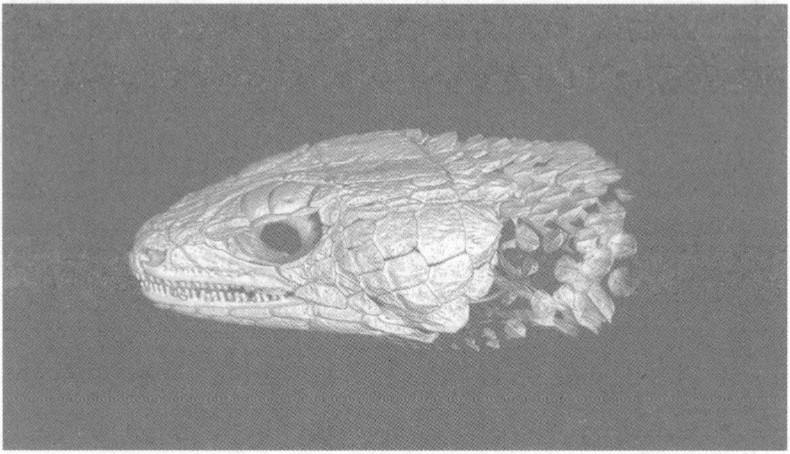

一只含骨化皮肤的“*Cordylus marunguensis*”头骨的 CT 扫描图像。图像由爱德华·斯坦利提供。

物种的过程中消灭它。没人会原谅对犀牛、东非大猩猩、海龟等濒危物种的标本收集，这些物种已经有保护项目而且生物学家已经有数十年的深入研究。但一些科学家认为，我们不应再收集任何种类的标本。他们以大海雀（*Pinguinus impennis*）为例。

19 世纪，在大海雀因为过度捕猎而减少后，贪婪的标本收集者最后让这种鸟彻底灭绝。为确保像大海雀那样的小种群不受影响，这些科学家支持使用照片和智能手机来记录稀有物种。我希望我前面提到的 *Hyperolius castaneus* 的颜色类型的变种可以表明这个想法的荒谬。包括分类学和保护生物学的泰斗级人物爱德华·威尔逊（E. O. Wilson）在内的 123 位科学界名人很快就齐声批评这个使用智能手机的主意。

过度收集导致灭绝的例子很罕见，并且都与娱乐或商业利益而不是科学利益有关。而且，不靠谱的过度收集的观点将我们的注意力从显然更为严重的威胁上引开。这些威胁包括栖息地丧失、过度捕猎、污染、气候变化和物种入侵。

另有一个回应者将只用照片的方法称作“分类学不当行为”，因为缺乏确证的博物馆标本的许多已出版的分类研究不能被独立证实，因此被认为不可靠而遭到否定。两年后，在《自然》出版的一篇煽动性文章里，以照片为基础的分类法的支持者试图再次为他们的观点辩护，但世界各地的近 500 名分类学家，包括我本人，很快做出回应，驳斥了那些倒行逆施的观点。

考察获得的经防腐处理的完整标本对科学和公众还有什么其他好处？密苏里植物园（Missouri Botanical Garden）从他们的植物标本收藏里发出成千上万份（考察期间收集的）植物样本给正在开发新药的实验室。实验室从样本中识别出一个喀麦隆葡萄新种，这种植物里含有一种化合物，这种化合物似乎有防止艾滋病毒母婴传播的潜力。动物标本可以用来研究其内部构造，提供关于它们生态学（它们吃什么）、繁殖特性（卵生还是胎生，以及性成熟期）、寄生虫和疾病、污染接触、神经化学、细胞结构和解剖结构，以及许多无法用照片来研究的其他方面的信息。

例如我在研究生时期对西非石龙子（*Chalcides pulchellus*）做 X 光检查时，注意到来自马里的一个标本的胃里有一串奇怪的椎骨。获准解剖它时，我震惊地发现这只蜥蜴吃过一条比它大得多的巨渴蛇属（*Dipsadoboa*）的树蛇的尾巴。

另一个惊人的例子可作为气候变化给我们所有人带来的危险的警告。因为有许多年来在美国东部阿巴拉契亚山脉（Appalachian Mountains）收集的大量无肺蝾螈属（*Plethodon*）的标本，科学家得以记录到这个属下的近半数物种体型缩小的长期趋势，他们将此归因于全球气候变化。更热更干燥的气候加速了这些两栖动物的新陈代谢，因此它们必须吃得更多或缩小身体尺寸来补偿——自然选择显然迫使许多无肺蝾螈属的物种采取了后一种策略。

实际上，类似的对世界各地许多其他动物种群的研究也记录到它们体型缩小的趋势，这表明体型缩小也许是生物应对全球气候变化的三种普遍反应之一，另外两种反应是改变物候现象（如季节选择，从冬眠中醒来和迁徙）和改变地理分布（离开现已过热或过于干燥的栖息地）。

没有从过去到现在许多年时间里收集到的标本，就不可能有细致的比较，也就没有这些重要的发现。这个例子突出表明了，20 世纪 50 年代的标本收集者不可能预计到那些后来需要借助他们的标本来回答的问题。同样，我确定在未来，我最近在刚果（金）收集的标本将有助于回答现在无法预见的重要问题。

因为标本代表了某个给定时间、地点的环境概况，所以即使在那些环境消失很久后，这些标本仍然可以为我们解答。例如 2011 年，在伊托姆伯维高原西麓的卡隆都村附近，我和刚果（金）同事从一条美丽的雨林小溪里采集到一只白斑阿非蛙（*Afrixalus leucostictus*）标本。这是我们在中部非洲发现的唯一一只白斑阿非蛙。仅一年后，当我们的队伍重新回到那里，想再找到一些白斑阿非蛙时，却发现整个森林已经被砍伐，变成了一片庄稼地。这样一来，这个标本记录就成了这个阿非蛙物种适应森林生活，曾出现在该地的唯一证据。

在世界各地，还有数不清的与此类似的例子。我的同事约翰·西蒙斯（John Simmons）曾回忆起 20 世纪 70 年代初他在厄瓜多尔亚马孙雨林的早期野外活动。在一年时间内，他收集到种类相当多的两爬动物。所幸他这样做了，因为当他再于 1984 年回到那个地区时，发现许多平方千米的森林已经被摧毁了，变成了住宅区和商店，他早期考察中记录的物种几乎没有一种还能生存在那里。但有时候，当与保护策略结合时，生物多样性名录确实可以防止对森林的砍伐。

令人称奇的是，自 1999 年起，芝加哥菲尔德自然历史博物馆（Field Museum of Natural History）的管理员和合作者编制的名录帮助在亚马孙河流域 10 多万平方千米的荒野建立了保护区。那里是世界上生物多样性最丰富的地区之一。

随着技术的发展，许多在架子上搁了几十年，已经遍布灰尘的标本突然有了可被揭示的新秘密。时过境迁，动植物生活的生态系统发生了变化，稳定同位素分析曾用于理解它们的食物网和摄食层次（某个生物在食物链的位置）。甲醛防腐是最常用的保存鱼类和两爬动物的方法，虽然它经常会割裂和破坏标本的 DNA（这就是组织样本通常独立保存在乙醇瓶里的原因），但最近发展出的方法使科学家得以从保存在福尔马林里的，几十年前收集到的标本中获得庞大的基因组数据。

另一个激动人心的创新是 CT[①] 扫描，它可用于对骨、骨化的皮肤（形成鳞片和其他真皮组织的骨沉积）甚至保存完好的标本的软组织进行三维重现。CT 扫描图像使科学家得以对不同种类的动物做极为详尽的对比，这在 20 世纪是不可想象的。那时候，去除皮肉、准备骨架是一个费时且经常会造成损伤的过程。2010 年，

①计算机层析成像。——编者注

不顾我的千咛万嘱，希芬德拉和万德杰从刚果（金）加丹加省的一片雷场边缘收集到一个环尾蜥新种的标本，我和同事爱德华·L.斯坦利（Edward L. Stanley）用CT扫描骨骼图像来描述它。

以两栖动物为例，通过检测野外采集的新标本，以及过去采集的旧标本的分子，科学家得以理解壶菌病的传播对两栖动物造成的毁灭性影响。过去30年来，这种新出现的疾病直接造成了至少200种蛙类和蝾螈的减少或灭绝，在澳大利亚和新热带界[①]，它的影响尤为剧烈。这种病被称为“有历史记录以来给生物多样性带来最大损失的疾病”。

虽然全球气候变化与壶菌感染导致的壶菌病之间似乎有联系，但大部分证据表明这是一种由新致病菌引起的疾病。通过以宠物交易或生物医学研究为目的的全球蛙类贸易，这些真菌传播到以前从未有过这种疾病的地区，如中美洲的原始地区。许多当地的两栖动物第一次接触到这种真菌，它们稚弱的免疫系统无力抵挡它，因此大批死亡，成百上千只蛙横尸森林。壶菌的感染机制是，游离孢子感染皮肤细胞里的角蛋白（与我们指甲里的蛋白质一样），扰乱细胞的渗透调节，最终导致宿主的心脏停止跳动而死亡。

壶菌的准确起源地在哪里还有待研究，但在2014年，在采集于1894年的巴西大西洋沿岸森林的样本中，一项研究发现了两个具有独特基因型的壶菌的菌株，表明壶菌起源于那里，并在20世

①世界陆地动物地理分区之一。包括整个中美洲、南美洲、墨西哥南部以及西印度群岛。——译者注

纪传播到世界各地。然而，壶菌在亚洲和非洲也广泛传播了几十年，并且与巴西的情况一样，类似中美洲那样两栖动物大规模死亡的报告并不多，而且另一项研究又在采集于 1888 年的伊利诺伊州的标本中发现了壶菌。在科学家可以确定壶菌的起源前，他们必须在世界各地寻找新的壶菌菌株。

在伊利诺伊州的标本之前，已知最早的壶菌感染来自 1902 年的一份关于日本大鲵的可疑记录，以及 20 世纪 30 年代收集的几只非洲蛙。一种非洲起源假说认为，壶菌起源于非洲，通过非洲爪蟾（*Xenopus laevis*）的全球贸易传播到全世界——在 20 世纪被运到世界各地，被用于人类妊娠测试、生物医学研究和宠物交易。

非洲爪蟾可以抵抗壶菌的感染生存下来，在美国加利福尼亚、亚利桑那，墨西哥，智利，法国，英国，意大利，日本和印度尼西亚，这种因为逃走或被放生的蛙有可能促成了壶菌在世界各地的传播。但目前已知的因为壶菌而在野外灭绝的非洲两栖动物仅有栖息在坦桑尼亚基汉西的非洲胎生蟾蜍（*Nectophrynoides asperginis*）。

基汉西瀑布是非洲胎生蟾蜍唯一的栖息地，在当地政府用世界银行的贷款修筑了一条水坝，切断了 90% 的水量后，它们在野外灭绝了。目前尚不清楚是水流改变、壶菌、杀虫剂，还是三者的共同影响导致该物种灭绝，但水坝是最有可能的因素。好在危急关头，美国的人工繁殖非洲胎生蟾蜍的计划成功了。

2012 年，2 000 只人工繁殖的非洲胎生蟾蜍被放归原产地，更多的放养计划也于 2014 年实施。西雅图林地动物园的动物管理员詹妮弗·帕拉姆克（Jennifer Pramuk）参与了拯救蟾蜍的行动，最近的一次估算表明，放生后存活于野外的非洲胎生蟾蜍的数量在 589 只左右。

对这次放生行动而言，这是一个鼓舞人心的数字。

尽管壶菌病在非洲大陆的传播情况依然不清晰，但以博物学标本为基础的研究正在拨开迷雾。虽然2013年的一项研究注意到壶菌在西非完全不存在，但它也警告说，这种疾病很容易就可以从感染区传播到非感染区。一些在中部非洲的西部开展的研究没有发现壶菌，但更近的研究首次在蚓螈——这种善于掘地的两栖动物是蛙和蝾螈的近亲——中发现了壶菌。

2007年，我们在刚果（金）卡胡齐–比埃加国家公园附近的低地雨林和利维洛附近的山地森林里发现了两种树蛙，在它们体内找到了壶菌。随后我们又对团队在野外收集的其他标本展开研究，结果发现在艾伯丁裂谷，在我们先前提到过的多个地方，许多种蛙的体内都有壶菌。

另一项研究增加了艾伯丁裂谷内已知壶菌的病例。在位于比利时特尔菲伦的中非皇家博物馆（Royal Museum for Central Africa），研究人员检测了早年收藏的来自刚果（金）的蛙，结果在一个伊托姆伯维河蛙（*Phrynobatrachus asper*）——洛朗于1950年采集的标本体内发现了壶菌。关于壶菌还有许多未解之谜，对标本和野外动物的检测显然还需要继续下去。

虽然我们的当务之急是采取保护行动，不让现有物种在自然环境中灭绝，但实际上，更多灭绝在所难免。在你阅读这本书的同时，灭绝就在发生——据一个声望卓著的环境报道网站估计，热带雨林里的生物物种正以每天137个的速度消失。因为壶菌，两栖动物消失的速度比其他任何主要的脊椎动物都要快，至少三分之一的两栖动物面临灭绝的威胁，而这个数字很可能还是一个很保守的估计。

这个趋势很可能还会恶化，因为许多两栖动物的地理分布狭窄，更容易受到有害气候变化的影响，并且随着全球栖息地破坏步伐的加快，更容易彻底灭绝。

总之，分布范围小、种群规模小的物种的灭绝风险最高。更糟糕的是，许多研究表明，在那些范围狭小却物种集中的地方，栖息地破坏最为严重（如非洲大陆上的生物栖息地）。

根据一项最近的保护评估报告，世界上已知的两栖动物中，有 50% 生活在地球上 2.2% 的地区，而且对于其余两栖动物中的很大一部分而言，这 2.2% 的区域更有利于它们生活。不幸的是，目前，这些地区大部分都不受保护。除非立即采取行动，它们很可能会消失。因为许多两栖动物有所谓的二阶段生活史，蝌蚪和蝾螈在水中度过生命中作为幼体的前半段，再转变为适于陆上生活的身体形态，一些人认为，一种两栖动物的灭绝相当于失去两个物种：水里一个，陆地一个。两栖动物消失时，以它们为食的猎食者（如鱼、蛇、鸟等）的数量也会减少，从而引发危害整个生态系统的多米诺骨牌效应。

如果人工繁殖计划无法实施或不成功，博物馆里的收藏将是让一些生物不至于灭绝的最后一道保险。如果生态系统的大部分依然完好无损，我们就可以将它们放归重建的栖息地。当然了，要恢复一个物种，我们首先必须知道它的存在。许多情况下，一个物种存在的唯一证据就是自然历史博物馆中收藏的一个防腐标本。

在刚果（金）考察期间，我的确收集到一些很可能是几个新物种的唯一标本，我只能希望，在我来得及描述它们前，它们不会被推至灭绝的境地。也许在将来，这些标本和相关的身体组织或许能为从灭绝中重生的物种提供一个遗传学和形态学上的蓝图，而且，“反灭绝”的伦理考虑和准则也已较为成熟。这听起来也许像《侏罗纪公园》中的场景，但克隆技术每年都在进步。

自1996年人类成功克隆多莉羊以来，我们的克隆技术已经取得长足进展，而克隆的第一步是拼凑出生物基因组的完整遗传图谱。近年来，科学家测定了几种消失已久的哺乳动物的基因组序列，其中有一种至少生活在50万年前的马。如果基因组可以从这些古老的标本中获得，那么，从博物馆标本或“冷冻动物园”——一个冷冻极危动物的DNA的组织，以供将来在人工繁殖失败的情况下克隆之用的DNA中获得新近灭绝生物的基因组可能更为容易。

以收集标本为基础的考察必须继续并扩大范围，因为我们刚刚开始理解地球的生物多样性，但灭绝危机正在让它快速消失。虽然在250年的时间里，我们已经分类并描述了大约200万个物种，但2011年的一项研究估计，约86%的陆生生物和91%的海洋生物（大部分为微生物）仍然未知。根据这些估计，我们需要超过30万名分类学家，花费1 200年的时间和3 640亿美元的资金，才能发现并描述所有这些未知生物。

但近年来，因为高通量测序技术[①]的发展，人们发现了数量远超以往的新微生物。2016年，一项研究估计，地球上实际存在着约1万亿种细菌、古菌[②]和真菌（其中99.999%尚未被发现），推翻了早先的估计。分类学家耗不起成百上千年来完成这项工作，因为多

①一种前沿的DNA序列测定技术，可以一次并行对几十万到几百万条DNA分子进行序列测定。——译者注

②又称古细菌、古生菌或太古生物、古核生物，单细胞微生物，属于原核生物，同时另一些特征又与真核生物相似。——译者注

少世纪来，人类一直在将许多已知未知的物种推向灭绝，这一点显而易见，令人痛心疾首；并且随着这个星球上生物多样性最为集中的赤道地区的人口暴增，生物灭绝的步伐正在加快，我们也在输掉这场物种发现与物种消失的比赛。

记者伊丽莎白·科尔伯特（Elizabeth Kolbert）在她的《大灭绝时代》（*The Sixth Extinction*）中承认了这种对立，试图“表达对立的双方：了解到真相的激动与恐惧”。确实，物种灭绝贯穿于地球历史之中，自生命起源以来，因为自然力量而发生的背景灭绝①一直存在（一个物种存在的平均时长大约为 100 万年），地球上曾发生过五次灾难性的大规模物种灭绝（包括发生于 6 500 万年前的恐龙灭绝），但现在，物种灭绝的速度比人类存在前高出上千倍，而且这个速度一直在增长。

无疑，对这个由人类主导的人类中心时代，我们应该为许多人口中的“第六次大规模灭绝”负责。虽然以假想的未来场景为基础的估计各不相同，但世界上几位最德高望重的保护生物学家都担心，到 21 世纪末，地球上动植物的二分之一到三分之二将会灭绝。如果那样的事情发生，人类将是下一个灭绝的生物——因为人类也依赖生物多样性而存在，没有各种数量的物种向我们提供食物、空气、水和材料，我们将无法生存。对于在热带雨林附近生活的发展中国家的人而言，蜜蜂、苍蝇、蛾、蝴蝶、蝙蝠等动物不可或缺，它们为他们赖以生存的庄稼授粉。实际上，生物多样性与世界各地的食物生产密不可分，一个广泛引用的估计声称，每三份食物中就有一份与传授花粉的动物有联系。

①指没有人类活动而产生的环境变化时的物种的自然灭绝。——译者注

因为我们对地球上的物种只有初步了解（尤其是在刚果（金）），并且在了解一个物种与全球生态系统的联系前，我们必须给它命名，所以在越过一个无法逆转的灾难性的临界点之前，没人确切地知道这个星球会失去多少生物多样性。但有一点很清楚，就是随着灭绝物种的增加，生态系统的功能也将退化。如果我们对许多单一生态系统的内部机制都一无所知，遑论全球生态系统。

许多人都说人类大脑是宇宙中最复杂的系统，但这是错误的。从哈佛荣退的生物学家爱德华·威尔逊常被称作“生物多样性之父”，他指出，“最复杂的是单一自然生态系统，以及构成地球上物种级生物多样性的总体生态系统。”

斯坦福大学保护生物学中心主任保罗·埃尔利希（Paul Ehrlich）用一个广泛被引用的比喻来解释这一趋势。假设你是乘客，正走在跑道上准备登机，这时你注意到一名机师正忙着拆机翼上的铆钉。机师说，别担心，他每天只拆几颗铆钉，也没拆多久，因为机翼上有成千上万颗铆钉，拆几颗没什么大不了的。但到什么时候，机翼会因为一颗铆钉的拆除而折断呢？显然，在你看来，哪怕拆一颗铆钉都是疯狂的。你会登上那架飞机吗？埃尔利希声称：“生态学家无法预测一个具体物种灭绝的后果，就像飞机乘客无法评估少一颗铆钉的后果一样。”

更令人担心的是，2016年的一项来自《科学》（*Science*）杂志的研究指出，地球陆地表面一半以上的生物多样性丧失已经到了危险的程度，这会在不远的将来给人类带来严重后果。

为了人类自身的未来，趁时间还来得及，我们应该投入更多钱财。这些钱财将用来考察记录地球上尚存的生物多样性，培训和雇用新一代分类学家，支持那些保存和研究标本的自然历史博物馆和大学，加倍保护余下的维持着生物多样性的自然区域，扩大人工繁殖项目以增加那些野外数量正在锐减的物种的种群规模，教育公众，以让他们意识到生物多样性对人类在地球上持续生存的重要性。但我们实际上在做什么？以自然历史博物馆为例，几个世纪来，它们曾是国际科学考察、分类学研究和生物多样性公众教育的中心，但它们得到的资金和关注几十年来一直在减少。

2016 年，美国国家科学基金会暂停了支持生物研究收藏项目的资金，美国各地许多博物馆面临着严厉的预算削减。为了增加旅游收入，一些博物馆扔掉它们的研究收藏，开除它们的管理员，专注于迪士尼式的娱乐；另一些则不举办与进化有关的展览，因为他们不想冒险侵犯有宗教信仰的保守的游客。当这些机构这样做的时候，它们也就忽视了需要给公众上的一堂重要课程：人类如何与成百上千万其他物种和谐相处。

与纯粹的有机体生物学类似，分类学研究也陷入困境之中，因为许多该领域内有话语权的人物都有一个错误认识，认为分类学的科学价值有限，只是用照片、一些测量数据（或许还有一点 DNA 数据）做简单的识别而已。实际上，定义一个生物种群的分类学（范围划定）是一种科学假设，必须得到各种艰难取得的数据的验证，有时还要用到 DNA 数据。

尽管进化生物学、生态学和保护生物学在许多方面依赖这些假设，但它们没得到应有的尊重。包括学术职位在内的绝大多数生物学职位不要求任何分类学知识，并且顶级生物学期刊也不接受物种描述，就算接受，它们也必须是一个更广泛研究的一部分。结果，学生花在学习如何识别和描述新物种上的时间越来越少，花在学习研究“大科学”上的时间越来越多，而后者能带来发表在顶级期刊上的论文和一条通向竞争日趋激烈的职业晋升之路。随着老分类学家退休而没有新的分类学家补充进队伍，几个世纪以来，科学家代代相承的分类学专业知识正在消蚀。

美国国家科学基金会发起了资助传统分类学家和培养众多新分类学家的项目，但许多热情的学生找不到分类学家的工作，科学界也无力扭转这一趋势。

进入 21 世纪，为了确保研究有意义，并且可以获得资金，现代分类学家需要学习新的跨学科方法和使用互联网平台。但栖息地破坏和疾病已经在全球消灭了许多物种，接下来若干年无疑将是科学家在更多物种消失前获取其样本的最后机会，根据未来的严酷现实调整我们的重心符合我们的利益。

最根本的是，只有知道一个物种的存在，我们才能保护它们。随着一次重大的灭绝危机正在全球加速，以及扩大保护区的机会窗口行将关闭，我设想，我们的后代将会质疑我们在这危急时刻优先考虑的是什么。

Emerald Labyrinth

A Scientist's Adventures In The Jungles Of The Congo

# 第2章

## 卡胡齐火山的金刚

在“刚果自由邦”建立的2 400前，一位叫汉诺（Hanno）的迦太基海军将领奉命驾船沿非洲西海岸南下，去建立殖民地。他忠实执行了命令。航行中某个时刻，他进入一座“燃烧的山”附近的海湾。那也许是一座活火山。

在附近一座岛上，探险家遇到未开化的“毛人”。迦太基人设法捉到其中三个。这些探险者尝试驯化他们的俘虏，结果没有成功。在返航回地中海前，他们杀死了这些俘虏，并剥皮作为纪念品。这次航行的记录用希腊语而非古迦太基语写成，而且肯定写于那次航行后几个世纪。水手们具体探索过哪些地方，那些不开化的“毛人”到底是哪种类人猿，这些细节依然是未解之谜，但希腊语译员描述那些猿的词汇却世代延续了下来：gorilla（大猩猩）。

大猩猩以复杂的社会行为、与人类相近的进化关系及近乎全素的食谱为特征。它们也偶尔吃吃昆虫，换换口味。这种大型类人猿仅存在于中部非洲的森林里，为保护它们，刚果（金）建立了两座国家公园——维龙加国家公园（Virunga National Park）和卡胡齐-比埃加国家公园。这些极度濒危的灵长目动物是刚果（金）野生动物的典型代表，它们鲜为人知，面临着生存威胁。大猩猩被发现和分类的历史之复杂、保护之困难，以及与美国出人意料的联系，以其为代表，所有这些也发生在刚果（金）其他稀有物种身上。因此，要从整体上理解刚果（金）正在消失的生物多样性，以大猩猩为例探索这些互相联系的主题将大有裨益。

大猩猩一词唤起了人们心中庞大而凶猛的类人猿的怪诞形象，如巨猩乔扬和金刚这些 20 世纪里人类虚构出来的生物。金刚的故事发生在一片神秘的史前土地上，金刚绑架了一个美丽的女人，还与恐龙搏斗。这些想象始于很早以前的 19 世纪，一个名叫保罗·贝洛尼·迪沙尤（Paul Belloni du Chaillu）的勇敢的探险家首次报告了野外大猩猩的行为。

迪沙尤是一个敏锐的观察者，但他有个嗜好，喜欢复述从非洲人那里听来的夸张故事。他父亲是法国商人，1848 年，十几岁的迪沙尤跟着父亲从新奥尔良来到加蓬沿海。交易象牙、橡胶和靛蓝染料的首批贸易站之一就建在那里。在那里的四年间，迪沙尤与本地商人交谈，学会一些当地语言，听到一些在内陆发生的离奇故事。

1852 年，他回到美国生活了很长一段时间，学习了生物学，得到包括费城自然科学院（Academy of Natural Sciences in Philadelphia）在内的两个地理学会资助他探险的拨款，还成为美国公民。1856 年，他回到加蓬，在只有非洲人的陪伴下，用了漫长而艰难的四年时间来考察内陆地区。因为通晓多种语言，迪沙尤轻松地结交到许多部落朋友。

一次，饿得半死的迪沙尤为了追猎一只猴子，跑到他的非洲同伴前面。这时，他突然遇到了令人闻风丧胆的食人部落——芳族的族人。他们看到这个白人，以为他是个恶鬼，吓得丢下手里的东西，瞪大眼睛，一动不动地看着他。探险家进入阿什拉族（Ashira）的领地时，同样的事再次发生。惊愕的酋长指示族人："安静；别惹恼那个幽灵（迪沙尤）。别说话，免得把他唤醒。我们的祖先和我们自己从未见过如此奇观。"旅行期间，浓密的丛林将探险家的衣服撕成碎片，毁了他的鞋子，他光着脚，近乎赤裸地继续前进。

据说他的行程超过 1.2 万千米，经受了各种考验：患过 50 次疟疾（幸亏他带有大量的奎宁）和无数次其他热带疾病、成群结队叮得人剧痛的行军蚁、一次夺走其数名同伴生命的天花、一支毒箭制造的可怕伤口。他的厨师想用砒霜毒死他，但没成功。他谈到这次经历时评论说，这次在死亡边缘的经历治好了他迟迟不愈的热病。作为训练有素的生物学家，他收集了成百上千份鸟类、哺乳动物、两栖动物和爬行动物的博物学标本，其中许多（尤其是鸟类）被证明是新发现的物种。但让他名声大噪的还是他对野生大猩猩的描述：魔鬼。19 世纪中叶，西方人对大猩猩的了解仅限于少量骨架和兽皮，没人在野外见过它们。

1861 年，迪沙尤出版的《赤道非洲考察探险》（*Explorations and Adventures in Equatorial Africa*）成为当时的畅销书 —— 两年内售出两万本，但一些著名评论家称这部作品是虚构的。第一次在野外发现大猩猩的足迹时，迪沙尤万分惊恐，因为非洲人曾给他讲过大猩猩的故事，说它们会强奸女人，抓住男人的脚并拖到树林里掐死；说它们实际上是消失在森林里的人变成的恶鬼。但是大猩猩一感觉到他的到来，就警觉地尖声大叫，逃进丛林。后来在野外遇到大猩猩时，迪沙尤看到母大猩猩与后代间类似人的温情时刻，他开枪的手犹豫起来。但是当他悄悄潜到银背大猩猩（雄性成年大猩猩）附近时，他看到了大猩猩本性的另一面。“我可以清楚地看到这只庞大的猩猩凶残的面庞，它正暴怒如雷……丑陋的脸上露出恶魔般的表情……它发出的吼叫像打雷，树木为之震动。它直视着我们的眼睛，捶打着胸脯冲过来。”

在一次以失败告终的猎捕大猩猩的行动中，迪沙尤看到手下一个非洲人倒在血泊里，肠子挂在体外，他的枪被折断。这个非洲人临死前告诉迪沙尤，一头巨大的雄性大猩猩袭击了他，用它强有力的牙齿咬坏了枪。这次事件成为《赤道非洲考察探险》中的一幅著名插图，图上，愤怒的大猩猩站在受了致命伤的非洲人的上方，用前脚把枪折为两截。然而当迪沙尤打死一只大猩猩时，他评论说：“我杀死了的，好像是一个尚存一点人性的可怕生物。”

从加蓬沿海出发，迪沙尤游历了非洲内陆的广阔区域，这在当时是一项了不起的探险成就，尤其是当时，殖民者还没有建立起便利白人在中部非洲旅行的设施。与今天的便捷交通相比，在 19 世纪中叶，刚果王国、卢旺达王国[①]和布干达王国[②]境内的火山可谓地远天遥，结果直到半个世纪后，人们才在那里射杀到第二个大猩猩物种。

1902 年，德属殖民地警备部队里一个叫冯·波里吉（von Beringe）的上尉兼铁路建设工程师在今刚果（金）、卢旺达和乌干

① 16 世纪，图西人建立封建王国。1890 年沦为“德属东非保护地”。1916 年后被比利时统治。1962 年 7 月 1 日独立为卢旺达共和国。——编者注

②史称布干达。1894 年沦为英保护国。1962 年 10 月 9 日独立。1967 年建立乌干达共和国。——编者注

达交界处的萨比尼奥火山打死两只大猩猩，被认为是山地大猩猩的发现者。

另一个野心更大的探险家是鲁道夫·格劳尔（Rudolph Grauer），他是技艺高超的奥地利登山家、动物学家，来自特罗保[①]一个显赫的犹太家庭。鲁道夫在维也纳新城的一所学校里接受了军事训练，学习了法律，还在哈雷[②]学习了农艺。他参加了一次到北非的旅行，迷上了非洲探险。他还有两次到乌干达的打猎旅行，在那里收集科学标本，攀登鲁文佐里山脉，爬到了海拔 4 800 米的地方。

1907 年，梅克伦堡的阿道夫·弗雷德里希公爵让格劳尔去考察卢旺达的火山高地。后来，那位公爵自己也有过惊人的探险壮举。成功完成考察后，格劳尔回到非洲，在基伍湖、坦噶尼喀湖和布隆迪收集博物学标本。在得到一个捕杀大猎物的奥地利同行的资助后，格劳尔最后一次回非洲做长途考察。他从维多利亚湖走到坦噶尼喀湖，再北上沿“刚果自由邦”边境一直走到贝尼及其附近的艾伯特湖以西的森林。考察期间，格劳尔收集了成千上万个博物学标本：两栖动物、爬行动物、鸟类和哺乳动物，甚至还有獾狮狓和大猩猩这类罕见物种的标本。

坦噶尼喀湖以西的崎岖山脉被称作伊托姆伯维高原，1908 年和 1910 年，格劳尔在那里打死 16 只大猩猩。格劳尔没有写一本关于其旅行的书，成为历史和科学的一大遗憾。在奥地利安顿下来后，他饱受在非洲感染的热带疾病的困扰，在相对年轻的 57 岁，死在维也纳的一家医院里。许多根据格劳尔的收集描述的物种（包括两

①今捷克共和国的奥帕瓦。——译者注
②德国东部城市。——译者注

栖动物和爬行动物）都以这位探险家的名字命名。

迪沙尤、冯·波里吉、格劳尔等收集者射杀的大猩猩的皮和头骨最终来到美国和欧洲的博物馆。哺乳动物学家检查了它们。他们中有些是非常称职的科学家。1847 年，根据带给加蓬一个传教团的一些骨头，一名叫萨维奇的牧师首先将大猩猩命名为 *Troglodytes gorilla*。该命名首次由萨维奇的生物学家同事杰弗里斯·怀曼（Jeffries Wyman）博士出版在波士顿自然历史学会（Boston Society of Natural History）的一次会议记录上。当年晚些时候，萨维奇和怀曼发表了一篇更详细的介绍这次发现的论文，他们解释说，为该物种命名的灵感来自汉诺的航行记录。

一年后，牧师给伦敦的自然历史博物馆提供了更多标本，为了纪念牧师的贡献，一个名叫欧文的英国生物学家以牧师的名字为大猩猩取了第二个名字：*T. savagei*。在当年晚些时候的第二份出版物上，欧文承认 T. gorilla 的命名有优先权——在动物学中，一个物种最早出版的命名是其确定名，随后出版的同一物种的命名都视为是无效的。四年后，一个叫伊西多尔·若弗鲁瓦·伊莱尔（Isidore Geoffroy Hilaire）的法国生物学家发表了一篇论文，认为应该将大猩猩归入它自己的新属：*Gorilla*[①]。这一做法沿用至今。

依据畸形的头骨、略带淡红色毛发的皮肤，以及一些大小不寻常的标本，伊莱尔等人命名了另外几个来自中部非洲西部的大猩猩物种，但到最后，它们都被证明与波士顿出版物描述的同一原始物种仅有微小的差异。不过与柏林自然历史博物馆里，那位反进化论

①大猩猩属，有两个品种：西部大猩猩和东部大猩猩，它们又各有两个亚种，西部大猩猩下有西部低地大猩猩和克罗斯河大猩猩；东部大猩猩下有东部低地大猩猩和山地大猩猩。——译者注

的行为古怪的管理员保罗·马奇（Paul Matschie）教授相比，他们这种对于无效命名的随意性只是小巫见大巫。根据马奇的讣告，他在哈雷和柏林学了些大学课程，但从未通过任何考试，也没有获得什么学位。

1886年，他在自然历史博物馆得到一份志愿者的工作，在1895年获得晋升，得到哺乳动物管理员的职位，于1902年被授予教授称号。这位不学无术的动物学家渴望成名，为了将河流两岸收集到的数十份哺乳动物标本描述为新物种，他拼命在这些标本身上寻找区别，甚至不止一次将一个标本的左右两侧描述为两个物种。他的逻辑是，那个动物收集自一道分水岭，肯定代表两个未知物种的杂交后代。这个说法理所当然地被许多同代的人斥为荒谬言论。以这种方式，马奇及其效仿者将大猩猩的无效命令的数量扩张到荒谬的程度。

偶然的是，马奇将冯·波里吉在维龙加山区射杀的大猩猩命名为一个新物种：*Gorilla beringei*（东部大猩猩），它确实是一个真正的新发现的物种。他还根据格劳尔在伊托姆伯维高原射杀的一个标本，命名了来自喀麦隆西部的克罗斯河大猩猩（现被视为东部大猩猩的一个有效亚种）。理清马奇的错误举动造成的分类学乱麻需要数十年时间，而关于大猩猩分类法的争论也一直持续到21世纪。

为获得纪念品和标本而射杀大猩猩的活动一直持续到20世纪后的很长一段时间里，但在那一时期，标本收集的传奇人物之一最终认识到，“比属刚果”东部的大猩猩种群已经岌岌可危，需要保护。

19世纪下半叶，卡尔·阿克利（Carl Akeley）在纽约州克拉伦登镇（Clarendon）长大，他是一名才华横溢的动物标本剥制师。阿克利童年时着迷于死去的动物，他的父母因此一度考虑将他送到一家精神病院。怀着矢志不渝的热情，他做着自由的类似于标本剥制师的工作，在贫困边缘勉强求生：他一度剥制保存过大象金宝——这个庞然大物属于 P. T. 巴纳姆马戏团，在加拿大被一辆火车撞倒，不幸身亡。

阿克利使动物起死回"生"的细致手法出了名，当他经过芝加哥，去看他自己制作的、展示在菲尔德自然历史博物馆的一只野马标本时，动物馆的馆长丹尼尔·艾略特（Daniel Elliot）聘请他做首席标本剥制师，让他大吃一惊。几乎同时，认为自己的提议会被接受的艾略特问阿克利，愿不愿意和他一起去非洲考察，他怎么会拒绝呢？

他们匆匆乘船从美国出发。晕船的阿克利在船上呕吐了几周，体重令人担心地减轻后，艾略特告诉他，他们将在炎热难耐的埃塞俄比亚[①]南部和索马里[②]收集罕见的哺乳动物的标本。在这次计划不周的考察中，阿克利差点渴死，后来他还遇到一只豹子，又一次差点送命。几年后，美国总统西奥多·罗斯福在他的《非洲猎踪》（*African Game Trails*）中描写了这次事件：

> 我的朋友，来自芝加哥的卡尔·阿克利，实际上赤手空拳打死了一只扑向他的豹子。他已经两次打伤那只野兽（对着灌木放乱枪）……它冲过来，他避开锋芒，它紧追不舍，他转身，它扑到他。它咬住阿克利的一只胳膊，一口接一口，从手腕咬

①公元 13 ~ 16 世纪阿姆哈拉人建阿比西尼亚王国。1890 年意大利入侵，强迫埃塞接受"保护"，1896 年意被迫承认埃塞独立。1987 年 9 月成立埃塞俄比亚人民民主共和国。1994 年改国体为联邦制。1995 年 8 月 22 日成立埃塞俄比亚联邦民主共和国。
② 1887 年索北部、1925 年索南部分别沦为英"保护地"和意大利殖民地，称为"英属索马里"和"意属索马里"。1969 年 10 月 21 日改名为索马里民主共和国。1991 年改现名。

到肘部，但阿克利甩开它，用另一只手抓住它的喉咙，把它的身体摔向一边。幸运的是，它侧面着地，两条受伤的腿在上面，这样它就没法撕扯他。

阿克利赢得这场生死搏斗，但这只豹子吃过一只腐烂的鬣狗的尸体，他很担心。踉踉跄跄回到营地后，他要求向身上多处伤口注射大量抗菌剂，还评论说，“在这个过程中，我几乎后悔没让那只豹子赢。”

阿克利余生之中将带着豹子袭击留下的可怕伤疤，但这不是他在非洲丛林中最后一次与死神擦肩而过。再一次更换雇主后，1909年，阿克利的新老板，纽约美国自然历史博物馆的馆长亨利·费尔菲尔德·奥斯本（Henry Fairfield Osborn）派他回到非洲，为博物馆计划的一次展览捕杀大象。这一次，阿克利带上了第一任妻子米基（Mickie）①，他们在今肯尼亚西部边境的埃尔贡山与罗斯福会合。

这位美国前总统和他的儿子克米特正计划开展一次规模宏大的打猎探险。他们一行人很快打死四头大象，但都是母象或小象，而阿克利志在猎获一两头庞大的公象。因为在那个世纪之交，每个有枪的白人都想射杀一头大象，生着巨大象牙的大公象已经非常罕见。

阿克利和米基度过了疾病缠身、条件艰苦的几个月，在东非为博物馆四处搜寻完美的公象。最终，阿克利在肯尼亚山发现了一头公象。但公象先看到他，标本剥制师被愤怒的厚皮巨兽打得遍体鳞伤。这次攻击让阿克利断了几根骨头，没办法走路。他的脸也被撕碎了，以至于当他想喝点白兰地缓解疼痛时，酒从脸颊

①全名迪莉娅·朱莉娅·阿克利（Delia Julia Akeley），绰号米基。——译者注

上的伤口里漏了出来。

向导飞奔下山，把受袭的消息告诉了米基。她在冰冷的雨夜发起一次救援行动，找到失去意识、躺在帐篷里的阿克利。这时一大群蚂蚁正忙着叼走他暴露在外的肉。米基把阿克利的脸包扎起来后，他看上去像一具独眼木乃伊，但在恢复过程中，他开始设想一次比展览大象更为宏大的博物馆展览——他将开创一座容纳“所有”非洲哺乳动物的庞大展厅。他认为这需要 100 万美元，在当时，这是一笔巨款。

回到纽约后，阿克利开办非洲哺乳动物厅的设想与奥斯本一拍即合。但米基日益离群索居，疏远了他，再加上第一次世界大战爆发，因此这个计划推迟了数年。在计划推迟期间，阿克利改进了他发明的一种新型电影摄影机。这种机器在野外更灵活，可以让他在非洲拍摄野生动物。也许因为电影，他想出一个为非洲动物厅筹资的聪明主意。堪萨斯州一对夫妻档马丁·约翰逊（Martin Johnson）和奥萨·约翰逊（Osa Johnson）到奇异的南太平洋地区拍摄关于食人族的电影，发了一笔财。

阿克利向奥斯本建议，博物馆可以资助约翰逊夫妇到非洲探险，用阿克利的摄影机拍摄野生动物，作为回报，电影收入的一部分可用于动物厅的建设。奥斯本和约翰逊同意这个建议后，1921 年，阿克利说服奥斯本给他 1 万美元去收集山地大猩猩的标本。他的想法是，这些异域动物的标本将为动物厅的宏大计划带来关注和资金。

尽管阿克利已年近花甲，他的“比属刚果”之行仍大获成功。他在维龙加山区收集到几个大猩猩标本，甚至用他的新摄影机拍摄了一些美轮美奂的风景镜头。但这次旅途中的某个时刻，也许是大猩猩类人的表情（尤其是看到亲人被打死后的表情）引起了他的共鸣，他开始关心起大猩猩来，因为他注意到，这些大猩猩并不像有些人声称的那样四处可见（当地欧洲神父错误地认为有成千上万只大猩猩）。

阿克利写到，当他打死的那只银背大猩猩“躺在树底下，一个人需要鼓起他的全部科学热情才能不觉得自己像个杀人犯……它是个优美的生灵，有一张和蔼的巨人的脸，除了自卫或保卫朋友，它不会伤害人。我和大猩猩之间，我才是那个野蛮人和侵犯者”。

1921 年，在结束这次行程，离开“比属刚果”之前，他写信给当地的比利时官员，谈到在制作纪念品的猎人杀光所有大猩猩前保护它们的必要性。回到美国后，一些有权有势的朋友将他提出的在“比属刚果”建立一个大猩猩保护区的建议传到美国和比利时的政客、大使的办公室，直到它最终来到利奥波德二世的继任者阿尔伯特一世（King Albert I of Belgium）的桌上。

阿尔伯特一世赞同阿克利的想法，因为他在 1919 年访美期间到过约塞米蒂国家公园（Yosemite National Park）和科罗拉多大峡谷国家公园（Grand Canyon National Park），国家公园的概念给他留下良好的印象。比利时的大部分自然区域早已毁灭，但是现在，他有机会在非洲大陆建立第一个这种类型的保护区。

1925 年 3 月，国王签署一项法令，在“比属刚果”建立了一个 2.4 万公顷的山地大猩猩栖息地保护区，并在低地建立一个范围更大的后称阿尔伯特国家公园(Parc National Albert)的狩猎保护区。四年后，公园边界扩大至包括维龙加在内的整个火山链，火山国家公园（Parc de Volcans）则建立在边境的卢旺达一侧。

1930 年，不想落后的英国在山脉的乌干达一侧建立了基盖济大猩猩保护区（Kigezi Gorilla Sanctuary）。虽然这些举动对大猩猩极为有利，但对当地特瓦族俾格米人的影响却是灾难性的——他们突然失去了自有记忆以来一直支撑祖祖辈辈生活的森林。因为特瓦族在“比属刚果”东部的非洲部落里势力最弱，而且还有身体素质相对较差和普遍文盲的劣势，他们根本无力抗议这些举动。

与此同时，约翰逊夫妻 1923 年的电影《追踪非洲野生动物》（*Trailing African Wild Animals*）大获成功，为非洲动物厅的开设带来大笔资金。1926 年的另一趟非洲之行，阿克利带上第二任妻子玛丽·乔布·阿克利（Mary Jobe Akeley）和纽约的风景画家，这样他们可以收集更多标本，并且描绘卡巴拉的美丽风景。卡巴拉是他上一次打死那只银背大猩猩的地方。阿克利说那里有仙女在跳舞，你可以从冰冻的山区草地俯瞰尼拉贡戈火山和波光粼粼的蓝色基伍湖。

到达卡巴拉附近一天后，阿克利死于大出血[①]（很有可能是因为高原病），伤心的遗孀、友人和同事（来自非洲、美国、欧洲）用红木和混凝土为他修了一座坟墓。他一直安息在那里。1979 年，刚果（金）偷猎者莫名其妙地挖开他的坟墓，搬走他的尸骨。虽然阿克利死后，阿克利非洲哺乳动物厅又花了数年时间和更多资金才建设完成，但 1936 年 5 月 20 日，它终于在美国自然历史博物馆向公众开放。

阿克利时代的非洲荒野消失了，但它的一幅景象，包括展示阿克利在卡巴拉射杀银背大猩猩的一个大型立体模型，凝固在时光里，直到今天。20 世纪 20 年代末，维龙加也许还有 2 000 头山地大猩猩，但即使有了这些所谓的国家公园的保护，它们的数量也在剧减。

几十年来，对于山地大猩猩的行为、生态特征和准确的数量估计，

①另有说法是死于痢疾。——译者注

我们的了解还很肤浅，顶多只能算有点模糊认识。对乌干达大猩猩的少量研究成果出版于 20 世纪 50 年代，但深刻而持续的观察依然缺乏。最终，1959 年，一个叫乔治·夏勒（George Schaller）的美国生物学家决定与妻子凯搬到“比属刚果”，开始一次对大猩猩的长期研究。他决定集中研究维龙加山区的山地大猩猩，将基地设在卡巴拉的阿克利坟墓附近，一幢棚屋似的简陋建筑里。一年时间里，夏勒几乎不受干扰地每天近距离研究大猩猩。

60 年代初，他出版了一系列科学论文和一部划时代的图书——《山地大猩猩：生态和行为》（*The Mountain Gorilla: Ecology and Behavior*），巩固了他作为著名野外生物学家和野生动物保护斗士的地位。他的研究里有一个数据特别引人注目，他估计，维龙加山区山地大猩猩的数量减少到只有大约 500 只。

在《大猩猩之年》（*The Year of the Gorilla*）中，夏勒警告说，“历史已经表明，稀有如山地大猩猩的动物极为脆弱，我们必须时刻保持警觉，防止天平从安全倒向灭绝。”1960 年，刚果共和国独立后的政治动荡迫使夏勒提前结束大猩猩研究，但他继续在世界各地，为其他濒危哺乳动物的研究做出巨大贡献。

出人意料的是，继承夏勒研究观念的也是一个美国人，但两人间的共同点也仅此而已。1932 年，戴安·弗西（Dian Fossey）在旧金山出生，父亲是保险代理人，嗜酒如命。结果，戴安的父亲在她六岁那年和她的妈妈离了婚。她虔诚的妈妈基蒂不久后再婚，但戴安的继父非常冷漠和严厉，直到她 10 岁才允许她和父母一起吃饭。戴安一生都饱受严重过敏、哮喘和肺炎频发之苦。她钟爱动物，但糟糕的化学和物理成绩妨碍了她获得兽医学位。她转向作业治疗学，并于 1954 年毕业，在路易斯维尔[①]的一家医院里获得一份治疗残疾儿童的工作。一个追求她的津巴布韦人给她写了一些有关原生非洲野生动物的诗，之后，戴安决定借一大笔贷款亲自去看一看野生动物。

1963 年，她跟一个雇来的向导在坦桑尼亚北部考察野生动物。她崇拜的路易斯 · 利基（Louis Leakey）在奥杜瓦伊峡谷工作，这位著名的古人类学家发现了原始人化石，从根本上证明了人类起源于非洲。他相信，对类人猿行为的研究将促进对人类起源的了解。她怀着见到利基的一线希望，来到奥杜瓦伊峡谷。也许因为这位杰出科学家觉得身高一米八三的戴安很迷人，他热情迎接了这个不速之客。他问她在非洲干什么，她回答说想在这里生活工作，与大猩猩一起。利基很感兴趣，请她看他刚发现的长颈鹿化石。戴安给它拍照时扭了脚踝，疼痛让她吐了这个古老的发现一身。戴安这场大倒胃口的意外没有吓到利基，他为她包扎脚踝，鼓励她忍痛坚持去看大猩猩，两人则保持联络。

几天后，戴安和一些碰巧在维龙加拍摄大猩猩的英国电影制作人爬上米凯诺火山（Mt. Mikeno）。第一次在野外看到大猩猩，她非常激动，不用说，她已经被迷住了。回到美国后，她考虑接受那位追求她的津巴布韦人的“兄弟”的求婚。他在前往非洲的旅行中遇到她，后来进入圣母大学[②]读书。

1966 年，利基碰巧来路易斯维尔做讲座。戴安走近他时，他一眼就认出她来。第二天，他们在利基下榻的酒店见面。利基说如果她切掉阑尾，也许是一项与大猩猩有关的长期研究的恰当人选，因

①美国肯塔基州最大的城市，得名于法国国王路易十六。——译者注

②位于美国印第安纳州的南本德，本科教育稳居全美 20 所顶尖学府之列。——译者注

为这样一来，在偏远的维龙加山区，她可以避开一些可能致命的疾病。这个机会让戴安怦然心动，她立即答应下来。之后她假装腹痛（甚至说错了疼痛的位置），成功说服一个医生帮她切除了阑尾。紧接着，她辞去医院的工作，拒绝了求婚，全力追求她的梦想。

35 岁生日过去几天后，戴安在卡巴拉建立营地，雇用了一个曾为阿克利和夏勒工作过的“比属刚果”大猩猩追踪人桑威克（Sanweke）。在不到半年的时间里，戴安就在观察大猩猩方面取得很大进展。但她也越来越难在雇员面前树立权威。因为她完全活在她的山区小世界里，不知道战争已经毫无预警地来到“比属刚果”东部。她被勒令立即离开，否则性命不保。逃到紧邻“比属刚果”的卢旺达后不久，为了在维龙加火山卢旺达一侧建立新的大猩猩研究基地，她开始招募流亡在此的白人为她工作。

1967 年 9 月，卡里苏奇①研究营地在火山国家公园的比苏奇火山、卡里辛比火山和米凯诺火山间的马鞍形高地上建立起来。戴安全身心投入到工作中，她研究大猩猩，赶走搞破坏的牲畜和偷猎者，有时候还要用枪威胁才能把这些破坏者赶走。1972 年，利基死于心脏病发作。

多年来，利基一直为戴安争取资金和帮助，在肯尼亚和她有过一段短暂的暧昧关系。戴安则因为在攻读英国博士学位期间做出的研究工作，以及《国家地理》（主要赞助人）上发表的一些轰动一时的故事，她很快获得极高的国际名声，得以独自为卡里苏奇研究中心争取到大量资金。

随后数年，戴安在卡里苏奇与已婚或有其他拖累的男人有过几次失败的关系。她还要克服偶尔发作的酒瘾和忧郁，但她似乎总能

①一译“卡里索凯”，为卡里辛比（Karisimbi）前四个字母和比苏奇（Visoke）后四个字母拼成。——译者注

在大猩猩的陪伴中找到安慰。无数外国学生，包括许多美国学生，来了又走，但她却一直留在那里，与他们合作研究大猩猩。

根据她的《迷雾森林十八载》(*Gorillas in the Mist*)，以及西格妮·韦弗（Sigourney Weaver）主演的同名电影记录，她向偷猎者和牧场主发起了一场真正的战争：偷猎者在野外盗猎大猩猩幼崽，卖给欧洲的动物园。有好几次，她需要把夺回的小猩猩放归自然。1978 年是这场战争的一个灾难性转折点，偷猎分子使山地大猩猩的数量减到约 200 只，并且还杀死了戴安最钟爱的大猩猩“迪杰”。

心理上，戴安再也不是原来的那个戴安。她给卢旺达总统、美国国家地理学会和无数国际动物保护机构写信，要求对维龙加火山的偷猎活动给予严厉刑事处罚，甚至判处死刑。她还创立了迪杰基金会，将国际上捐赠的资金用于卢旺达国家公园里的官员不愿或无力实施的反偷猎行动。

出于对戴安反偷猎措施的报复，更多大猩猩被杀死。为了让被捕的偷猎者认供，她用上了万圣节振动面具、橡皮蛇和其他假冒的巫术。她的方法非常有效。因为她的努力，成千上万个陷阱被捣毁，数十名偷猎者被捕，从这一点来说，可以认为是她实际上防止了山地大猩猩的灭绝。

然而她的“主动保护”也树敌无数，这些人包括非洲偷猎者、任职于卢旺达国家公园的官员、长期在外工作的欧洲人、国际保护机构，以及不赞同她做法的多国科学家。一天晚上，有人用巫术对付她，在她门前留下一条雕制而成的咝蝰[①]。戴安知道这是死亡诅咒，但她没有把这件事告诉任何人，只是把它记在日记里。在日记

①非洲最危险的蛇类之一。——译者注

的最后一行，她这样写道："当你认识到所有生命的价值时，你就越少执着于过去，越多专注于保存未来。"

1985 年 12 月 27 日上午，有人发现了戴安·弗西的尸体，她的头上有一处致命的刀伤。在与凶手搏斗时，她设法拿到左轮手枪，但散落身边的子弹口径与枪不配。卢旺达警察指控两人谋杀了她。一个是数年前被戴安解雇的大猩猩追踪人卢威利卡那（Rwelekana），据称他在狱中自缢身亡；另一个是当时在卡里苏奇工作的美国学生韦恩·麦圭尔（Wayne McGuire），美国大使馆怂恿他逃走了，一个卢旺达陪审团缺席审判他犯有谋杀罪。麦圭尔的审判令人怀疑，因为他没有明显的杀人动机，审判中用的证据也饱受批评。直至今日，戴安之死仍然是一个饱受争议的话题，但她的献身，的确保护了她一生钟爱的大猩猩，使它们能够在地球上继续生存下去。如果泉下有知，她也应该会感到安慰了。

在管理松懈的旅游活动期间，大猩猩因为感染人身上的寄生虫而死去。虽然这让戴安震惊，但她也明白，卢旺达政府和人民会从大猩猩旅游中获益。戴安遇害后的短时间里，大猩猩旅游为自然资源稀缺的卢旺达带来成百上千万美元的收入，卢旺达的教材中，也加入了大猩猩是卢旺达自然遗产的一部分的观点。

出人意料的是，在 20 世纪 90 年代，在大部分内战和大屠杀的黑暗日子里，卡里苏奇研究营的一些卢旺达员工继续照料大猩猩。虽然维龙加火山成了难民的逃难路线，但在此期间，只有四只大猩猩消失。最近几年，从卢旺达首都基加利前往刚果（金）时，我看到一拨拨准备去看大猩猩的欧洲游客，还在机场的停车场边，看到过一块显眼的展示小猩猩出生画面的广告牌。对大猩猩和其他稀有动物的科学研究还在卡里苏奇继续，这些研究的前景令人鼓舞。尽管最近这些大猩猩受到保护的好消息不断传来，但实际上，维龙加火山里的山地大猩猩距离灭绝也只有一步之遥。正如夏勒强调的，如果我们希望未来大猩猩可以繁衍生息，我们一刻也不能放松警惕。

第一次违反大猩猩礼节规则时，我对正确的礼节毫无概念，不知道该如何与这个人类的“近亲”之一打交道，尤其是那头比我们重 91 千克的大家伙。那是 20 世纪 80 年代后期，我正在布法罗动物园爬行动物馆做志愿者。那时候，大猩猩展是该动物园最新的创举之一。我喜欢每天早上开工前静静地走过洞穴般的通道。透过灯火通明的玻璃窗，梦幻般的围栏令人心情舒畅。在布法罗冬天的严寒中，缓步行走也是让身体暖和起来的好方法。

一天中的那个时刻，大猩猩通常已经得到解放不再展览，躲在一个角落里吃早饭。它们从不看我或者注意到我，很多时候，我只是匆匆扫视过它们后继续往前走。但一天早上，我注意到那只银背大猩猩背靠玻璃窗坐着，我忍不住想近距离看看它，于是悄悄走到窗前。我看到它背上一簇浅灰色的皮毛和离我仅几厘米远的形状奇怪的大头。

隔着几厘米厚的玻璃，它可能听不到我的声音，但也许是第六感让它察觉到不对劲儿，它向我转过头来。那时我还不知道，占支配地位的银背大猩猩会将眼睛直视看成挑战。我只盯着它的双眼看了一会儿，结果它站起来，比我高出一头。它突然发怒，开始猛敲玻璃，吓得我魂飞魄散。我确信玻璃马上就会破掉，头也不回地跑开了。

2010年10月，一头出生于布法罗动物园的雌性大猩猩在那里生下一只小猩猩。对于大猩猩的人工繁殖计划而言，这是一个令人鼓舞的记录。包括布法罗动物园的大猩猩在内，大部分人类圈养的大猩猩都是西部低地大猩猩。

在分布于中部非洲的四个大猩猩的亚种里，西部低地大猩猩的体型是最小的。因为栖息地被破坏、偷猎活动，以及21世纪初经加蓬和邻近国家逐渐传来的埃博拉出血热的爆发（受感染动物的死亡率高达95%），最近几十年来，西部低地大猩猩的数量急剧减少。

自20世纪后期以来，随着武器的改进和富有的精英阶层在非洲城市的涌现，偷猎成为威胁大猩猩生存的大问题。这些精英阶层的人有钱购买包括黑猩猩和大猩猩等大型类人猿在内的，总称"丛林肉"的野生动物的肉。猿类保护者彼得·D.沃尔什（Peter D. Walsh）解释说，"丛林肉"比鱼或家畜肉更昂贵，但"城市消费者不是将猿类的肉和其他类型的丛林肉看成重要的蛋白质来源，而是看成一种与他们乡村传统的情感联系，类似感恩节火鸡或圣诞节的鹅"。

2007年，科学家估计，西部低地大猩猩的数量约为5万头，比20世纪70年代评估的数量少了一半。然而在2008年，位于纽约的国际野生生物保护协会发表了一份调查报告，这份报告将估计的西部低地大猩猩的数量至少增长了12.5万只。这是因为2007年的调查忽略了刚果（金）北部，一片无法进入的偏远沼泽地区的一个大规模大猩猩种群。虽有这一好消息，西部低地大猩猩依然是极危物种，因为埃博拉出血热爆发的原因依然不明，随着越来越多人类占据这个拥挤的星球，来自人类的威胁每年都在增加。

比起西部低地大猩猩，另一个大猩猩的亚种就没这么走运了。

在马奇命名之后，克罗斯河大猩猩降为大猩猩的一个亚种。它们生活在尼日利亚和喀麦隆之间的孤立山地丛林里，与西部低地大猩猩的区别是颅骨较小，牙齿比例相对独特。

在大约 181 万年前的更新世，由于气候波动及其导致的植被变化，克罗斯河大猩猩与西非低地大猩猩分道扬镳，但直到约 420 年前人类开始发挥影响之际，这两个物种间仍存在有限的基因流动（种群间的个体移动和交配）。在人类活动影响克罗斯河大猩猩生存的一个世纪后，随着火器传入非洲，猎捕活动导致克罗斯河大猩猩的数量降到原来的六十分之一。科学家最近估计，这种极危动物仅存 200 ~ 300 只。数量不断减少的克罗斯河大猩猩的前景十分黯淡，而非法的"丛林肉"贸易在西非依然是主要问题，这无疑是个坏消息。

艾伯丁裂谷的山地大猩猩生着一副大下巴，毛发又黑又密。最近几年，它们的数量有所增长，但总数依然徘徊在可怜的 880 头左右。这些大猩猩分布在刚果（金）、卢旺达、乌干达三国交界处丛林密布的维龙加火山。它们从乌干达姆加新加大猩猩国家公园（Mgahinga Gorilla National Park）和难以穿越的布恩迪国家公园（Bwindi Impenetrable National Parks）的生态旅游计划中受益极大。特别是火山国家公园，2008 年，旅游业给卢旺达带来 2.14 亿美元的财政收入。

因为持续进行的战事，生态旅游在刚果（金）的维龙加国家公园急剧缩减，如 2011 年 1 月，联攻派民兵用火箭弹打死三名公园护林员和五名士兵，并摧毁了他们的车辆。自 1996 年以来，被打死的维龙加国家公园护林员已经多达 152 名，这些杀戮大部分与非法木炭贸易的金钱利益有关。木炭贸易已经毁掉维龙加国家公园南部至少 25% 的森林，2008 年，木炭贸易的行业年产值估计达到 3 000 万美元。武装分子先在泥炉里把树烧成木炭，然后再把木炭走私到戈马，那里几乎家家户户都用木炭做饭取暖。

2007 年，布伦特·斯蒂尔顿（Brent Stirton）拍摄的一张表现山地大猩猩一家在维龙加国家公园被近距离射杀的获奖照片激起全世界的愤慨。经过调查，腐败的维龙加国家公园南区管理人奥诺雷·马沙吉罗（Honore Mashagiro）被捕，据说他下令杀死大猩猩是为了警告无畏的有献身精神的护林员。武装分子还做大麻生意，他们把大麻种在树木被毁掉的地区。最近，忍无可忍组织（Enough Project）发布于 2016 年的一份报告表明，因为联攻派民兵、刚果（金）警察、军队、政客和商人组成的一个类似黑手党的有组织犯罪集团，木炭贸易正给维龙加国家公园带来比以往更大的破坏。

东部低地大猩猩是大猩猩中最大的亚种，实际分布在维龙加国家公园北区的奇亚贝里姆山（Mt. Tshiaberimu）山区到卡胡齐–比埃加国家公园、马伊科国家公园（Maiko National Park）和伊托姆伯维高原，但所有这些大猩猩种群现在互相隔离，这一点可能会导致近交衰退①，带来潜在致命的基因问题。因为刚果（金）东部丛林地处偏远，在 20 世纪的大部分时间里，研究人员只能猜测东部低地大猩猩的数量。

在 1998 年，研究人员估计现存大约 1.7 万只东部低地大猩猩，其中 86% 分布在卡胡齐–比埃加国家公园和附近的卡塞塞。即使在人口密度较低的地区，人们也常将大猩猩视为害兽，人们猎杀大猩

①血缘接近个体间的交配造成种群失去遗传多样性，可导致死亡率升高，繁殖率降低。——译者注

猩或为了食用，或为了报复它们对庄稼的破坏。近年来，许多大猩猩种群或被赶尽杀绝，或被分割孤立起来——奇亚贝里姆山脉里脆弱的大猩猩种群现仅存六头个体，而且该地几乎完全被砍掉森林的农业和城市区域包围。在对抗入侵者时，大猩猩家族一般会待在一起，因此偷猎者可以一次杀死数头大猩猩。

大猩猩的这一特点也促成了它们的存活数量灾难性地下降。发布于 2015 年的最新资料表明，刚果（金）还有大约 3 800 头东部低地大猩猩（比 20 世纪 90 年代后期下降了 77%）。现在东部低地大猩猩已是极危物种，是受到生存威胁最严重的生物。因为目前尚无可靠的东部低地大猩猩人工繁殖计划，如果保护残存于野外的东部低地大猩猩的努力失败，东部低地大猩猩无疑会在十年之内走向灭绝。

目前的分类法中大猩猩分为两个物种，每种大猩猩下又有两个亚种。尽管我回避与亚种的定义和有效性有关的复杂而有争议的哲学辩论，但我仍然担心进化生物学家会攻击我下面的简要说明。对于亚种定义和有效性的问题，可以很容易地写出一本书来，并且一些人也确实这样做了。

即便我的一些欧洲同行并不认同，但大部分现代生物学家已经不再命名亚种，因为在许多情况下，它们已被证明在进化生物学方面毫无意义。研究人员之所以会在 20 世纪的时候命名许多脊椎动物生物亚种，是因为他们想确认分布广泛的物种里稍稍异常，以及有独特颜色类型的次要种群。

但从 20 世纪 90 年代开始，当科学家用 DNA 序列数据检验这些许多所谓的独特种群时，经常发现这些种群在基因方面与同种的其他种群并无区别，而异常颜色类型可以用物种内部的微小遗传变异来解释——类似于不同人种的蓝眼睛和棕眼睛之别。

另外，一些亚种经现代方法检查，结果发现它们有独特的遗传特征，有时甚至都算不上同一物种里其他种群的近亲。这种情况发生时，科学家将该亚种名“提升”到正式物种的地位（请参考前面的 *Hyperolius constellatus* 例子），亚种名则代替了旧的物种名。

那么我们为什么还要确认大猩猩亚种呢？现在，一些生物学家将亚种视为在遗传和形态上偏离了“相对有限”程度的一群动物——它们不再与同一物种的其他种群完全一样，但它们自己的进化之路走得还不够远，尚无资格被识别为一个独特物种。异域物种形成指同一物种在地理上隔离并且开始分化，是最一般的新动物物种形成的机制，并且可能是大猩猩谱系演化的方式。

大猩猩最初只有一个物种，但出于某种原因，很久以前，大猩猩的祖先一分为二，因为某种现实障碍阻止了两个种群间的杂交。经过成千上万年，两个孤立的大猩猩种群都经历了各自独特的随机遗传变化（遗传漂变）和自然选择，这些反过来导致下颌形状、毛色、体型和其他可观察、可量化特征的形态学改变。经过足够长时间后，两个孤立的大猩猩种群有了相当程度的改变，成为两个不同物种。

物种分化的准确时间点是人类的一个武断概念，那些支持亚种分类的人认为，一些大猩猩种群分离的时间还不够长，还不能成为形态学和遗传学上的独特物种，因此尚处两者间的主观灰色地带。这显然就是克罗斯河大猩猩的情况。它与西部低地大猩猩分开约 1.8 万年（少于 1 000 代），时间还没长到足以发生重大遗传变化。通常，至少需要经历几十万年，互不联系的脊椎动物种群才能分化到足以被视为独特物种的程度。

西部低地大猩猩现在被看成一个物种，分隔在大河不同岸的种群有显著的遗传差异。中新世（距今 2380 万 − 532 万年前）和更新世（距今 181 万 − 1 万年前）间的全球气候剧变导致刚果盆地森林退化，间杂的大片大片稀树草原不断扩张，大猩猩不愿进入这些区域，东部低地大猩猩和西部低地大猩猩种（异域物种形成）也许就是这样分道扬镳的。植被改变迫使东部低地大猩猩进入“残遗种分布区”的小片孤立森林。

在气候再次改变，森林扩张到现在这种分布广泛的状态，东部低地大猩猩沿东部刚果（金）大部和艾伯丁裂谷快速扩张，但也许因为包括刚果河在内的大河的阻碍，它们从未回到中部非洲的西部。虽然大猩猩亚种间的遗传差异相对较小，但我同意大部分保护生物学家的观点：应不遗余力地保护每一个孤立的大猩猩种群，使之免于毁灭。这样做也是我们了解自身进化史所必需的。

2007 年，在卡胡齐−比埃加国家公园，当我和团队的第一次爬虫两栖学调查行将结束之际，友善的管理人邀请我前往公园总部附近的奇梵加（Tshivanga），参观一群驯化的东部低地大猩猩。为了保护大猩猩，卡胡齐−比埃加国家公园于 1970 年建立，但公园里也有相当数量的黑猩猩、大象、珍稀鸟类和其他各种当地特有的野生动物。

出人意料的是，我还在公园里看到一家售卖纪念品和图书的礼品店。礼品店里还有少量介绍公园及其动植物的小册子，作为一个资深藏书爱好者，我迫不及待地买下一本。这本出版于

1995年的小册子和这家礼品店是战前国家公园美好时光的残迹。照片上，来拍摄大猩猩的欧洲游客徒步穿过森林，他们看上去都很快乐。1990年，公园的山林里有多达284头大猩猩。那时，在夏季、圣诞节和复活节的旅游旺季，公园会建议游客先预订，然后再参观四个驯化大猩猩种群中的一个。

与日常看管驯化大猩猩的护林员交谈后，我得知，2000年战事间隙的一次统计表明，公园高地里的大猩猩数量已经减少到132头，因为很容易猎杀，一些驯化的大猩猩种群已经被赶尽杀绝。随着战斗持续，更多大猩猩被偷猎，而大象则几乎消失殆尽。一群群联攻派民兵时不时会突然出现，伏击并且打死护林员，但勇敢的护林员依然致力于保护公园，以及公园里的野生动物，尤其是大猩猩。

护林员为我简单介绍了大猩猩的基本知识，他告诉我，前一天，他们在离奇梵加不远的地方看到一群由奇曼努卡（Chimanuka）领头的银背大猩猩。我们决定去寻找这群大猩猩。带上AK-47步枪和砍刀，我、亚里士多德和一小队护林员步行离开礼品店，穿过一小片木薯地。又走了几分钟后，我们进入森林边缘，很快发现了一些被大猩猩吃过的植物。几分钟后，我们进入更加原始的森林，空气中有从大猩猩身上发出的麝香般的气息，一种我在布法罗动物园时非常熟悉的气息。领头的护林员突然停下来，指着9米外的一头母猩猩，它正若无其事地坐在一簇树木中间。我感觉一股肾上腺素流过双腿。接着，我突然看到它周围躺着几个毛发浓密的黑家伙，一头小猩猩正在母猩猩身边的一条藤上荡来荡去。

我的手在发抖。我拿起相机，开始拍照。我终于明白，为什么一些最老练的非洲旅行者会说与大猩猩相遇是非洲大陆上最激动人心的野生动物体验。人类有一种无法解释的冲动，想要在原生环境中一睹这种强健、稀罕且类人的野生动物。看到它们，你会情不自禁地想到约900万年前人类和大猩猩的共同祖先。在一个从人类整体记忆中抹去，但也许依然能被我们的灵魂感知到的时空里，我们的祖先也过着这样的日子。我们踩在树叶上的沙沙声惊动了其他大猩猩，一个接一个，它们逐渐感觉到我们的存在，慢慢坐起身。我听到它们发出沉重的叹气、鼻息和哼哼声。那只成年的母猩猩并不理会我们，但那些小一点的大猩猩向我们发出探询的目光，棕色的小眼睛里露出既好奇又惊讶的神情。

突然，我看到雄性首领奇曼努卡独特的银灰色毛发，它发出的哼哼声和喷鼻声比其他大猩猩更响亮有力、更低沉。它在巢里转过身，睁开眼睛。有那么一会儿，它只是躺在那里，抬眼看着头上的树，懒洋洋地想着是不是该起来了，就像我早上经常做的那样。那只我们走近时看到的第一只母猩猩坐在它旁边，轻轻抚摸着它的胳膊，小猩猩则继续在它们身后的藤上晃荡。这时我听到头顶的树上有动静，一只小猩猩爬到树上，在距离地面约3米高的地方居高临下地打量着我们。银背大猩猩转过身来对着我们，接着它打个呵欠，露出它骇人的大犬齿。

我们的到来似乎惊扰到了几只雌性大猩猩，它们慢悠悠地走起来。它们拖着脚步穿过林地，干枯的树枝被它们踩断，树叶也被它们弄得沙沙作响。奇曼努卡决定起床。它慢慢抬起身体，坐了起来。它似乎在眺望森林，但眼睛的余光却一直盯着我们。它锥形的脑袋又大又长，大大的肚皮使躯干的下半部分显得更加庞大，一缕独特的红头发衬托着它那棱角分明的眉毛。一小群黑色苍蝇在它头顶和身边嗡嗡打转。在藤蔓上荡秋千的小猩猩一边走向父亲，一边好奇地看向我们。

现在，这只巨大的公猩猩清醒了些。它感觉有点饿，于是一边朝这群大猩猩聚集的方向走去，一边停下来折断大块的竹子和其他可以吃的植物。小猩猩跟着它穿过一路扔掉的嫩枝和剥过的藤蔓，似乎在学着父亲大步流星直立行走的样子。我们小心翼翼地、慢慢地跟在它们身后，激动地小声谈论我们发现的越来越多的大猩猩。一名护林员指向一簇浓密的树木，我用长焦镜头拍到一只害羞的雌性大猩猩和刚出生的小猩猩。它把小猩猩抱在怀里，透过植物的狭缝窥视我们。几只未成年的大猩猩在做游戏，有的喷着鼻，有的尖声喊叫。它们奔跑着，推搡着，有时用力过猛，还会连翻几个筋斗从伙伴身边滚开。偶尔，奇曼努卡会停止进食，对着混乱的游戏着的成员哼叫或者吼上几声。但一阵担忧的怒视后，它伸手到树上扯下更多的植物当早餐。

在几阵狼吞虎咽之间，这只巨大的银背大猩猩嚼着几根嫩枝，坐下来面对着我们。看到这个极好的拍摄大猩猩头部的机会，我蹲在距离它只有 6 米远的地方，抓稳镜头，盯着它的双眼，将镜头转向它。这是个错误。在与这样一个令人惊奇的生物同处一地时，我激动地完全忘记了在布法罗动物园里学到的与银背大猩猩打交道的金科玉律——绝对不要盯着它的眼睛，因为这会被看成对它统治地位的威胁。

在我按下快门后，奇曼努卡发出一声尖锐的嗥叫，向我们冲来。(后来我发现这张照片完美聚焦在两只明亮而愤怒的眼睛上。) 想到自己就要被撕碎，我想起西格妮 · 韦弗在《迷雾森林十八载》里写

卡胡齐-比埃加国家公园里的穆加巴护林员哨所，背景中可见卡胡齐火山。

到的一个防卫动作——躺到地上，摆出胎儿的姿势，尽量让自己看上去没有任何威胁。

那些每天与它打交道的护林员比我更清楚，那只是虚张声势。他们没有动，只是在奇曼努卡咆哮着走过来时伸手拦住它，不让它做坏事。很快，它在离我们几十厘米远的地方停下，重新坐在地上吃饭。我浑身颤抖，抬头看到亚里士多德顽皮的笑脸。护林员们低头看着我，都笑起来。

“你不怕死吗？”亚里士多德笑着问。

我一点也不觉得好笑。想到银背大猩猩那可怕的体型，我回答说：“怕！”

这些人显然都懂一些英语，他们听懂了我的回答，爆发出阵阵响亮的笑声。

亚里士多德拉我站起来，像和孩子说话一样，摇着手指对我说：“别担心，白人老兄，这只大猩猩不会杀了你，因为它习惯了与人类相处，不会伤你一根汗毛。”

亚里士多德是第一次见到奇曼努卡，听着他给我上课，我有点不乐意。这时我意识到自己还在发抖，而且开始喘气。我再看看奇曼努卡，它正背对着我们大吃大喝，似乎什么事都没有发生过。护林员们感觉这一天之内我和大猩猩的经历已经足够多了，说我们该走了。

我们缓缓离开这群大猩猩，转身在附近找到一条路。走出森林，来到路上时，我看到几只正背着幼崽穿过空地的雌性大猩猩。我开始拍照，直到它们消失在森林后还迟迟不愿离去。一名护林员明白我的心意，他微笑着对我说，你很幸运，在这么短的时间里看到这么多的银背大猩猩和小猩猩。刚果（金）的野外生命给我的震撼如此强烈，我知道无论前方有什么障碍，我都会抵不住诱惑一次次回到这里。

我们慢慢走回奇梵加总部，护林员们问我愿不愿意给点小酒钱。通常情况下，这样一次参观要花上300美元，因此我毫不犹豫地给了他们每人足够喝几瓶酒的钱。之后，我们回到礼品店，管理员微笑着问我观看大猩猩的体验是不是很愉快。我表示同意，给了他一些酒钱表示感谢。他向我摇摇手，坚持让我把钱给护林员。现在，他们有了足够的钱办一场聚会，高兴极了。我离开他们，管理员的表现让我以为刚果（金）还有一些廉洁之士，一些相信野生动物的保护且愿意为之冒生命危险的人。但是两年后，这位管理员却因为非法出售护林员从偷猎者那里没收来的象牙而被解雇了。

听听大猩猩保护面临的巨大挑战，然后两手一摊，说没希望了，这样做很容易。但与类人猿打了33年交道的灵长类行为生态学家约翰·三谷（John Mitani）最近认为，“如果我们不立即采取行动……我们的子孙会惊讶甚至有点愤怒地质问，为什么我们袖手旁观，看着这些美丽的生物被推向灭绝。”

2000 年，比尔 · 克林顿（Bill Clinton）总统在任期的最后几个月签署了《类人猿保护法案》（Great Apes Conservation Act）。该法案授权美国政府，在 5 年时间里每年拨出 500 万美元保护类人猿。

2005 年，乔治 · 布什总统重新批准了该法案。对整个保护计划而言，每年 500 万美元的资金只能是杯水车薪，但这个法案的出台，至少使政府的公共资金可以匹配私人资金，而且此举还帮助筹措到 2500 万美元私人赠款和其他国家的财政支持。在刚果（金），一些资金被用于推广代用燃料，以阻止木炭贸易对大猩猩栖息地的破坏。后来，该法案过渡到类人猿保护基金（Great Ape Conservation Fund）来执行，现由美国鱼类和野生动物管理局（US Fish and Wildlife Service）管理，但大猩猩保护需要更多的资金来确保其长期效果。

2008 年 6 月 3 日，希芬德拉终于开着修好的丰田车来到利维洛。第二天，想到可能会发现新的两爬动物，我们激动地赶赴卡胡齐–比埃加国家公园。我们在奇巴蒂多待了一会儿，拜访前一年遇到的公园管理员和护林员，接着驶上山脚下通往卡胡齐火山的盘山公路。卡胡齐–比埃加国家公园的名字一半就来自那座火山。前一年，我们还去了穆加巴（Mugaba）的护林员哨所，希望这次拜访可以巩固我们当时结下的友谊。

因为现在是雨季，路非常难走。一些路段上有反复陷入同一地点的超载大卡车造成的巨大车辙。在一个地方，一辆大卡车陷进一个像一碗巧克力慕斯的泥坑里，我们等着它从坑里爬出来，直到两个小时后才继续前进。虽然路途艰难，但路上的风景却殊为壮观。

路的两边可以见到原始山林，偶尔我们还穿过竹林间的通道，浓密的竹林弯到路的上方，连成一片，遮天蔽日。有一两个道路转弯的地方，我可以瞥见矗立在绿色森林上方，雄壮的海拔约 3 308 米的死火山卡胡齐–比埃加火山是与该国家公园名字相连的另一座死火山，与卡胡齐火山一样，形成于 1 000 万年前，那时刚果（金）和卢旺达之间的地区爆发了一次火山活动，造成了地壳隆起。但最近的研究表明，那次火山活动的时间也许还可以再往前推数百万年。

卡胡齐–比埃加国家公园占地约 6 000 平方千米，域内栖息地植物种类繁多，既有卡胡齐火山和比埃加火山（海拔约 2 790 米）高处的亚高山带石南属植物地貌，也有艾伯丁裂谷西侧山坡以下的低地热带雨林。这里还有类似稀树草原的草地、沼泽、泥炭沼和大猩猩喜欢光顾的大片大片竹林。

除为数不多的大猩猩和黑猩猩外，这里更常见的其他灵长类动物有东非狒狒、婴猴、树熊猴、长尾猴、灰颊白眉猴和黑白疣猴。公园还有各类数不清的小羚羊和大羚羊、野牛、河马、大林猪、獴、豹、麝猫、豺、薮猫和其他猫科动物，以及数十种蝙蝠、食虫动物和啮齿动物。虽然穿过卡胡齐–比埃加国家公园的道路每天车来车往，但在弯弯曲曲的林中道路中拐弯时，我们还是能瞥见色彩鲜艳的鸟儿。

下午，我们到达穆加巴护林员哨所。一只巨大的宠物狒狒在聚拢来迎接我们的人群里窜来窜去。住在这个哨所里的大部分人都是俾格米人，和我去过的刚果（金）许多地方的人一样，他们非常友好，乐于帮助不速之客。他们送给我们几桶用简便油桶装着的水，与希芬德拉简单商谈后，他们在一栋用混凝土、砖和波纹铁皮盖成的矩形建筑里给我们找了几个房间。

我对卡胡齐火山山坡上的竹林很好奇，想亲自去看一看，于是留下马赛尔准备晚饭，与希夫、亚里士多德、万德杰、毛里斯和一队武装护林员踏上一条通往山顶的小道。虽然那里已经有一段时间没有出过事，但据说联攻派民兵仍然徘徊在公园的低地森林里，而且在 2005 年，刚果（金）军队里一支持不同政见的反叛武装攻击了穆加巴，他们绑架了几乎所有的护林员，并抢走了他们的全部装备。

小路先穿过一小片耕地，再向上通往火山，接着穿过一块块美丽的山地森林、小溪和大片大片的竹林。雨后的竹林还是湿的，我们只好穿上雨衣，防止身体擦过浓密的植物时，叶子上的水沾湿衣物。夜幕降临，五六种鸟儿的鸣叫声在大山里久久回荡。随着昼行动物钻进窝，夜行动物开始从白天的藏身处蠢蠢欲动。我们停在小路上，一边休息，一边倾听动物换岗的声音。

我想到阿克利在东非与身负两处枪伤的豹子的生死搏斗。

“希夫，你说我们需不需要担心豹子？”我问。我突然想起《国家地理》（*National Geographic*）一则老故事里的图片上，一个东非古人类的头骨上有豹子犬牙咬穿的洞。这种猫科动物攻击人时，通常是毫无预警地从后方偷袭。

“不用！”他很有把握地回答。“豹子在刚果（金）东部遭到大量捕杀，因为中东的富人喜欢豹皮。”

我确信希夫是对的，最近几十年的动荡期间，豹子和其他有珍贵皮毛的动物遭到大量捕杀，但广袤的原始森林为野生动物提供了大量的藏身之地，充足数量的羚羊、非洲野猪和其他哺乳动物还栖息在公园里。卡胡齐–比埃加国家公园的豹子种群真的被消灭了吗？在非洲，可靠的种群估计很难获得，因为可以用来统计行踪隐秘的豹子的信息很少，在非洲大陆最不发达的国家里［包括刚果（金）］，这种情况更明显。因为这种猫科动物已经学会在非洲和印度的大城市边缘生活，所以到了21世纪，它们依然可能出现在我们最意想不到的地方。不管怎么说，也许豹子会被我们的头灯吓跑。

夜幕完全降临后，我们分散寻找动物。我翻开石块，拾起掉落的树枝，看有没有哪个家伙躲在下面。我用捕蛇钳（即一根1米长的金属杆，握把像手枪，末端像筷子）探索地上堆积的枯叶，寻找隐藏的蜥蜴和蛙。与我们在刚果（金）遇到无数次的情况一样，这一夜不属于我们：几个小时的搜寻，结果只找到一只蟾蛙。

第二天清晨，第一缕阳光在我的睡袋上投下温暖的光芒。我睁开眼，看到一只老鼠从我身上跑过。出于某些我尚未弄清楚的原因，只要在人的住处看到老鼠或听到与老鼠有关的事，与我打过交道的刚果（金）人都会笑得喘不过气来。这一次也不例外。当我和他们说到今天一大早遇到的奔跑者时，希芬德拉开玩笑说，也许到了晚上，我会有一个新的、小小的、毛茸茸的“女朋友”来陪我。

吃过昨晚剩下的冷饭，我和亚里士多德开始工作，拍摄我们昨晚收集的少量标本。拍摄过程千篇一律。我拿只塑料瓶，将一股细长的水流喷在脏动物的身上，把它们洗干净，让照片捕捉到它们的最佳状态。通常，蛙腹部的色彩很特别，亚里士多德有本事让它们一时分不清东西南北，乖乖地躺着，让我飞快地拍下它们的腹部。在这个过程中，总有一小群人围拢在我们身边，猜测我如何凭此大发横财。我们空手摆弄无毒的蛇时，他们会惊讶地高声尖叫起来。他们闲聊时还会讨论我是不是巫师，不然怎么可能摆弄蛇却还活着呢？

拍完照后，我还要把照片拍摄点的 GPS 坐标的详细信息记录在野外工作本上，提取标本的 DNA 样本。哨所的护林员给我一张小桌和一把椅子，我开始工作。作为进化生物学家和两爬动物学家，我的兴趣在于了解两爬动物进化的方式、原因、地点、时间，理解它们之间的相互关系。我还有兴趣研究物种界限，即在地理空间和遗传联系方面，一个物种的终点和另一个物种的起点在哪里。例如，两个种群（同一物种间杂交繁殖的个体群）的池蛙可能会生活在两座隔开的山上。这些蛙在颜色、形状、体型、足蹼等形态特征方面看上去一模一样，但如果分析它们交配时的叫声——雄性用来吸引配偶（通常在夜间）的“歌声”，两个种群间也许存在音调、频率和其他可量化特征上的差异。

如果怀疑两个种群可能是不同的物种，你可以分析 DNA，也许会发现这两个种群不仅基因不同，而且与其他已识别物种的关系比相互之间的关系更近。这就是我们通常说的“隐存种”。隐存种指一组物种依据形态特征被认为是一个物种，但其他数据（尤其是 DNA 数据）却表明它们实际上是两个，甚至是三个或三个以上的不同物种。

在 20 世纪之前，以及 20 世纪的大部分时间里，形态分析通常是科学家辨别物种的唯一工具。如果以前的研究人员没有通过现代 DNA 分析识别和命名出有独特基因的种群，那么我们就有必要修改其分类，命名新的物种，以体现这一差异。这类工作在物种保护方面意义重大，因为在弄清楚保护对象之前，我们需要先知道某个地区的物种数量和类型。如果新识别的物种限制在一个很小的地理范围内，它们无一例外会被归入某种程度的受威胁物种。

这些一丝不苟的工作许多是考察结束后在实验室做的，因为你需要在解剖显微镜下检查保存的标本，观察和度量微小的形态细节，如鳞片数量和类型，甚至要查到极微小的结构，如可能仅有一毫米长的脚趾。DNA 分析要花费数小时时间，还需要用到昂贵且易腐败的酶，以及更为昂贵的机器。一台 DNA 测序仪价值几十万美元，使用时不能断电且需要专职技师在场。

不幸的是，非洲大部分不发达的地区依然不能满足这些条件。之前出版的研究成果经常以外文写成并且难以获得，考虑到综合那些成果需要大量时间，研究员可能连续几个月只处理一个物种。但是有时候，这样的事情也有可能发生：我们熟悉某组特定的动物，在野外发现第一个标本后，一个新物种会立即获得承认因为它具有非常独特的形态特征，我们可以确定它是新的物种。这种类型的发现是所有发现里最激动人心的，它让我和同事在危险、艰苦、有害的热带环境里兴致勃勃地工作了十来年。到目前为止，我和同事已经描述了尚不为学界所知的 11 种两栖动物和 9 种爬行动物，但我依然期待这一数字在接下来的日子里快速增长。

工作几个小时后，我擦去一头汗水，走到外面看那座死火山。几块阴沉沉的乌云盘旋在山顶，在下方的丛林上投下长长的阴影。看样子晚上还会下大雨，也许我们能幸运地找到更多蛙。

突然，有个什么东西在我的膝盖后猛扯我的裤子。还没等我转过身来，这里蓄养的那只狒狒绕到前面，企图跳到我怀里。我尖叫着连连后退，惹得一旁的人哄堂大笑。这只狒狒显然很温顺，但体型很大，被它咬一口也挺吓人的。刚果（金）的灵长类动物携带许多可怕的疾病，特别是猴痘会导致缓慢而可怕的死亡，就像情况严重的水痘一样。一个还没止住笑的护林员看我可怜，赶走了狒狒。我尴尬地对着这些还在笑我的人微笑。一个小男孩模仿刚才的事件，把每个人都逗乐了。好歹我还给大家带来了快乐，也算是一个好客人了。

那天夜里，雨下个不停，我们带着武装护卫，出去寻找更多蛙时，还没有意识到我们会时来运转，解开一个始于近 80 年前的谜。1929 年，一个以马虎出名的德国两爬动物学家恩斯特·阿尔（Ernst Ahl）描述了卢旺达及其邻国“比属刚果”的小黑蛙属（*Leptopelis*）的几种小黑蛙。我们不清楚他的想法是不是与大猩猩分类学家马奇类似，但到了今天，阿尔命名的物种里只有 16% 被视为有效。

具有讽刺意味的是，阿尔 1933 年加入纳粹党，1945 年战死，他居然以收集了其中部分标本的犹太探险家格劳尔的名字命名了一种小黑蛙。争议与阿尔推定的两个物种有关：卡利小黑蛙（*Leptopeli karissimbensis*，发现于卢旺达的卡里辛比火山）和基伍小黑蛙（*Leptopeli kivuensis*，又以基伍湖东北岸的吉塞尼命名为吉塞尼小黑蛙，同样发现于卢旺达境内）。在阿尔最初的描述中，前一物种的喉部为蓝色，后一物种为白色。

几十年来，数位著名的两爬动物学家不断质疑这两个物种的有效性。但在离穆加巴仅几百米的路边灌木丛里，我听到两种截然不同的小黑蛙的叫声（一种听上去像达菲鸭的坏笑），接着注意到一种喉部为蓝色，另一种为白色。

这一幕让我倍感震惊！虽然后来两种小黑蛙的 DNA 和叫声的详细科学分析最终证实了我的怀疑，阿尔对这两个物种的划分是正确的，但实际上在我听到两种蛙的鸣叫时，我已经知道自己解开了这个谜团。这一点让人激动不已，我撞上了极不寻常的好运气，因为我以后再也没发现这两个物种出现在同一个地方。

第二天上午，和亚里士多德拍摄前一夜收集的蛙时，我观察到从阿尔保存的标本中不可能得知的一个防卫动作。亚里士多德将不到 4.5 厘米长的蛙放在树墩上时，它突然向上弯曲身体，对着同一方向举起腿，同时张开嘴。一些欧亚蝾螈和蛙也有名为“铃蟾反射”(unken reflex)[①]的类似姿势。

所谓铃蟾反射是指动物将色彩鲜艳的身体下部和尾巴向上弯曲，向来犯的捕食者表明它们的毒性很强。在我们面前装模作样的小黑蛙是有白腹的吉塞尼小黑蛙，这一点表明它们这一举动不是想展示鲜艳的颜色，而很有可能是装死。因为这些夜行小黑蛙白天隐藏得很好，看到它们怪异的举动，俾格米人非常惊讶，而我看到村民似乎和我一样对蛙感兴趣，也觉得很欣慰。

我们在很短的时间里有了非常多的发现，就在我准备离开卡胡齐火山时，我感觉劲头十足。我们计划的下一站是少有人探索过的伊托姆伯维高原，我开始把目光转向高原西部边缘的小镇姆文加(Mwenga)。接下来在那里发现的动物不会让我失望，但我和团队将为那些发现付出沉重的代价。

---

① unken reflex。亦作“unkenreflex”。德语“unke”意为铃蟾属。——译者注

Emerald Labyrinth

A Scientist's Adventures In The Jungles Of The Congo

# 第 3 章

## 错误的时间，错误的地点

1908 年，随着世界舆论转向不利于利奥波德二世，比利时议会就如何处置“刚果自由邦”陷入一场激烈辩论。那年 8 月，就吞并“刚果自由邦”举行的最终投票结果是：88 票赞成，54 票反对，9 票弃权。一些投反对票的人意识到败局已定，发出一片嘘声。

1908 年 11 月 15 日，“刚果自由邦”正式成为“比属刚果”。但在随后 4 年里，名字的改变并没有带来政策上的重大改变，原因之一是比利时还没有当殖民者的经验，接管一个满目疮痍、面积八倍于这个欧洲小国的地区是一个令人生畏的艰巨任务。对于“比属刚果”，比利时唯一能清楚预见的目标是它应该自给自足，因此不久后，许多比利时公司获得各种许可，这些许可包括开发储量巨大的矿藏、种植棉花等经济作物，以及改善“比属刚果”的基础设施以便将这些产品运往国际市场。这些产品的部分利润被政府获得，并且数年过后，殖民地开始为比利时带来滚滚不断的财政收入。

受高薪，尤其是加丹加采矿业的吸引，成千上万的欧洲人和一些美国人来“比属刚果”淘金。1914 年，“人头税”迫使成千上万的“比属刚果”男人在卫生状况恶劣的伊丽莎白城（Elisabethville）①拿着微薄的工资为政府工作，非洲人的死亡率达 24%。虽然“比属刚果”的妇女也工作，但发给她们的工资不是钱而是盐。

在数百名政府官员的眼中，绝大部分“比属刚果”人是二等公民。这些欧洲官员奉命充当收税人、法官、户口调查员、建筑经理、农场主和顾问，他们基本上没有专业技能，常常处于被孤立的状态。他们中的许多人在利奥波德的“刚果自由邦”工作过，惩罚起“比属刚果”人来毫无顾忌。他们用河马皮做成的鞭子打“比属刚果”人，这个做法直到 1955 年才被法律禁止。如果这些行政人员不努力完成这些高难度任务，他们要么会得热带疾病，要么会互相争斗——说荷兰语的佛兰芒人和说法语的瓦龙人之间的文化对抗，一直从比利时持续到了殖民地。

1914 年，一战爆发后，虽然比利时很快被德军占领，但“比属刚果”的比利时军官仍带领着非洲公共部队的士兵在喀麦隆、卢旺达-布隆迪（当时都被比利时统治）和坦噶尼喀（今坦桑尼亚）等殖民地区与德军作战。除此之外，他们还在埃塞俄比亚与意大利人作战。战后，“比属刚果”启动了一项改善基础设施、学校、医院、电力供应和住房条件的公共工程计划。

20 世纪 30 年代的大萧条几乎影响了整个世界，在这期间，“比属刚果”也经历了短暂的经济困难。到 1935 年，“比属刚果”经济开始复苏，钻石、黄金和其他贵金属开采行业提供了大量高薪水的工作，使“比属刚果”成为非洲大陆上黑人生活条件最好的地区。

① Elisabethvillc，今卢本巴希（Lubumbashi），上加丹加省首府。——译者注

受益于铀在内的无数自然资源，二战期间，“比属刚果”经济持续繁荣，开启了城市化的进程，许多“比属刚果”人搬到大城市。经济繁荣带来的大量资金被用于改善卫生保健，“比属刚果”各地兴建了无数医院、诊所和药房，自古以来在“比属刚果”大地上肆虐的疟疾、昏睡病等致命疾病因此得到控制。经济的繁荣也使“比属刚果”的教育情况得到改善，到20世纪50年代后期，97%的“比属刚果”儿童可以进入小学读书，在城市生活的“比属刚果”成功人士中，一个受过教育的精英阶层——“进化者”开始成型。

虽然已经取得这些骄人的成就，但在20世纪下半叶，比利时人依然牢牢控制着他们的殖民地。他们刻意为大部分“比属刚果”人提供职业和农业课程的教育，只有2%的“比属刚果”人可以读中学，读大学的人则更是少之又少。在“比属刚果”，学校、酒店、餐馆、酒吧（直到1955年，向“比属刚果”人出售酒精还是非法的），以及其他所有娱乐场所实行严格隔离。

许多人认为，种族隔离是比利时当局的官方政策。“比属刚果”人当然不可以在这个政府里占据有权力的职位，电台和报纸也完全掌握在比利时人的手里。一些最势利的比利时人将“比属刚果”人称作“最近才从树上下来的‘肮脏的猴子’”。1951年，获奖影片《非洲女王号》（*The African Queen*）拍摄期间，凯瑟琳·赫本注意到她的“比属刚果”仆人塔希里经历的“被视为下等人的心理禁锢”。

20世纪50年代后期，“变革之风”吹遍非洲，欧洲控制下的许多殖民地获得独立。比利时却对眼前的征兆视而不见，因此1958年12月，当一个深得人心的“进化者”——一位名叫帕特里斯·卢蒙巴（Patrice Lumumba）的青年才俊要求“比属刚果”殖民地立即独立时，比利时当局似乎完全措手不及。几天后，一场政治集会计划在“比属刚果”首都利奥波德维尔（今金沙萨）举行，比利时当局取消了它，事件引发的暴力动乱造成了巨大破坏。

一年后，卢蒙巴在比利时参加了一个讨论“比属刚果”前途的“圆桌会议”，在这次会议上，包括“比属刚果”即刻独立的要求在内，卢蒙巴和他的“比属刚果”同胞的几乎全部要求都得到满足。但由于受过教育的“比属刚果”人很少，没有一个人有任何治理国家的经验，政权移交的准备工作几乎完全没有。“比属刚果”至少有 120 个政党，其中许多政党之间有利益冲突和种族对抗。这是一场灾难的开始。

1960 年 6 月 30 日，“比属刚果”正式独立，卢蒙巴当选刚果共和国第一任总理。比利时国王博杜安一世在独立典礼上发表了一场盛气凌人的讲话，他在讲话中盛赞利奥波德二世。卢蒙巴愤怒地反驳说，博杜安赞扬了“一个不公正、压迫和剥削的政权”。卢蒙巴的话让比利时国王大为震惊，但听众为之欢呼。几天之内，许多受此鼓励的刚果共和国士兵和警察开始反抗眼前的每一个白人，不管他是牧师、修女还是儿童，殴打、强奸、折磨和杀戮在刚果共和国大地上蔓延开来。

不久后，加丹加省的领导人宣布脱离刚果共和国。他们招兵买马，准备迎接军事反制。成千上万的欧洲人逃离刚果共和国，许多人只穿着身上的衣服。卢蒙巴对身边不断加剧的混乱毫无办法，他孤注一掷，开除了所有比利时军官，让新提拔的上校兼参谋长蒙博托负责军队，这个任命并没有平息国内的混乱。不久后又发生了一场大屠杀，比利时人的伞兵和其他部队发起报复，成千上万的刚果人因此丧生。

在新国家的形势急转直下的强大压力下，卢蒙巴的举动日益令人难以捉摸。他向比利时宣战，当联合国的国际部队赶到利奥波德维尔维持秩序时，他命令他们接受刚果人指挥。这个不切实际的要求当场被拒。绝望的卢蒙巴飞到美国，指望得到联合国和华盛顿对其入侵加丹加省的支持，他的这个要求也同样遭到拒绝。美国和比利时一致赞同推翻卢蒙巴。这个稚嫩的领导人离开华盛顿时宣称，“苏联是始终支持刚果共和国人民斗争的唯一大国”。这句话实际上宣布了卢蒙巴的死刑。当时正值冷战的高峰时期，这句话可以看作卢蒙巴对美国最严厉的驳斥。当苏联运输机抵达刚果共和国时，美国酝酿了一个刺杀他的计划。

在蒙博托暴力镇压了另一场发生在盛产钻石的开塞省的分裂运动后，联合国为了遏止刚果共和国的分裂，决定进驻加丹加省。这场运动最终以加丹加省领导人莫伊兹·冲伯（Moise Tshombe）在联合国军的要求下投降而结束。

1962 年，冲伯在当地欧洲人和白人雇佣军的支持下，企图用武力赶走联合国军。他的企图最终也失败了，但也因此造成了成千上万欧洲人和刚果人丧生。1960 年 9 月，在美国人的支持下，蒙博托轻而易举地赶走了软弱无力、士气低落的卢蒙巴，夺取了利奥波德维尔的控制权。

1961 年初，倒台的总理落入他的对手手里，不过当卢蒙巴被带到行刑队前时，下达开枪命令的却是一名比利时军官。卢蒙巴的死讯传出后，比利时驻数个非洲国家的大使馆遭到攻击，甚至连美国都爆发了骚乱。

随着卢蒙巴的离世和刚果共和国合法政府的垮台，这里出现了权力真空。1961—1967 年，混战在全国各地尤其是东部爆发。与此同时，蒙博托的势力在 20 世纪 60 年代稳步增长。蒙博托年轻时读过丘吉尔、戴高乐和马基雅弗利的作品，凭借神奇般的记忆力，他得以应用那些知识来增加他的权力。1963 年，这个新成长起来的独裁者访问美国，会见了肯尼迪总统。总统送给新的刚果共和国领导人一架配备美国机组（他们向中情局汇报）的 DC-3 私人专机。

一年后，一个自称“辛巴”（斯瓦希里语中意为“狮子”）的反叛集团控制了刚果共和国东部一块面积相当于法国的地区，蒙博托让一小支白人雇佣军去夺回它。这支雇佣军有美国轰炸机的支持，而且这些飞机还负责将比利时伞兵运到扣押欧美人质的地方。伞兵来到人质关押点时，“辛巴”已经折磨并打死了数十名人质，但他们很快就被打败。

到 1965 年末，蒙博托牢牢控制了刚果（金）。他继续暴力镇压一切反叛或威胁他的阴谋，其中包括发生于 1978 年和 1983 年的两次大的政变。1971 年，蒙博托将刚果（金）改名为扎伊尔共和国，还给几座名字里有殖民色彩的城市（如利奥波德维尔和斯坦利维尔）取了新的名字。

在巩固权力的过程中，蒙博托发现收买对手比进攻容易得多，尤其是在外国援助和公司贿赂涌入这个国家的情况下。据估计，在蒙博托统治扎伊尔共和国的 30 年时间里，他窃取的财产有 40 亿～150 亿美元。他在世界各地购置别墅，还有一座可以储存 1.5 万瓶葡萄酒的酒窖，这个酒窖位于扎伊尔西北部偏远角落，距他出生的地方巴多利特（Gbadolite）不远。

正所谓上梁不正下梁歪，蒙博托统治下的人们很快便采用后来被称为“盗贼统治”的扎伊尔国家哲学，腐败蔓延到整个国家。当时，几乎所有商业交易都需要贿赂：通过路障要贿赂，上大学也要贿赂而不是凭借学业能力。腐败的官员公然窃取公共资金，蒙博托还发布了驱逐外国企业主和宗教领导人的排外法令。受到这些影响，1974 年，扎伊尔的经济开始下滑，自那以后一年不如一年。

与此同时，比利时人花费数十年（用名副其实的“比属刚果”奴隶劳工）建立的机构（如教育、环卫、运输和卫生保健）和基础设施开始败落，而政府官员要么是毫无经验，要么在忙着窃取，国家完全听之任之。

1989 年，蒙博托率领一支豪华代表团访问美国，会见老布什。老布什之前在中情局局长的任上就已经认识蒙博托。老布什欢迎蒙博托时说，“扎伊尔是美国的老朋友。”蒙博托的大部分现金流来自美国，到了 1990 年，当冷战结束，美国资金也随之枯竭时，扎伊尔的经济便崩溃了，许多人吃不上饭。在乡村地区，儿童因饥饿而死的比率飙升至 16%。经济崩溃后，蒙博托又奇迹般地在总统的位置上赖了好几年——部分借助于他自己的政治手腕，部分通过暴力。

1992 年，100 万和平的抗议者走上街头，参加反对蒙博托的“希望游行”。作为反击，这位独裁者的“帮凶”向人群投掷凝固汽油弹，杀死了 35 名男女老少。1991 年和 1993 年，随着通胀的飙升，抢劫等大规模骚乱造成严重的经济损失和人员伤亡。最终，糟糕的经济严重削弱了患上前列腺癌的蒙博托及其政府的权威，一个叫洛朗 · 卡比拉（Laurent Kabila）的叛军指挥官得以从扎伊尔东部行军数百英里，到达首都金沙萨，夺取了权力，成为新的独裁者。

1997 年，蒙博托在摩洛哥病逝，卡比拉接过一个实际上已被前任毁掉的国家。1971 年，蒙博托试图清除殖民主义痕迹，改国名为扎伊尔。1997 年，卡比拉试图消除蒙博托的影响，恢复国名为刚果民主共和国。

6 月 8 日，从卡胡齐–比埃加国家公园回来后，我在布卡武的希芬德拉家里整理野外考察笔记。突然，地面开始剧烈震动。一开始，我完全不知道发生了什么，接着我意识到是地震。它生动地提醒我，活跃了数百万年，沿东非大裂谷将非洲一分为二的地壳运动依然活跃。但地震来得快，去得也快，我也早早上床，为第二天的旅行养精蓄锐。

西行前往姆文加镇的途中，我们经过一些小山。芳草萋萋，耀人眼目。伊托姆伯维高原的西部边界，那里人迹罕至，生活着数十个稀有物种。我们的宏大计划是从东部经乌维拉深入伊托姆伯维高原，但是现在，我想在姆文加待上几天，因为它接近中海拔森林（约合 1 400 米），很可能有物种交集，有适应了低地刚果盆地的物种、中海拔的特有物种，甚至还有一些向下漫游到最低海拔极限的高地物种。

虽然殖民时期的姆文加是地区首府和贸易中心，但它远离当时建立的国家公园，而且比利时两爬动物学家也没有过多关注该地区。所以我很有可能在这里发现他们错过的新物种，我已经迫不及待地想知道还有哪些激动人心的发现藏在姆文加附近的森林里。

司机穆卢雷马（Mululema Zigabe）不苟言笑，专心致志地驾驶着老旧的丰田车在细雨中蜿蜒行进。不知不觉中，我们通过了山坡上的小镇卡西卡。1998 年的战争期间，卢旺达士兵在这里屠杀了至少1 000人。接近姆文加时，希芬德拉指向东边的伊托姆伯维高原，一望无际的山区依然覆盖着森林。“仅仅十年前，大猩猩还生活在这里！”他大声说，“但是因为猎捕，它们已经离开了。”

森林在陡峭的山腰上，似乎只要爬上几个小时，你就可以到达那里。只是晚来了几年，大猩猩已经离开。它们赖以生存的原始森林也遭到永久性破坏，为此我懊恼不已。但是我知道，小型动物是最后才会消失的物种，所以我找到独特的两爬动物的机会还很大。我俯视路对面，看到一条大河蜿蜒穿过大片大片一直延伸到天边的森林。

希夫继续和我谈论这片林中常见的一种名为水鼷鹿（*Hyemoschus aquaticus*）的半水生羚羊。显然，对于我们即将探索的这个美丽的地区，他很引以为傲。后来我得知，水鼷鹿是一种矮小壮实的原始反刍动物，看上去像猪和鹿的奇特混合体。它有一身漂亮的点缀着白色斑点和条纹的红棕色皮毛，奇怪的嘴上方长着一个狭缝似的鼻子，公兽还长着尖锐的用来打架的獠牙。这种动物的生命相对较短，在圈养状态下很少活过一年。它们分布在刚果（金）东部到西非的区域，喜欢光顾姆文加周围森林覆盖着的河谷地区。它们深受偷猎和森林砍伐之苦。虽然水鼷鹿在乌干达西部已经消失，种群数量也持续下降，但现在还不算受威胁物种。

我们经过一个小村庄时，一场暴风雨从天而降。村民们躲在小屋里盯着我们看。一个中年妇女站在雨中，对着一个想抓住她胳膊的男人大喊大叫。我不明白她在骂什么，她口齿不清，显然是喝醉了。从她旁边经过时，穆卢雷马松开油门，让我们可以多看一会儿这场面。我震惊地看到她开始扇那个男人耳光，他一直尝试着把她拖走，由于转身过猛，她脸朝下栽倒在一个泥泞的水坑里。几分钟后，在姆文加边缘一座意大利传教所门前停下车的我们还在笑。

夕阳在渐渐退却的暴雨云上投下一道浅橙色的光辉。传教所兼营旅馆，在那里住一晚费用不低（我们全部人员约需 100 美元），但夜幕正在降临，我们别无选择。主人领我来到一个舒适的房间，里面有张大写字台和一张挂着蚊帐的床。这些在刚果（金）都是罕见的奢侈享受，因此我认为这么高的价格住一晚倒也物有所值。不过以我微薄的预算，第二天我们还得另寻住处。

第二天早上，吃过有羊角面包和果酱的欧式早餐后，希夫和穆卢雷马出去联络希夫在野生动物机构刚果（金）自然保护研究所的同事。当地一些小男孩不知从哪里听说我们在找蛙，陆续送来用草拴在小树枝上的蟾蜍和装在小塑料瓶里的树蛙——这些是他们在溪流附近找到的。其中大部分我都耳熟能详，但一个男孩给我看的一只棕色小树蛙身上有一条细细的黄线，从鼻子开始一直延伸到半个身体。我叫亚里士多德和万德杰跟着他再去找，自己开始研究手头的标本。

一小时后，他们又带了几只这种树蛙回来。后来我回到美国，分析了 DNA 后，发现这是一个非洲树蛙的新种。这还不算，他们还向我介绍了俾格米人布提基玛（Butikima）和卢卡巴（Lukaba），他们两人非常熟悉这片区域，可以当向导，协助我们在森林里工作。

因为住意大利传教所太贵，希夫说服他在刚果（金）自然保护研究所的同事租给我们一栋积满灰尘的小楼。那是他们在市中心附近的办公用房。我们很快收拾好行李物品，转移到那里工作。那里有点脏，但价格合适，因此我清理了分给我的房间里的蜘蛛网和老鼠屎，支好帐篷。亚里士多德、穆卢雷马和毛里斯宁可花钱住到镇子边缘的一家廉价旅馆，也不愿睡在这里，所以他们出去预订其他房间。

午后，布提基玛和卢卡巴介绍我们认识姆文加旁边一个小村的酋长。小村就在森林边上，我们也许可以在那里工作。开车走了一小段路后，我们到达那里，留下穆卢雷马和车。天已经黑了，我们打开车头灯照路，跟着俾格米向导走向酋长住的简陋屋子。

简短打过招呼后，酋长说欢迎我们待在他的村子里，我们可以在这里尽情地寻找蛙。于是我们跟着向导从村子中间穿过，走下一座小山，通过一片鱼塘，来到森林边的一条小溪旁，摇摇晃晃走上一条故意砍倒在小溪上的大树。它的另一头通向到处是与树一般高的蕨类植物的森林。过了河，我们来到一座陡峭小山的山脚，开始爬向林子深处，寻找蛙。突然，我感到脖子上一阵刺痛，伸手捏死一只小小的黑蚁。但它咬过的地方依然火辣辣的，我把它看成野外工作的许多小烦恼之一，没太当回事。

这时候，我注意到前面的人也在拍打脖子和胳膊。“Siafu！”（蚂蚁）有人喊道。它们正像雨点般从蕨类植物上落到我们身上——我们惊动了一个巨大蚁巢里的蚂蚁，现在它们在向我们宣战。我催促大家赶紧爬上山，但我们爬得越高，它们的俯冲轰炸越猛烈。“这些虫子很危险！”亚里士多德警告说。

“亚里士多德，拜托，小蚂蚁而已，我们赶紧走，甩开它们。”我说。

蚂蚁仍铺天盖地般不断涌来。它们爬进我的衣服，我感觉脖子上刺痛的地方越来越多。希芬德拉脱下衬衫，在身上拍打。我承认我们失败了。随后我们撤下山，涉过小溪，逃之夭夭。下山后，我们花了几分钟时间互相拍打身上的蚂蚁，所幸叮咬的疼痛很快消退了。垂头丧气的我们决定今夜就到此为止，转头爬上山，回到停车的地方。

过了鱼塘，爬过最后一道山梁，我们进了村。我惊讶地发现每个人都焦急不安地待在屋外。他们开始向希夫和亚里士多德大声喊叫，我能感觉到人群中释放出的恐惧和愤怒。听着连珠炮似的用斯瓦希里语的叫嚷，我根本不明白他们在怕什么，但我听出一个词：联攻派。我们试图向他们解释，我们来这里经过了酋长批准。但因为我们见他是在夜里，许多人已经睡了，他还没能把这个消息传出去。

数小时前，至少二十几个人看到我们走过村子，但关于我们是从森林里出来的武装分子的谣言却不胫而走。一个白人不可能是卢旺达武装分子，他们把这样明显的逻辑放在一边置之不理。我看着布提基玛和卢卡巴，他们看上去怕得要死，一个也不敢出头。后来我们得知，就在一周前的晚上，联攻派民兵打着电筒从同一片森林里钻出来，打死了一个村民。难怪他们搞不清楚我们的身份，原来是被吓坏了。

我们步行离开愤怒的人群，但一小群男人依然跟着我们，一路上骂骂咧咧的，直到我们找到汽车，上车离开。安全离开后，我们七嘴八舌地谈论起来，所有人都认为，我们能毫发无损地离开实属幸运。回到住处，我钻进帐篷，开始回味在刚果（金）度过的最糟糕的一天。

没过几分钟，警察来了。他们接到关于我们是一股“武装分子”的报告，很快找到我们。村民告诉警察，说我带着枪（捕蛇钳），那也许是他们没敢攻击我们的原因。亚里士多德和希芬德拉原原本本说明了情况，甚至给他们看了那支无辜的捕蛇钳。警察认为我们说的是真话，然后离开了。当众人还在热烈地谈论这一天发生的事件时，我爬上床，想着最坏的情况已经过去。但后来发生的事情证明，我想错了。

卢旺达的国土面积稍小于美国马里兰州，高低起伏的梯田覆盖了大部分国土，所以又称“千山之国”。由于出生率高、人口稠密，卢旺达境内很少有未开垦的土地。但以前的情况并非如此。卢旺达殖民前的历史少有记载，最早定居在这里的可能是特瓦族俾格米人，与生活在刚果（金）的同族人一样，他们也在森林中以狩猎采集为生，足迹一度遍布卢旺达大部分地区。但到了后来某个时期，说班图语的胡图族人来到卢旺达，他们主要以务农为生，所以很有可能他们开启了大规模的毁林开垦的活动。

一段时间后，尼罗特人中的图西族人[①]带着牛从北方过来，与胡图族人一起建立了农业文化。特瓦族人也在较小的程度上参与了这个过程，他们的狩猎场日益缩小，沦落到社会边缘。许多世纪以来，三个族群的生活相对和平，并且最终讲同一种语言——卢旺达语，共同生活在相同的社会和政治统治之下，而且自由通婚。人种学者和历史学家认为，因为这种混合，不能将卢旺达的胡图族和图西族视作不同的种族。

1860 年前后，图西族族长鲁瓦布基里（Rwabugiri）占据了卢旺达王位，在一片面积大致相当于现今卢旺达的地区巩固了权力，并将利益丰厚的职权保留给他的图西族同胞。几年后，当第一批欧洲人到达这片土地时，他们以为“贵族”图西族一直统治着似乎低一等的胡图族。他们还注意到两个族群间的外表差异：图西族人

①中部非洲卢旺达和布隆迪三大土著族群之一，另两族是胡图族和特瓦族。——译者注

个高、肤浅、鼻窄、颌狭、唇薄，胡图族人则恰恰相反。

英国探险家约翰·汉宁·斯皮克详细描述了两个“人种”的区别，提出了一个纯属臆测的观点，即图西族是含米特人[①]的统治民族，属于消失已久的来自埃塞俄比亚的基督徒。虚构出来的含米特人被德国人所接受，并风行数十年。德国利用鲁瓦布基里离世后的政治混乱，成为第一个在卢旺达建立殖民地的国家。德国人支持人口占少数的图西族，把视他们为高一等的统治阶级，在殖民者和卢旺达人眼中，这个做法强化了胡图族和图西族的区别。

1919 年，国际联盟（League of Nations）将卢旺达-乌隆迪（乌隆迪即布隆迪）作为一战的战利品授予比利时。比利时人不仅继续实行这个偏向图西族的政策，而且更进一步：向殖民地的所有人签发用以区别特瓦人、胡图人和图西人的种族身份证。在促进教育、发展政治、改善就业，以及利用胡图族的人力和财力资源等问题上，比利时人赋予图西族人无限权力，这些做法不出意外地导致胡图族人积聚了大量怨气，并且还带来另一个恶果：卢旺达人失去了强烈的国家认同感，倒向了种族认同。

20 世纪 50 年代后期，联合国向比利时施压，要他们为卢旺达-乌隆迪的独立做准备。胡图族的知识分子看到了改变命运的机会，开始争取多数统治。多年以来，在新独立的卢旺达和布隆迪[②]，图西族和胡图族间无休止的暴力攻击和冤冤相报导致成千上万人丧生或无家可归。

①旧译“含族”，也称“哈姆人”。“含米特”意即“含的子孙”。——译者注

② 16 世纪，图西人建立封建王国。1890 年沦为德国保护地。1916 年被比利时占领，后成为比委任统治和托管地。1962 年 7 月 1 日独立，称布隆迪王国。1966 年成立布隆迪共和国。——编者注

20 世纪 80 年代，流亡乌干达的卢旺达图西族人组织了一支名为“卢旺达爱国阵线”（Rwandan Patriotic Front ）的叛军。他们与乌干达叛军合作，将乌干达的现任总统约韦里 · 穆塞韦尼（Yoweri Museveni）推上台。有了军事经验的积累，卢旺达爱国阵线于 1990 年跨过边境，进入卢旺达，发起一场推翻胡图族统治的内战。这场战争导致 2 万人死亡，150 万人无家可归。卢旺达的胡图族极端主义者开始囤积武器，组织“民防”青年军。

20 世纪 80 年代后期，卢旺达经济转向低迷，数以万计的失业青年成为征兵的理想对象，一个声名狼藉的自称“联攻派”的民兵组织开始形成。他们组织纵酒狂欢的盛大集会，在集会上大肆播放胡图族的极端宣传和流行音乐。他们接受破坏财产和杀人的训练，还起草了所在地区所有图西族人的名单。

1993 年，在强大的国际压力下，卢旺达第三任总统朱韦纳尔 · 哈比亚利马纳（Juvénal Habyarimana）签署了《阿鲁沙和平协定》（Arusha Peace Accords）。该协定允许生活在国外的图西族难民回到卢旺达，重新融入社会，参与政治进程。因此胡图族的极端分子将总统哈比亚利马纳称为叛徒。

1993 年末，当联合国士兵进入卢旺达，努力为该地的和平进程提供支持时，胡图族的煽动分子却声称他们是来帮助图西族人武力夺权的。在不久之后的 1994 年，胡图族极端分子开始着手实施对图西族的“最终解决方案”。

1994 年 4 月，哈比亚利马纳乘坐的飞机被击落，布隆迪的新任胡图族总统与他一起丧生。这是胡图族控制的卢旺达武装部队、联攻派，以及其他极端分子开始疯狂屠杀的信号。仅仅 100 天后，至少 80 万人被打死，其中大部分人死于砍刀。随着大屠杀证据被曝光，世界指望美国有所作为——1946 年，联合国将大屠杀定义为违反国际法时，美国发挥了重要作用。但美国总统及其外交政策顾问对美军前一年在索马里惨重伤亡（黑鹰坠落的大失败）的耻辱记忆犹新，所以他们什么也没有做。更糟糕的是，他们甚至劝说其他国家也不要干涉卢旺达境内发生的一切。

凌晨 3 点，我突然醒来，感觉肚子从未有过的剧痛。从那一刻起，一阵阵强烈的疼痛折磨着我直到黎明。等我听见隔壁的大声喧哗时，我已经严重脱水，头痛欲裂。虽然疲惫虚弱，但我还是强打起精神，起身去看隔壁发生了什么。

小楼的门开着，刺眼的阳光照进来，我不由地眯起眼睛。我看到希芬德拉和亚里士多德在谈话，声音比平常高了不少，而且亚里士多德看上去心绪不宁。

“亚里士多德，什么事？”我问。

“他们夜里被人打了。”希芬德拉回答我。他的脸上显出我从未见过的愤怒和恐惧，平缓的语气表明他以前见过这样的攻击。

亚里士多德解释说，昨天晚上警察离开后，他、毛里斯和穆卢雷马决定回到他们租来过夜的酒店，但一些愤怒的村民拿着木棍等在那里，袭击了他们。亚里士多德说他反应很快，弯下腰来保护我们的 GPS，但那些村民偷走了 300 美元现金、他的头灯和一部手机。

可怜的毛里斯被一个女人打了，这样的不幸经历常常会被其他男人笑上好几年。穆卢雷马被打了好几下才交出驾驶证和身份证，有人还砸碎了丰田车的后窗玻璃。如果不是一个叫拉马（Rama）的当地军事长官插手制止，情况兴许会糟糕得多。第二天，当我看到大家时，发现他们都垂头丧气的，所以我买了些好酒好菜，想给他们打打气。冷静下来后，同伴们才注意到我面色苍白如纸。

“伊莱，你还好吗？”亚里士多德问。

“不，我不舒服。”

希芬德拉走过来，把手按在我头上试温度。“不发热。”他尽量说得很轻松。

“嗯，这次很怪。我没发热，就是头疼得厉害，胃里翻江倒海。这可怎么办？”

亚里士多德和穆卢雷马开车带我来到镇子边上一所看上去像最近才盖起来的医院。到医院几分钟后，我已经坐在一个医生面前，用英语回答他的问题。我们谈了一会儿疟疾，以及白人在非洲为何特别容易感染疟疾。他叫我做抽血检查。我和亚里士多德沿着过道走到化验室。技师看到医生在就诊卡上的记录，示意我坐下。

我环视房间，它像一间老旧的中学化学实验室，墙上涂着古怪的深绿色，贴着公共卫生海报，架子和橱柜里摆满了老式的试剂瓶。房间里有一股指甲油清洗剂的味道。橱柜上的玻璃门或开裂，或缺失，房间中央的工作台上斑斑点点，溅上了很多血液和不明液体。在地下，我看到几大纸箱标着“美国国际开发署”的药品。想着自己在刚果（金）享用美国药品的讽刺，我的恶心暂时平复了一些。也许，我以前交的一些税现在帮到我了。

化验室的工作人员微笑着走近我，我看到他工作服上五花八门的污迹。他连乳胶手套都懒得戴，直接抓住我的左手食指，直到把它捏成紫色。他用一小块酒精棉球擦擦我的指尖，用一支从大纸箱里拿出的刺血针刺了一下。他再次挤压我的手指，将滴出的血收集到各种小瓶子里，接着又拿了几块豁了口的显微镜载玻片在我滴血的手指上涂了涂，放在打开的窗户边晾干。做完这些后，他让我们在外面等着，于是我和亚里士多德在墙角附近找凳子坐下。

这时候，我才真正开始感到恶心、头晕，而且一想到食物和水，这种感觉就更加强烈。现在我只想知道自己得了什么病，然后胡乱抓上需要的药，回去休息。我们等待的时候，我注意到一男三女在不远的长凳上望着我这边聊天。我没心情与人交往，就没想搭理他们。亚里士多德告诉我，说他们正热火朝天地谈论昨晚那桩“大事件”。我猜想消息在姆文加一定传得很快。男人又谈了几分钟，这时我注意到几个女的出神地盯着我。

“现在怎么回事？”我问亚里士多德，火气渐渐上来。

“那个男人说你是白人。”

“说正经的。”

“是，他说白人爱一个人的方式与黑人不同，”亚里士多德接着说，“说白人要是爱上一个人，什么事都做得出来。”那个男人看到我惊讶的样子，对着我微笑。我一边打量着他和善的脸，一边思考着他出人意料的观点。几个女人来了兴趣，一直盯着我看。

大概过了一个小时，化验室技师拿着我的就诊卡出现了。他把卡交给我，一句话没说，指了指大厅，于是我们又回到医生那里。

“没有疟疾。”他对着卡看了一会儿，然后说。

“好吧，那我得了什么病？”我如释重负。

“要么是因为病毒，要么是吃了不卫生的东西。”

“也许是蚂蚁。”亚里士多德说，“我们几个也不舒服。”

“什么！？”我叫道。

“对！我们都被蚂蚁咬了，也觉得不舒服！我跟你说过，它们很危险。”

医生像看白痴一样看着我，然后说：“对，绝对是蚂蚁。你现在在热带，这里有许多你不习惯的动物。刚果（金）可不像美国。”他居高临下的口气惹恼了我。

我气恼地看着亚里士多德，问他：“你为什么不早点告诉我，害我们在医院里浪费了好几个小时时间？”

亚里士多德避开我的目光，没有吱声。我马上后悔自己责怪了他，但那时候，我自己的感觉更坏。医生告诉我，当地一些蚂蚁的毒性很强，我只要等毒性过去了就行。我谢过医生，向亚里士多德道歉，然后回到那栋办公楼里休息。

希芬德拉坚持要我搬到舒适但昂贵的意大利传教所休养，我太虚弱了，不想与他争辩。他还告诉我，被蚂蚁咬后，大家都在拉肚子，但没我这么严重，因为他们以前也被咬过，有点抵抗力。一到传教所，我就爬上床，待在那里，什么也不吃，水也很少喝。阵阵疼痛、发寒、发热和令人头昏脑涨的强烈恶心折磨得我连一个小时的囫囵觉都睡不稳。可怜的马赛尔一次次端来食物，但我都没吃。两天后，当症状最终退去时，我感觉自己的身体已经垮了。

不过，我还是强撑着给几只亚里士多德在我养病期间捉到的蛙拍照。亚里士多德告诉我，他和拉马交上了朋友，就是那位在他、毛里斯、穆卢雷马挨打时插手救了他们性命的军事长官。他还告诉

亚里士多德（左）与拉马长官合影。他在姆文加被人殴打时，拉马插手救了他的命。

我，拉马看到了抢劫他的人，并且认识那些人。我说也许可以让拉马带着警察去抓他。亚里士多德笑了笑，说我的正义观很荒谬，因为他可以肯定地说，钱已经变成了啤酒，不过手机或头灯也许可以要回来。最后，我们一样东西也没有找回来。

就在我们说话的当口，那位长官来了。他穿着整洁的白色作训服，腆着大肚皮，但身材结实。看到他的模样，我能想象得到两天前的夜里，他是如何震住了那伙蟊贼，让他们停止攻击。我给他和亚里士多德拍了几张合影，然后接受了邀请，和他共进晚餐。我买了许多啤酒，请所有人共饮。

虽然我们在姆文加至少结交到一位朋友，但整体上来说，在这里的体验很多是负面的，这促使我们急于离开。糟糕的沟通加上仓促的计划差点提前终结这次考察（甚至是我们的生命），我们都接受了错误教训。

我后来得知，在那段时间里，姆文加碰巧流传着一个“吃人的白人”的谣言。我实在想不到，我们的运气居然如此之差，简直是差到了极点。

第二天，我们顺利回到布卡武，开始为深入伊托姆伯维高原的森林做长途旅行的准备。与深入伊托姆伯维高原的行程相比，我们在姆文加的不幸遭遇就像一趟迪士尼乐园之旅。

Emerald

A Scientist's Adventures In The Jungles Of The Congo

Labyrinth

# 第4章

## 米基镇的老鼠

野性与文明

6月14日，我们从姆文加回到布卡武。我舒舒服服地住到希夫家，他介绍我认识不满30岁的阿苏库鲁（Asukulu M’Mema）。打过招呼后，阿苏库鲁静静地打量我。他是希芬德拉的门生，对伊托姆伯维高原上的崎岖山脉了如指掌，他将带我们穿越那片山区。我们计划走到米基（Miki），亚里士多德就是在那个巴本比部落的村镇里长大的。

第二天下午，我走下希芬德拉家所在的小山，看到穆卢雷马、阿苏库鲁与从利维洛赶来的队员毛里斯、万德杰、马赛尔、约翰、费利克斯和亚里士多德一起，将我们的设备装上车。穆卢雷马坐到我旁边的驾驶座上，脱下帽子，向我敬礼。他恭恭敬敬的样子让我很不安，但为了能早点出发，我还是回了礼。他启动汽车，发动机隆隆作响，我们出发了。每间隔四五秒，他就拼命按喇叭，人群纷纷散开，给我们让出出城的路。

几分钟后，我们离开了布卡武拥挤的街道，一路穿过高低起伏的小山。山上的森林已被砍光，种着庄稼和引种的纤细桉树。牲畜散养在山上，一块块稀疏的自然植被无精打采地贴在溪流边缘。我们的车在坚硬的石头路上跳动、摇摆，遇到避不开的大坑就开始猛烈颠簸。一路上我时不时会看到旧日比利时风格房屋的残骸，其中一些在当时肯定是气派的公馆。

我们正沿伊托姆伯维高原北部边缘的山脉爬升，沿路的自然植被慢慢地从灌木和乔木转为草甸。这条窄路蜿蜒穿过起伏的山峦，一些路段在殖民时期只能单向通行，几个急转弯处，对面来车几乎要到鼻子底下才能看到，穆卢雷马一次又一次猛打方向，避开它们。一小时后，我看到公路东侧，壮观的鲁济济河从陡峭的悬崖边飞流直下。河水像一条缎带翻腾着穿过峡谷,激起阵阵泡沫。希夫告诉我，就在不久前，鲁济济河沿岸还有长廊林（即分布于河边的森林）。但是现在，那些树已经全部被砍倒，变成了柴火。

随着高度的下降，我明显感觉到气温的上升。在几乎到达河谷的位置，多石的山脉与从卢旺达一侧延伸过来的一条平坦道路交叉。我们加快速度，从刚刚穿过山区时的缓慢爬行中解脱出来。随着继续南行，我开始看到植被的另一种改变。这片地区很干旱，我注意到，烛台形的大戟属的树点缀在高草和露出地表的岩层间。在人类将火器带到中部非洲前，许多非洲部落将这些树叶的毒素涂在箭头上，用于打猎或打仗。一个世纪前，英国探险家沃拉斯顿通过这条峡谷时评论说，这里到处是大象和狮子。我问希夫，我们这一路南行有没有机会看到有趣的哺乳动物。

“这个地区的最后一头狮子已经在 50 多年前被比利时人打死了。”他恨恨地说。

我失望地看着眼前形成于史前的地貌，努力想象到处是漫游觅食的哺乳动物的场景，这样的景象是何等壮观。尽管少了哺乳动物的点缀，但这片峡谷的风景依然美不胜收，完全不同于我见过的刚果（金）东部的任何其他地方。

最终，我们到达一座横跨在小河上的铁桥，过河进入乌维拉市市郊。这座城市位于坦噶尼喀湖西北岸，海拔约 746 米，气候炎热，尘土漫天。行人在路边来来往往，许多人头上顶着巨大的黄色塑料水壶。摩托车几乎和行人一样多，它们在车流中穿梭，向盲目地企图突然横穿马路的人们猛按喇叭。我注意到悬在城市上空的雾霾，有点像烟雾和灰尘的混合。古老的比利时铺面重新漆上了鲜艳的色彩，墙上涂着药店、修理铺、手机店，甚至是旅行社的广告。

布隆迪首都布琼布拉（Bujumbura）位于湖东侧，距离乌维拉以东只有几千米远，布琼布拉的国际机场是航空货物和商务旅客运输的一个地区枢纽。这两座城市还是坦噶尼喀湖北端的重要港口。坦噶尼喀湖是世界第六大淡水湖，沿坦桑尼亚西侧向南，一直延伸到赞比亚的北端。

向西望去，我看到绿草丛生的大山在城市边缘外高高隆起。早在 1858 年，英国探险家伯顿和同行的斯皮克证实阿拉伯奴隶贩子口中的“内海”的传言后不久，伯顿看到的就是我眼前的这一片山峦。所谓“内海”其实就是坦噶尼喀湖。那时候，在出入中部非洲的贸易路线上，乌维拉是阿拉伯奴隶贩子的主要落脚点之一。

19 世纪末，比利时人镇压了反叛，控制了乌维拉，将它变成一个商业和工业中心。比利时人在这里建设港口，用蒸汽船摆渡，将来自南方资源丰富的加丹加省的货物通过我刚才经过的那条路运到布卡武。乌维拉还是地区首府，鲁济济河一带有昏睡病防治中心，这里有中部非洲科学研究所的一个水产科学研究站（也探究两爬动物学），还有天主教和新教传教所。最近，乌维拉成了战争期间逃离布隆迪和乌维拉以南冲突地区的难民的天堂。

虽然亚里士多德在伊托姆伯维高原深处的米基长大，但大部分时间里，他都与妈妈和一大家子人住在乌维拉。有机会向我展示湖边捉蛙的最佳地点，他很激动。我们弄到一间普通的旅馆客房。幸运的是，客房里还有一台电风扇，可以缓和一下难耐的酷暑。接着，我们到一个叫蓝猫的餐饮店吃晚饭，喝大瓶的刚果啤酒。

我告诉希芬德拉，天黑后我准备与亚里士多德去湖里。他警告我说湖里有鳄鱼。虽说现在乌维拉一带很难见到鳄鱼，但十多年前，一对德国夫妇在这里游泳的时候，女的被鳄鱼吃了。我答应他会小心，然后和亚里士多德拿上头灯，让穆卢雷马开车送我们到湖边一个叫穆隆韦的地方。

湖岸边有一栋旧的比利时风格的建筑，三个醉汉正在它破败的宅院边喝啤酒。他们和我们打招呼，口齿不清地问我们干什么。亚里士多德礼貌地回答了他们，然后不顾他们的惊声尖叫，继续走向湖畔淹在水里的苇丛。等走近时，我听到苇丛和浅水坑里传来蛙的求偶大合唱，这声音震耳欲聋。那次差点在姆文加送命的经历让我依然心有余悸，我决计不在这里逗留太久，因为我们的奇怪灯光也许会招来当地人怀有误解的关注。群集在我们灯光周围的无数飞虫也催促我们加紧工作。短短一刻钟的时间，我们的塑料罐里就装了足足 25 只大蟾蜍及鲜艳的树蛙。

第二天早上，我和亚里士多德开始拍摄前一晚捉来的蛙。希芬德拉过来说，我们需要拜访一下当地的军事长官，因为我们来到伊托姆伯维，需要得到他的批准。于是我们一行人步行来到乌维拉老城区。我在那里看到几座旧的比利时风格建筑，其中一家是有临水露台的漂亮酒店。

转过街角，我看到一栋不起眼的、围着高墙铁丝网的房子，房前的大门口停着一辆吉普车，里面坐着几个拿着 AK-47 冲锋枪和火箭推进榴弹的士兵。我们走近院子入口时，他们用怀疑的目光打量着我们。善于交际的希芬德拉拿出一小沓政府和自然科学研究中心的文件，以此证明我们的身份和来伊托姆伯维做研究的目的。他还不辞辛劳，从乌维拉当地政府官员和警察局局长那里弄到签名和印章来增强文件的说服力。

我们被带到一栋屋子的后面，介绍给上校恩戈巴尼亚。他看上去不到 50 岁，剃着光头，身材很好，穿着一丝不苟的制服和锃亮的黑色靴子。当他发号施令时，他的手下立正恭听。我们得知，他在 10 年前推动洛朗 · 卡比拉上台的政变中居功至伟，甚至还做过那个叛军领导人的儿子、现任刚果（金）总统约瑟夫 · 卡比拉（Joseph Kabila）的导师。

希芬德拉指着西边高耸入云的山脉，解释了我们雄心勃勃的野外考察计划。上校打量着我，露出笑容。事情似乎进展顺利，但是当希夫继续说下去的时候，一丝乌云似乎爬上了上校的脸。他神色严峻地看着希芬德拉，告诉他，说我们要去的地方有许多危险的武装分子，如果有情况，他离我们很远，别指望他帮得上忙。随后他在我们的文件上签字盖章，然后和我们握手，祝我们好运。虽然来乌维拉之前，我就听说了伊托姆伯维高原的险恶，但这次会面还是让我心生恐惧。

亚里士多德想缓和一下我的担忧，于是他说："别担心，我非常熟悉伊托姆伯维，上帝保佑，我们不会有问题的。"我知道他在安慰我，但我还是忧心如故。这时希夫告诉我，阿苏库鲁认识叛军里一个人缘很好的士兵，他人就在乌维拉，他正在和他商议让他陪我们进山。

6 月 17 日，我们吃过马赛尔做的简单早饭，汽车也安全地藏在旅馆的一个角落。搬运工来了，一切准备就绪，但希芬德拉、阿苏库鲁和我们新的叛军伙伴还不见踪影。等了一个小时，太阳已经高高升起，于是我叫亚里士多德打电话给希夫，问问他们怎么耽搁了。希夫说他正在重新与那个叛军士兵商谈，不久后就会来旅馆。

两个小时后，希夫来了，说叛军士兵同意了每天十美元的价格，但现在他要预付三天工资。我不想再耽搁，把钱交给希夫，然后继续等待。几个小时过去了，还是一个人影也没有，我只好与亚里士多德到蓝猫餐厅吃午饭。我们刚吃完饭，希夫又回来了，说那个人现在想要更多的钱。大家都看出那个士兵不想履行承诺，因此我指示所有人收拾起笨重的装备（科学仪器、帐篷和食物）立即出发。那时已是中午，气温正快速上升。

我们走在住人的简陋小屋之间，避开向山下流淌的开放式下水道，在这座城市的陡峭山坡上爬了两个小时。这块岩石地面被太阳烤了一整天，几乎成为一架火炉。我拼命地喝水，汗珠随着我的步子往下滴。在一块高高的山坡上，我们稍事休息，俯瞰城市景色，然后继续攀登。有时候，我们通过一段段松动的石头铺成的台阶直接向上爬。这些路是多少世纪以来由包括奴隶在内的人走出来的。我抓住滚热的石头向上爬，双手被烫得发疼。

当我脚下踩到松动的石头，趔趔趄趄滑倒时，马赛尔叫道："噢！"

就这样，我们冒着酷热，在这个火炉里几乎马不停蹄地艰难攀登了几个小时。等我们走出这段石阶，爬上一座绿草覆盖的陡峭小山时，我已经大汗淋漓。希芬德拉告诉我，据说这里有狒狒出没。我环顾四周，看到四面山上纵横交错着行人踏出的小道。我还看到，在这些陡峭的小山以西，大山越来越高，越来越高，直到最后隐入云中。

待太阳热力消减、气温下降时，我看到一道挂在山腰的瀑布和几所坐落在山脚旁边种着香蕉树的小屋。这个小村庄叫基本格（Kibenge，海拔约 1 500 米）。当我走进村中心时，希芬德拉似乎已经与酋长成了至交。村民欢迎我们这些陌生的不速之客来到他们中间，孩子们却还怯生生的。大人们对着我微笑，我和每个人都握了手。

那天夜里，我实在太累了，一觉睡到天亮。第二天早上，吃过前一天剩下的冷饭，我们又开始了似乎永无休止的攀登。这一次，高温没来作梗，因为我们爬得越高，气温越低。但随着空气越来越稀薄，我的呼吸也越来越困难。当到达某个高度时，气温明显下降了很多，我们不得不穿上外套。当来到海拔 2 000 米的高原反应标志高度时，我们穿过了一片美丽的竹林；当我们爬到海拔超过 2 600 米的地方时，万德杰看到两只变色龙。

下午，我们到达一所军事检查站，刚果（金）士兵向我们索要香烟和饼干。我给了他们一点买啤酒的钱，得以继续前进。当我们爬到海拔约 3 000 米后，我们似乎终于上到伊托姆伯维高原，但这里多山的地形上下起伏，我们开始了持续数天的上下山模式。

随着气温变得凉爽，我注意到一些与之相伴的显著的植被变化。不同于我们在山脉东侧看到的类似热带草原的高草，这里的草更嫩绿，也更短，无数黄花点缀在绿草间。这里随处可见大小不等的一簇簇盆景似的若苏（*Hagenia*），以及一种挂在树干上，名为“老君须”的地衣，它的样子像极了老道士灰白的胡须。

我们又走了几个小时，来到风景如画的鲁巴拉蒂村——白色墙壁，棕色茅草屋顶的小屋点缀在绿色平地上。一小群牛羊在村子边缘徘徊，这就是伊托姆伯维高原的许多草地都遭到践踏而且遍布餐盘大小的粪堆的原因。当我们走近村子时，几个孩子高喊着“白人！”跑过来，盯着我们看。粪堆无处不在，但这些赤脚的孩子很早就学会了视而不见。他们像所有的孩子一样纵情狂奔，一边笑，一边指着突然出现的衣着古怪的白人。

我们来到了巴尼亚穆伦盖（Banyamulenge）族的领地，这个部族的一些人是卢旺达古王国的后代。巴尼亚穆伦盖族属于图西族，最初是卢旺达的牧场主，于 19 世纪定居在伊托姆伯维高原——不过这个时间受到一些刚果（金）知识分子的质疑。与现在一样，他们当时的文化和生计以放牧为中心。20 世纪中后期，他们参与了扎伊尔的几场冲突。

1996 年，他们构成卡比拉部的一支重要力量。卡比拉从蒙博托手里夺取布卡武后，许多巴尼亚穆伦盖人被授予政府实权，但是两年后，刚果（金）其他种族集团的卡比拉支持者发起一次反击，导致许多巴尼亚穆伦盖人丧生。2004 年，一次失败的政变又使更多巴尼亚穆伦盖族人在布卡武被杀。巴尼亚穆伦盖人在文化和语言上不同于刚果（金）和卢旺达的其他图西族人，现集中定居在伊托姆伯维高原。前几年，因为他们刚果（金）公民的身份多次受到质疑。现在，一些巴尼亚穆伦盖部落组织起了自己的民兵来保卫他们的土地和财产。

亚里士多德和一个中年人走过来。他是这个村的酋长，多色菱形花纹衬衫外面套了一件浅灰色西装外套，穿了一条深灰色西装裤和一双黑色胶鞋，戴着一顶巨大的黑色牛仔帽。他欢迎我来到他的村子，还骄傲地炫耀一座建设中的砖结构大教堂。随后，酋长邀请我走进一所大屋子，屋中间的火塘里一堆火正熊熊燃烧。我和屋子里的每个人握手，酋长叫人给我们做饭。

几分钟后，我发现屋子不通风，虽然有少量烟从茅草屋顶逸出，但屋里的空气还是像暴雨云一般混浊阴暗。我的眼睛和喉咙开始刺痛，只得一次次跑到外面呼吸新鲜空气。显然，我没法在屋子里过上一夜，因为里面的火需要一直烧着，每个人都靠它来取暖。当我坚持要在外面支帐篷时，虽然大家都很惊讶，但他们似乎也理解我。毕竟我不像他们那样，是在烟熏火燎的屋子里长大的。

第二天一早，我正在帐篷里瑟瑟发抖，希芬德拉邀请我到屋子里烤火，和酋长谈谈——幸运的话，我也许不会被烟呛死。当我走进屋子时，我没有意识到自己正在走进一个圈套。希夫的双眼呆滞无光，被烟熏得满是血丝。当开始翻译酋长的一连串问题时，他变得严肃起来。一开始，我们只是闲聊，他问我夜里过得如何，问我住在这里是否舒服。我没有告诉他，刺骨的严寒害得我一夜没睡好，即使是在翻山越岭的疲惫之后。

“酋长说，为了盖好你在外面看到的那座教堂，村民正全力以赴。你能不能为它的建设捐一小笔钱，比如 2 000 美元？”

我解释说，我非常感激酋长的热情款待，但 2 000 美元太多了，比我这趟伊托姆伯维之行的全部花费都要多出许多。我告诉他，我会很乐意向教堂捐上一小笔钱。

“酋长想知道你多大了。”希夫说。

“33岁。”

“酋长想知道你有几个孩子。”

“一个也没有。”

“你结婚了吗？”

我皱眉怒视着他。希夫知道我是单身，我开始对酋长刨根问底地打探私事感到恼火。没等我回答,希夫直接告诉酋长我还没有结婚。

“你愿不愿在村里娶个女孩？”

我突然注意到几个少女正徘徊在门口，轮流透过墙上的一个小孔窥视我。我目光逮到一个盯着我看的女孩，她咯咯笑着，害羞地放弃了她的有利位置，一个大胆的女孩立即取而代之，用一双活泼的大眼睛继续看着我。看起来，对这次婚姻提议，我是村子里唯一被蒙在鼓里的人。我看着亚里士多德，他一本正经，但他布满血丝的眼里露出了细微的笑意。我想笑，但屋里每个人都很认真，看来这次婚姻提议是真的。

看到我犹豫不决，酋长说了几句为了促成交易的推销语，希夫将它们翻译出来。

“这里的女人非常勤快，会成为你的好妻子。她们会给你生一大堆孩子，也许有一天，你会成为酋长。你应该马上结婚，因为如果你现在不赶紧抱上孩子，以后会连孙子都没有。”

看来我们得赶紧离开这个地方了。

我回答酋长，说村里的女孩非常漂亮，我肯定她们会是好妻子，但我没有办法将她们带回美国。所幸酋长的理性占了上风，他不得不承认我说得对。我们吃过简单的早饭，又花了一点时间收拾装备，然后准备离开。我履行了给教堂捐款的承诺，酋长祝我们一路顺风。

接下来的几个小时里，我的身体在高海拔、无尽的沟壑和连续上下几百米的陡峭攀登中挣扎。我们一直在行进，没时间生火做饭，因此除了一点水果外，我们什么也没吃。那天中午前，我们爬上一座被绿草覆盖的小山，看到一架竹子搭成的窝棚，里面有几名当地的酋长。我们和他们打过招呼，希夫向他们解释我们来这里的原因，他说伊托姆伯维高原是刚果（金）东部一个独特的地区，我们在努力让这片高原成为一个自然保护区。

一名酋长摇着头说，保护森林不是好主意，因为应该将森林砍光，好确保有足够土地产出可以喂饱所有人的庄稼。他说卡胡齐-比埃加国家公园的人本应该从公园的生态旅游中获益，但几十年过去了，他们依然贫穷。他问我们，将伊托姆伯维高原变成这样的保护区又有什么好处呢？那时候，我还没有认真考虑过这个问题，没有给出一个让他满意的答案。现在，我希望可以再回到那样的场景中，与他再次交谈。

将伊托姆伯维高原变成保护区的确不会改变当地和周围地区的人的生活，至少在几年之内不会。但如果和平能来到刚果（金），那么刚果（金）人民将有机会采用一种多赢政策，用来保护动物、开展科研，以及从生态旅游中获得成百上千万美元的收入，在刚果（金）的邻国，如卢旺达、布隆迪、坦桑尼亚和乌干达，这种多赢的思维贯穿于他们的政策制定过程。

像这些国家的国家公园一样，伊托姆伯维可以成为鸟类观察者的天堂，因为在中部非洲，伊托姆伯维高原以及高原以西过渡林区的鸟类的丰富程度是独一无二的。也许这里还可以驯化残存的大猩猩来吸引游客，说不定哪一天，大象也有可能回到这里生活。到那时，伊托姆伯维高原将拥有无与伦比的美丽森林、草地和山脉，许多外国远足观光客将会购买步行穿越这片地区的许可。所有这一切都是刚果（金）人民的自然遗产，也许刚果（金）的下一代人会明白，在伊托姆伯维高原是一份独特而脆弱的国家财富，为了子孙后代，他们必须保护它。

但是那些怀疑建立自然保护区的人又作何想？他们不关心自然之美或生活在大自然中的动物。无数研究结果表明，热带森林的砍伐，导致温室气体的排放增加、地区气候模式改变，以及疾病、洪水、水土流失和火灾风险的上升。地区间的热带雨林砍伐与气温增加和降水量减少相互关联，而这些都给在森林附近勉强维生的农民带来负面影响。

实际上，1979 年到 2004 年的雨量监测和卫星数据表明，在刚果盆地到东非沿海这片区域，降水量减少了 20% 或者更多，1992 年以后的情况更是如此。从积极的角度来看，热带雨林为其附近的人类社会提供了极其宝贵的服务，如天然过滤的水，以及各种为庄稼授粉的哺乳动物、鸟类和昆虫。

近年来，地球上的人口增长大部分出现在教育和就业机会有限的发展中国家，因此许多庇护了大部分陆生动植物的热带雨林遭到严重损害。几个生物多样性丰富的国家已经失去了比例惊人的热带雨林，如海地失去了 97% 的热带雨林，马达加斯加和菲律宾各失去了 95% 的热带雨林。

近年来，那些依然拥有大片雨林的国家的毁林速度也在加快。世界银行2016年的一份报告显示，过去25年里，全世界每小时失去的森林大约相当于1 000个足球场。这些损失多发生在非洲撒哈拉沙漠以南的地区。如1990—2005年，尼日利亚摧毁了国内80%的森林，总体上，西非80%的原始森林现在是农-林混合区，居住着约2亿人。因为热带雨林吸纳了大量二氧化碳和其他温室气体，如氧化亚氮（一种温室效应比二氧化碳强近300倍的化合物），热带雨林被砍伐后，这些气体逃逸到大气层，约10%的全球人为温室气体排放归因于热带雨林的减少，因此森林毁灭正在加剧全球气候恶化。

热带地区需要更多的耕地来养活当地暴增的人口，大部分热带雨林的毁灭是被耕地需求驱动的。但我们也要从其他方面来解释其余森林为什么会毁灭。在新热带，多达一半的森林由于古柯和罂粟的种植而毁灭，而与它们有关的毒品贸易部分是由美国消费者推动的。

一项最近的研究发现，总体上，全球大约30%的物种威胁可归因于国际商品贸易，这些商品包括咖啡、茶、糖、纺织品、鱼类和各种制成品（如木制家具），它们主要流向美、日、欧等发达国家。这项研究的作者绘制了一幅贸易与物种相互影响的地图，根据这张地图，美国的能源生产、采矿、打猎、捕鱼和造林活动对刚果（金）物种造成了八项威胁。棕榈油是世界上最廉价、贸易量最大的植物油。在包括非洲在内的四个大陆上，棕榈油农场正在取代热带雨林。

虽然战争、腐败和糟糕的基础设施吓跑了投资者，刚果（金）最近很少有砍掉森林开辟棕榈油农场的事情发生，但数据模型表明，气候变化使得该国东部的大片森林更适合被开辟为农场，在未来，那里的森林很有可能会被摧毁。因为棕榈油可用于生产多种产品，如垃圾食品、苏打水、化妆品、肥皂和个人护理用品，美国的养老金和退休基金正将数十亿美元投入这个行业，加剧了热带世界的森林毁灭。

地球之友组织管理的一个数据库揭示，数个美国退休基金公司深度参与其中，尤其是在棕榈油带来损害最多的亚洲热带地区。如今，刚果（金）大部分的棕榈农场可能都是殖民时期的遗留，但即使是森林得以缓慢恢复半个世纪后，我的团队发现这些地点的生物多样性依然很低，分布其中的大量垃圾物种也与周围村庄一致。

艾伯丁裂谷的热带雨林是非洲大陆物种最丰富的地区，在这里，农业、毒品、放牧和采矿（包括出口到欧美市场的黄金等稀有金属矿产品）带来的森林砍伐对环境造成了大规模破坏。这里是地球上人口最稠密的地区之一，既有丰富的自然资源，也有太多人口来消耗它。

因为持续久远的地质活动，艾伯丁裂谷土地肥沃，矿产丰富。这里有凉爽的高地气候，热带疾病少于低地地区，执法松弛甚至形同虚设，政治长期动荡，所有这些都促进了非法的土地掠夺，甚至是攫取国家公园和保护区的土地。与武装分子勾结的犯罪集团对维龙加国家公园森林的破坏触目惊心。

由于伊托姆伯维高原的面积比较大，栖息地多样化，以及特有的和受威胁的物种数量极多，因此在包括两爬动物在内的独特生物多样性的保护方面，它是艾伯丁裂谷内最重要的地区。在殖民时期，比利时人没有推动对伊托姆伯维高原的充分考察来理解它的重要性，直到 2006 年，它才获得承认，成为保护区。直到 2016 年，结合了当地利益相关人的意见和分析之后，保护区的边界才最终确定。

虽然艾伯丁裂谷和世界各地的热带雨林状况堪忧，但中部非洲的森林毁灭速度只有亚马孙或东南亚雨林的四分之一到三分之一，而且在全球范围内，非洲被毁灭的森林只占到森林总毁灭量的11%。2016年，《科学》刊登了一项考察整个地球生物多样性损失的研究，该研究指出，世界第二大热带雨林刚果盆地是世界上仅有的三大相对未受影响的“蛮荒区域”之一（另两个为亚马孙和新几内亚的热带雨林），这片雨林一半在刚果（金）境内。这些区域将继续保存“安全”水平的生物多样性。

“非洲的世界大战”导致数百万人丧生或背井离乡，而这些人本来是需要开垦一块土地供全家人种庄稼的，因此刚果（金）的许多森林得以保存，这在一些圈子里被称作“枪口保护”。

1990—2010年，在这20年里，武装组织开采了他们控制区域的资源（如木炭、矿产），毁坏了一些森林，但保护区和国家公园保存了许多森林的完整。后殖民时期恶劣的道路和桥梁设施状况、腐败、政治及经济的动荡，这些可能是刚果（金）伐木速度较低的原因。

在非洲其他地区，伐木业给森林带来了严重损害。以21世纪前10年左右的卫星数据为基础，最近一些关于对森林毁灭的研究表明，刚果（金）仅失去了全部森林面积的2.6%，与其他热带国家，如马来西亚的14.4%、巴拉圭的9.6%、危地马拉的8.2%、柬埔寨的7.1%、伯利兹的5.6%、科特迪瓦的4.7%相比，这是一个较低的比例。因此在总体形势上，刚果（金）森林的绝大部分依然完整，而我们则应该乘此东风，加倍努力来保护尚存的林地，因为该国目前只有12%的森林受到保护，而且这些地区的执法也需要改进。

问题是，普通人为什么要关心热带雨林？一个出人意料的答案是，中部非洲的森林减少直接影响到我们的生活。我们知道，中部非洲的森林对全球气候具有重要影响，因为它是继海洋大陆[①]之后，第二重要的全球大气环流的对流“发动机”，该区域的雷电发生频率也高于地球上任何其他地区。

2006 年的一项研究使用了复杂的 3D（三维）数学模型来检验大气遥相关现象。“遥相关”是指地球上相距非常遥远但相互联系的气候异常（温度、降水等）。这种 3D 数学模型旨在将大气、海洋和陆地这三者关联起来，其中最为人们熟知的模型是大气环流模式。大气遥相关中比较典型的例子是厄尔尼诺现象：太平洋海水变暖导致的世界气候异常。

2006 年的那项研究检验了全球的大气遥相关模式，发现热带地区的森林减少与美国的降水减少间存在联系。具体而言，亚马孙的森林减少降低了得克萨斯州的降水量，东南亚的森林减少降低了美国西北部几个州的冬季降水量，中部非洲的森林减少降低了墨西哥湾（以路易斯安那州为中心）的降水量。由于建立在全球尺度上的气候模型要用到多种变量和方法，因此在随后几年里，在一些研究中的细节问题上也与 2006 年那次不尽相同。

2015 年，《自然气候变化》（*Nature Climate Change*）上的一篇文章回顾了这类研究，发现其中数个研究结果都表明，热带森林的减少与北美洲多地降水的减少呈正相关。而且，与森林减少相联系的气温和降水量的异常波动也许会影响到美国、印度、中国等人口众多国家的农业产量，进而可能导致饥荒和战争。没人确知，随着热带森林的持续减少，我们会在什么时候达到临界点，或者我们的

①气象学家和海洋学家使用的一个术语。——译者注

气候会变成什么样子。这应该与地球上的每个人都有关系。

如果放任刚果（金）热带雨林消失，我们注定还会失去什么？如果我们的关注点仅限于森林的生物多样性，那么答案是没有答案，因为这种生物多样性大部分是不为人知的。然而，如果一个未知的灭绝门槛被跨过，便可能导致当地乃至全球生态系统不可逆转的改变。例如，森林中许多人类无法穿越的小径是羚羊的通道，大象踏平这些小径，制造出空隙，让其他食草动物吃的草本植物得以生长。大象还为多种有重要生态意义的树和其他植物传播种子（一些种子只有它们才能传播）。随着大象在中部非洲的灭绝，那里的雨林很可能失去许多依赖这种厚皮动物的物种。

与世界其他地方相比，对于中部非洲的生物，尤其是刚果（金）的两爬动物，我们对它们的食物链以及在生态中的相互作用几乎一无所知。根据我们的研究，我们对两爬物种，尤其是蛙类的数量估计至少比实际低了三分之二。

在一个生态系统中，如果我们对其中的重要参与者的数量都不知道，又何来对该生态系统的理解呢？用英国科学家理查德·福提（Richard Fortey）的话来说就是："就像使用一种语言前需要一定的词汇量一样，在能够阅读复杂的自然之书前也需要一本物种词典。"即便如此，理论生态学的"保险假说"认为，高水平的生物多样性可防止生态损害，因为如果某些物种灭绝，生态位[1]与之重叠的其他物种将维持生态系统的完整性。可惜保险假说尚未在热带雨林经过严格检验，没人知道这些生态系统的生物多样性的消失会带来怎样的灾难。

---

①指一个种群在生态系统中，在时间空间上所占据的位置及其与相关种群之间的功能关系与作用。——译者注

人类健康可从热带雨林蕴含的生物多样性中获益。热带雨林里有丰富的医药产品等着我们去发现——只要科学家抢在它们消失前去寻找。西方世界取得专利的药品中，大约有 25% 是热带雨林原住民使用的植物。以毒蛇为例，它们用于制服猎物和威吓捕食者的复杂毒素中包含大量不同的分子，可用于开发拯救生命的药物。如非洲曼巴属的毒蛇毒液中的缩氨酸（构成蛋白质基本组成部分的氨基酸链）显示出治疗心脏病和止痛的潜力。蝰蛇的毒液已经被用于开发治疗心脏病、高血压和控制术中出血的药物。我的团队就曾在维龙加国家公园见过一条色彩鲜艳的犀咝蝰（*Bitis nasicornis*）。一种亚洲蝰蛇的毒液甚至已经用在一种抗皱面霜里。

地球上有大约 10 万种有毒动物，其中大部分是昆虫。因为毒液是由多种缩氨酸组成的复杂混合物，这些物种共同构成了一座大约有 2000 万种生化活性化合物的联合武器库。但生化学家只认出这些毒素里的 1 万种，而为了探明是否具有医学价值，其中只有 1 000 种经过了深入研究。

蟾蜍和蛙是有潜在效用的缩氨酸的另一个来源。蟾蜍背上的腮腺可以分泌一种对付捕食者的蟾毒素，它在防治心脏病、抗肿瘤、抗病毒、抗感染和止痛等方面有强力效果。美国和墨西哥的阿尔蟾蜍（*Incilius alvarius*）的蟾毒素甚至有强烈的致幻作用。我对中部非洲雨林的蟾蜍的初步种系分析表明，至少有十来种新的隐存种需要描述，更多新物种很可能会在未考察过的地区发现，你只能想象它们的蟾毒素可能会对人类有什么益处。

其他蛙类，如爪蟾（*Xenopus*），据说它们皮肤分泌的缩氨酸可构成一个“抗生素库”。到了 21 世纪，威胁人类健康的耐抗生素细菌的数量增加到令人忧心的程度，抗生素库将在对抗耐药细菌方面发挥重要作用。

在偷猎、入侵物种的竞争和环境破坏等威胁下，我们能做些什么来帮助濒危物种生存下去？首先，我们需要建立更多执法严格、管理有方的保护区和国家公园。用纪录片制片人肯·伯恩斯（Ken Burns）的话来说就是："（在保护生物多样性方面）建立国家公园是美国人想出的最好的办法，难道我们不应该把它推广到那些生物多样性将在一代人的时间内消失的地方吗？"

总的来说，在防止森林砍伐和阻止受威胁物种灭绝方面，保护区和国家公园做得相对好。令人沮丧的是，一项以世界各地保护区内的生物多样性损失为重点的研究发现，四分之三的保护区正在失去生物多样性，其中一半正经历"相对严重"的下降。有效的管理和护林员的实地保护是保护区繁荣昌盛的最重要因素，可以将非法砍伐、伐木业、火灾和打猎的有害影响降至最低限度。这项研究还发现了保护区周边的负面生态变化（人口增长及其相关活动）与区内生态变化间令人担忧的联系，这一点引发了研究人员对类似维龙加这样建立在改造过的地貌和大量人口之中的国家公园的担忧。

另一项研究发现，偷猎分子可以毫发无损地自由出入世界上大部分保护区，虽然许多保护活动专注于建立新的国家公园和保护区，但执法和管理显然才是有效保护的最重要因素。这一点特别适用于伊托姆伯维自然保护区（Itombwe Natural Reserve），这个刚果（金）生物多样性皇冠上的明珠保护着一大片地区，但没有足够的护林员和资源来有效执法。

我们能够帮到这些保护活动的一个有效方式是提供更多资金，

但如果相关机构的监管缺失，那么问题依然存在。绿色气候基金（Green Climate Fund）是为保护活动提供资金的众多机构之一，它计划在 2020 年前每年筹措 1 000 亿美元来补偿热带的发展中国家，防止它们砍伐自己的森林。但这个用心良苦的项目担心转移支付的大量资金给腐败的政府也许无法实现减少森林砍伐的目标。

2010 年，一份 74 个物种丰富国家的国际清廉指数排名中，刚果（金）几乎垫底——仅缅甸、布隆迪、赤道几内亚、索马里和苏丹的排名低于刚果（金）。即使考虑到低收入因素，热带地区发展中国家较严重的腐败和有效保护措施的不足之间强相关。因为存在数十年以蒙博托为代表的腐败传统的存在，有人提出过这样的问题：要怎样做，才能使保护生物多样性的资金不会消失在刚果（金）和非洲其他地方无底洞似的腐败里。虽然许多保护组织在刚果（金）取得了很大成就，但腐败、糟糕的治理和基础设施的缺乏依然是令人生畏的挑战。但只要有足够的决心，这些困难是可以并且必须克服的。

我费尽口舌，说服这些酋长相信，伊托姆伯维应该受到保护。接着我给了他们一些小酒钱，然后继续艰难跋涉，穿越杂草丛生的起伏山峦。午后不久，我们来到马贡达村，一名会说英语的刚果（金）医生从一间小诊所里出来迎接我们。听说我是生物学家，他解释说，十年前这一地区还经常能看到许多野生动物，但战争期间联攻派民兵破坏了森林，现在这里只有砍伐和焚烧后留下的树桩，大部分土地被用于放牧，少量种着庄稼。一小队拿着 AK-47 的刚果（金）士兵看着我们从村外走过，一名士兵手上还抱着条小狗。在几间棚屋的阴凉处休息了几分钟后，我们继续向上攀登，穿过一片接着一片的森林、农田和石头小山。

当我们在一片沼泽地边缘稍作休息时，我们已经步行攀登了大约十个小时。阿苏库鲁看着我说，前面有个叫比沙卡的村庄，但到那里至少还要下一段山，然后再沿着一座陡峭的山爬上去。我筋疲力尽，但远处响起的雷声催促我，如果想避开雨早点赶到村子，我们就得赶快了。天黑后很久，我们还在继续前进。就在一段陡峭的下坡路上，我们遇上一场瓢泼大雨。石头小道变成了烂泥路。离坡底只有几米时，我脚下一滑，向前倒去，划破了手。我一边诅咒这场雨和想要赶到村子的疯狂举动，一边攀登最后一座陡峭的小山，却发现山坡满是湿滑的泥泞和奔流的雨水，我只能手脚并用地向上爬，偶尔还会因为没抓稳滑回去几米。

我继续前进，穿过一条林中小道和一片种着庄稼的空地，翻过几道阻挡家畜和野生动物的竹篱笆。几分钟后，当我终于跌跌撞撞走进比沙卡村时，我意识到自己已经孤身一人走到所有人的前头。雨太大，看不到一个村民。我坐到一所小屋旁，躲在盖草的屋檐下，避开雨水，不让自己浑身湿透。借着一道道闪电的短暂光亮，我看到村子另一边大墙似的莽莽森林。我稍稍避开冰冷的雨水，终于可以歇一歇脚。我长舒一口气，把头弯到膝盖，看着雨水从靴子上溅开。

阴影中走出一个中年男子，他走近我，用斯瓦希里语和我说话。在咆哮的暴风雨中，我听不懂他在说什么。他伸出手，把我拉起来，带我去附近的一所小屋。屋里有一张简陋的竹架床。我谢过他，坐下来，任凭身上的雨水滴到地下，慢慢地汇聚成一个小水坑。他出去了一会儿，拿回来一个烧着煤的小金属桶似的东西。就在我烤着双手的时候，队伍里的其他人陆续进村。他们一个接一个探头走进来，看到我状况还好，又一个个走开，到其他小屋里找房间去了。我很惊讶，在这样一个风雨交加的午夜，这个小村庄的人居然将我们这队疲惫的陌生人迎进家里。他们不仅将我们迎进来，还给我们送来食物。我永远忘不了那趟艰难的旅程中，他们对我们表现出的友善。后来我还了解到，在刚果（金），人们习惯于这样做，而不只是伊托姆伯维的人才会这样。

第二天上午，我们停留了几个小时，在附近几乎处于原始状态的森林中搜寻野生动物。村里的酋长告诉希芬德拉，说大象已经消失多年，但他时不时看到过几种羚羊和黑猩猩。经过一番搜寻，我们发现了两种变色龙，其中一种是枯叶侏儒避役（*Rhampholeon*），枯叶似的形状和棕黄的颜色可以帮助它伪装起来，躲开捕食者。当我们捉住这种奇怪的动物时，它最后的自卫手段是全身振动，发出嗡嗡的声音。

当我和亚里士多德翻开一根大木头时，我们发现了几只半掘地的雷西石龙子属（*Leptosiaphos*）的石龙子，它们看上去就像长着细腿的小蛇。这群石龙子里既有棕色的，也有黄色的，还有红色的，它们混合在一起，腹部和尾部下方是鲜亮的黄色或橙色。

在越来越茂密的森林里跋涉了大约六小时后，天空又开始下雨，我们来到一个叫卢萨萨的小村庄。这里的孩子从未见过白人，我走近他们，他们围着我欢呼舞蹈，把我带到村中心的一个院子里。村里的老酋长接待了我们。我们听说至少需要冒雨翻五个小时的山才能到达亚里士多德的出生地米基镇，于是决定在这里过夜。

我出了一小笔钱，一个小伙子把他用竹子和泥盖的小屋租给我。

几分钟内，我在里面建起一个小实验室，研究我们在比沙卡收集到的标本。这时外面飘着毛毛细雨，我看到一个扛着机枪的人穿过村子。他穿着绿色军服和黑色胶鞋，阴郁的脸上写满沧桑。他之所以让我特别注意，是因为他的肤色明显比我在刚果（金）见过的任何人都要黑，而且他的身材似乎要比这里的村民高大得多。我好奇地站在小屋门口，看到一队样子差不多的全副武装的士兵通过村子，其中一个用意外的眼神看着我，但他们继续前进，没人停下来和我们说话。

“联攻派。”看到我的表情，亚里士多德说。我知道这支邪恶的武装力量在这一地区存在，但亚里士多德告诉我，他们在伊托姆伯维很守规矩。我们进入了亚里士多德的巴本比部落控制的地区。他解释说，几年前，联攻派逃出卢旺达后，巴本比武士向联攻派宣读了反骚乱法。他们告诉联攻派，如果他们在巴本比部落地区继续盗窃、强奸、杀人，那么他们将被全部杀光。巴本比人有主场之利而且善战，于是联攻派听从了警告，双方间建立了脆弱的和平。我全心希望停火继续下去。

第二天上午，我们继续向米基进发。这些天来，我饱受营养不足和疲乏的折磨，身体状况不佳，走着走着速度就慢了下来。我爬上林中一座特别陡峭的小山山顶后，一个男人从一条小路旁冒出来，他拿着一支步枪，带着四只皮包骨头的猎狗。他是一个搜寻羚羊的偷猎者。我们歇下来喘气的工夫，希芬德拉向他打听这里哺乳动物种群的情况。他告诉希芬德拉，这里分布有几种数量还相当多的有蹄动物。

1999 年，一次对伊托姆伯维高原的野生动物考察记录到两种野猪、水鼷鹿、水牛、薮羚、林羚（一种生活在湿地的羚羊）、五种样子像鹿的小羚羊，以及贝氏岛羚（*Neotragus batesi*）。近年来，上述所有动物的总数都下降了。看着猎人消失在我们爬上来的小路上，我不知道山里还有多少像他这样的人，也不知道这些动物还能存在多久。

我们这支疲惫的队伍继续从高原西侧向下行进。几小时后，亚里士多德指着下方远处一个我们看得到的村镇自豪地宣布，我们正在接近米基。傍晚的雨让小路变得泥泞湿滑，我借着石头和树根小心翼翼地向下走。我僵硬的双腿拼命支撑着沉重的身子，滑倒了一次又一次。我前行的速度像蜗牛一样慢，除了亚里士多德忠诚地等着我外，其他人都匆忙前行，好赶到村里休息。就在我走上一段特别陡峭湿滑的小路，努力不让自己滑倒时，我听到一阵金属的叮当声和快速沉重的脚步声。我看看身后，意外地发现一小队联攻派民兵穿着胶鞋跑下泥泞的小道。他们静静地从我身边走过。他们穿着防滑效果显然不及我的鞋子的胶鞋，却毫不费力地快速走下险峻的山坡，这猫一般的敏捷让我大为惊奇。

最终，我和亚里士多德到达米基，他受到了英雄般的欢迎。我们穿过镇子，几个孩子喊着“白人！”，在我身边欢呼雀跃。镇上有几栋小的砖建筑混杂在棚屋间。镇子很大，几个摊贩的竹制小台上摆着廉价的塑料玩具、饼干、汽水，还有一瓶瓶当地常见的啤酒。山羊和鸡在肮脏的大街上自由自在地走着。我经过的时候，几乎所有人（还有那些山羊）都停下来盯着我。旁观者里有一个肩上吊着 AK-47 冲锋枪的联攻派民兵。他绷着脸，用凶恶和怀疑的目光看着我。我用斯瓦希里语和他打招呼，他脸上立即闪过一丝轻微的意外。他举起手，算是回应我。我继续向前，他茫然的目光一直停留在我身上。

沿着穿过镇子的大路前行，我们从一个急转弯路口出来，爬上山边一道缓坡，看到几栋有烟囱的大砖屋。亚里士多德告诉我，这些房子是20世纪50年代后期，比利时人为了开采米基附近的矿藏而修建的,现在那里还有黄金和铜钽铁矿。钽是一种性质独特的金属，被广泛应用于从智能电话、游戏机等电子设备到人工髋关节和弹药的各个领域。刚果（金）供应的钽占到了全世界钽用量的8%左右。

2000年，钽的价格暴涨，于是一些刚果（金）民兵武装敲诈小矿主，攫取了成百上千万美元，甚至连学校里的师生都离开学校去开采钽矿。在钽矿开采过程中，需要使用大量的水来分离矿和土壤，这带来了各种灾难性的环境影响——河流改道、污染、森林被砍伐、表土被冲走（土地以后再也不能用于农耕）、水土流失加剧。为了给偏远地区的矿工提供食物，许多濒危物种被捕杀。

战争期间，为了开采铜钽铁矿，刚果（金）民兵控制了卡胡齐-比埃加国家公园的很大一部分。在民兵占领公园的几年时间里，大象种群的数量直接从350头减少到2001年的两头。在黑猩猩、大猩猩、羚羊和水牛的数量急剧减少后，矿工们开始转而捕杀体型更小的动物，如羚羊、猴子、鸟，甚至乌龟。

细看这些老屋，我注意到其中几堵砖墙已经坍塌，但还有一些相对完整。我们沿一条小路走进一栋保存相对完好的屋子。马赛尔在巨大的炉子里生上火，摆弄他的锅碗瓢盆，准备开始做饭。与一些当地人，包括房子现在的主人握过手后，他们带我来到一间有两张双人床的大房间。房子里还有几间自带壁炉的卧室，一间放着厨余垃圾的厨房，一个曾经有澡盆、水池、马桶和镜子，但现在已经完全毁坏的卫生间。我问向导厕所的位置，他指给一条小路，说沿着这条小路上去，山上有一个露天茅坑。

我回到那间与亚里士多德同住的蛛网密布的房间。我在床上铺好睡袋，倒在上面。米基海拔约 2 200 米，自离开乌维拉以来，我们行走路线的直线距离大约在 50 千米，但考虑到一路上翻越的无数山峰和峡谷，我们的实际行走距离大概是直线距离的两倍。我合上眼睡觉，等我再次睁开眼时，第二天的太阳已经升起。

我享受了一顿有米饭和豆子的丰盛早餐，接着和亚里士多德、希芬德拉出去见当地领导人。亚里士多德介绍我认识几名当地官员和一个三十几岁的男人——他衣着讲究，自称是镇子的实际镇长。他们都非常礼貌热情。我送给他们一点钱和食品作为表达善意的小礼物，觉得自己已经尽到了义务。但亚里士多德说我们还要去见镇子上的另一个领导人：马伊-马伊叛军的地区长官。

马伊-马伊武装产生于 1996 年爆发的第一次刚果战争期间，一

比利时两爬动物学家雷蒙·洛朗，1977 年。照片由威廉·E. 迪尔曼（William E. Duellman）提供。

开始，他们的主要目标是保护自己，对抗侵入其土地的外国军队。那时候，亚里士多德是该武装的一名指挥官，为保卫自己的同胞英勇战斗。战争结束后，该武装继续存在，而且现在它的目标也不甚清晰。一些派别的刚果（金）民兵与联攻派结盟，后者为了获得财富犯下各种罪行，声名狼藉。

亚里士多德领着我们走下一座小山，来到一幢朴素的砖楼前。房子里的收音机传出正在大声播放的伦巴音乐的声音，收音机的自制天线弯弯曲曲地沿着墙从屋顶伸出。

亚里士多德把我引见给马伊－马伊武装的长官。他坐在一张白色的安乐椅上，穿着长运动裤和短袖衬衫，看上去不到 30 岁。他魁梧健壮的身材让我想起了橄榄球跑卫。他咧开大嘴，微笑着和我握手。在手下手忙脚乱地给我这个新来的客人搬椅子时，他上上下下打量我。亚里士多德和希芬德拉彬彬有礼地向他解释，我们是来米基寻找两栖动物和爬行动物的，如果进展顺利，我以后还会回来，也许还会带上其他生物学家。

“Ndiyo（是）！”他大声说。

接着这位长官说，他欢迎我们来到米基，只要他在这里，我们的安全就不会有问题，他希望我们的任务能够成功。我猜想，这些接受和支持的话是我一番好意的回报，因为亚里士多德找我要钱，给每个人买了一些当地的啤酒。因为位置偏僻，所以在米基，啤酒的价格高得离谱，结果我花了大约 20 美元才让每个人都觉得满意。

长官问我下次来米基时能不能给他带一部电台，因为他现在最大的问题是与乌维拉和布卡武的通信联系。接着他把话题转向蒙博托、卡比拉和政治，言语激烈且固执己见。希芬德拉问了他一些问题，引得长官连摇手指，大声辩解起来。这样谈了一段时间，直到亚里士多德觉得差不多了，我们才礼貌地与所有人互道祝福，然后离开。

在回去的路上，我问亚里士多德如何看待蒙博托。亚里士多德说他为刚果（金）带来了和平——这是一个刚果（金）人普遍接受的观点。那个独裁者的惯用伎俩是收买对手，也许这是一个维持和平的方式，但是他获得权力的过程却一点也不和平，而美国则心甘情愿地当了 30 年的帮凶。

20 世纪末，“非洲的世界大战”正在毁灭刚果（金），蒙博托的传记作者米凯拉·朗（Michela Wrong）这样写道：“更糟糕的是，也许有一天，当刚果（金）的情况变得非常不妙，它的公民真的会怀念蒙博托，就像他们也曾在蒙博托的统治下选择性失忆，怀着感情谈论起可怕的殖民时代。”她一语成谶。

太阳西斜，我们爬上通往住处的小山，远处林木森森的群山一直延伸到天边。很少有生物学家曾经凝视过这里壮观的景色，我不禁设想，这片森林到底庇护了多少未知的生物？用不了多久，我将亲身去寻求这个问题的答案。

屋子里有一个男人和几个女人在等着我们。他们是农业合作社的人，给我们带来满背篓的面粉和蔬菜，背篓里面还有一只鸡。我付钱给他们，向他们表示感谢，但他们只是来欢迎我们的，并不期望获得回报。马赛尔用这份慷慨的馈赠做了一顿美餐，每一口的饭菜都让我疲惫的身体感到极致的享受。

我们一边吃饭，一边讨论调查计划。向西走数小时有个叫基安乔的村子，那里是一种名为劳蟾属（*Laurentophryne*）的罕见蟾蜍标本产地（一个新物种的发现地）。这种蟾蜍以比利时的两爬动物学家雷蒙·洛朗的名字命名，殖民时期，雷蒙·洛朗曾在乌维拉的中部非洲研究所工作，那时候有一条由殖民地采矿公司维护的道路，可以沿着这条路开车穿过伊托姆伯维高原。

1949 年，他和他的团队发现了这种样子古怪的蟾蜍。这种小蟾蜍只有 2.5 厘米长，拥有与其他蟾蜍不同的尖吻和多皱的皮肤。这种蟾蜍的骨骼有几处不同寻常的地方，因此被归入独有的一个属。但自从雷蒙·洛朗第一次发现了这种生物后，就再也没有人见过它。没有人知道它与其他谱系的蟾蜍的关系，只有新鲜的 DNA 样本才可以解开这个秘密，并且这种动物已经有近 60 年的时间没人见到，所以也不能排除它已经灭绝的可能。我很想解开这个秘密，于是我们决定第二天一早，我和亚里士多德在米基花两三天时间收集动物。在此期间，其他人——阿苏库鲁、约翰、费利克斯、万德杰、穆卢雷马和毛里斯则在希芬德拉的带领下去基安乔。

天空橘红似火，太阳徐徐落下。看着这一景象，躺在睡袋柔软垫子里的我感觉骨头都要熔化了。房子外面的棚屋里传来人的交谈声，婴儿的啼哭声，夫妻的斗嘴声，收音机发出的静电噪声，炊火发出的燃烧爆裂声，远处传来林中鸟儿、蝙蝠和不知名动物的美妙叫声——它们有的已归巢，有的刚刚开始夜间活动。烟味从房间敞开的窗户飘进来，让我放松。就在我昏昏欲睡时，有人拿起麦克风，向全镇发布通告。那人响亮的呼叫声吸引了我的注意。在刺耳的喊叫声中，广播员暂时停顿，努力想读出我的名字，欢迎我来到镇上。“伊莱——格——林——鲍姆！”他大声说。

米基的新闻主持人回去睡觉后不久，我听到房间角落里传来窸窸窣窣的声音。但我实在太累了，懒得去找头灯。一开始，只是另一边墙上发出刮擦声，我不想理会这声音，但接着，房间里其他地方响起更多的刮擦声，接着是吱吱的叫声，再接着是小脚匆匆窜过水泥地面的声音。这些动物爬过塑料袋、行李、壁炉，发出响亮的声音。我慌了，再也没法置之不理，我打开头灯，看到几只老鼠在灯光下奔逃，其中一只至少有 30 厘米长。我的床在一个比地面高出几十厘米的木架上，我别无选择，只好关上灯继续睡觉，留下这些毛茸茸的室友继续探索进入它们领地的有趣新事物。

第二天天亮后不久，我醒了过来，找到了老鼠群聚在壁炉边的原因。马赛尔把我们所有的食物都储存在那里，包括几大袋土豆和大米。那些贪吃的啮齿动物轻松地咬破了袋子。我把马赛尔叫进来，让他看看这一地狼藉。

“噢！”他叫了一声，笑了起来。又一次，啮齿动物的现身为他带来了欢乐。看到我并不觉得好笑，他说：“没问题，头儿！”他伸手拿起一只袋子，掏出一个被咬掉一半的土豆，把它放在壁炉前的地上。“它们今天夜里吃这个，不吃我们的食物！”他说。似乎认为自己想出了一个很聪明的办法，解决了我们的难题，他骄傲地向我微笑。我只对他咧咧嘴，知道他不是在开玩笑。不过我也意识到，没有更安全的地方可以防备老鼠和可能的小偷，只能自己安慰自己，觉得马赛尔这无聊的建议兴许会有用。

送走远征基安乔的队伍，我正把昨晚的剩饭拿来当早餐吃时，亚里士多德走过来告诉我，他在林边发现了一条树蝰。我在寻找两爬动物的消息很快就在镇子里传开了，人们陆续拿着小塑料瓶来到我住的屋子，瓶里装着他们在镇上或附近找到的动物。一个男孩捉到八只爪蟾，这些全水生爪蟾属于一个古老的蟾蜍类别，它们像鱼一样溜，不用网的话很难捉到。一个老妪拿着一根树枝，枝头上拴着一只变色龙。一些胆大的人甚至在卢萨萨打死了一条无毒的白环蛇，然后把它带到米基，指望得到我的奖赏。不用说，那一天的大部分时间里，我都在忙着拍照和处理标本。

这趟旅程，我一直从乌维拉走到米基，因此依然觉得腿很沉，但我太好奇林中有些什么动物了，于是决定和亚里士多德及一个想跟着我们的少年去初步搜寻一番。黄昏刚过，我们走了五分钟，就到达林边一条湿滑的小道。路上的淤泥太厚，一直陷到我的膝盖。亚里士多德只好给我示范如何利用小道上帮人避开深泥坑的木头。不过我还是一次次滑下木头，最终只能弃之不用，直接从淤泥里趟过去，任凭裤子上溅满黑色的斑斑点点的污泥。

我们走到一条弯弯曲曲横在小道前的小溪，溪边传来几种蛙的鸣叫，我们决定查探一番。很快，我就在溪边看到一只中等大小的蛙，并轻松地在它跳走前一把扑住它。这是一只河蛙，但它的黑色斑点和条纹图案我以前从未见过。我沿着小溪深入丛林，在水边发现一条死树蝰，从它的体表看不到任何伤痕，但它很有可能是在白天被某个人打死的。

亚里士多德大声喊叫着，说他发现了一些小黑蛙。我和他一起捉住几只卡利小黑蛙，这几只小黑蛙和我们在卡胡齐-比埃加国家公园里发现的小黑蛙是同一物种，当时它们正在溪边的树林和灌木里召唤配偶。这片林子里似乎住着数量相当多的两栖动物种群，我们在搜寻的过程中又找到几只蛙。

经过一番挣扎，我们从泥泞的小道上山，回到住处。吃过马赛尔做的有米饭和鸡肉的晚饭，看了一眼采来的标本——我们正在揭示的令人难以置信的丰富物种。之后，我走进卧室，惊起几只老鼠。它们飞快地钻进墙角小洞，逃之夭夭。我实在是太累了，懒得搭理它们。

第二天上午，我处理前一夜收集到的标本和附近村民零零散散送来的标本。亚里士多德告诉我，出了村子再走上一小段距离，就有一大片原始森林，我们可以在那里转一阵子，找一找蛙。我们打算只去几个小时，于是中午刚过就出发了。我们走了三个小时，途经一些庄稼地和当地人为找金子挖开的露天矿坑，来到一处美丽的天然林地。即使是这样的一片林地，我们依然可以看到采矿、捕兽陷阱和小径的痕迹。这些小径从树木和大得出奇的蕨类植物间穿过。我们沿着一条小溪寻找，但一无所获。

突然，亚里士多德看到一只蟾蜍在林中的地上蹦跳，他把这一幕指给我看。它背上有鲜明的深棕色斑点，我没认出它属于哪一个种类。就在我们穿过一片漂亮的狭长森林时，我的双手在没有察觉到的情况下碰到了一种有毒植物的叶子。几分钟后，我手上传来一阵轻微的火辣辣的感觉，我惊讶地看到，我的皮肤上鼓起了小红疖子。我们走过几座森林覆盖的小山，偶尔遇见一块新近砍伐出的空地，那是有人想在这里种上庄稼。我们又找了几个小时，但只找到几只普通种类的蛙，而天也已经快黑了。

几个小时后，我们回到米基。连续的疲劳让我双腿酸痛，我拿不定主意是去休息还是吃饭，尽管我从早饭后就什么也没吃。马赛尔非常兴奋，因为有人给他送来些猪肉——一种在刚果（金）相对昂贵的食物。我尽量除去裤子上的泥浆，坐到客厅的壁炉旁。马赛尔端来一碗米饭和几块红酱烧的猪肉。我看到猪肉上还有毛茸茸的猪皮，这让人有点难以下咽，但我实在太饿了，不得不吃了下去。睡觉前，我又去看了一眼我们晚上找到的蛙，想着尚待我去发现的奇迹。

几小时后，一道闪电穿过破裂的窗户，照在房里水渍斑斑的墙上，雷声惊醒了我。老鼠一如既往地在房间里窜来窜去，我能听到雨点打在波纹铁皮屋顶上的声音。我感觉一阵恶心，腹痛如刀绞，剧烈的疼痛折磨着我——我正在承受食用腐坏猪肉的后果。我去了几趟茅房，在瓢泼大雨中一次又一次滑倒在陡峭泥泞的小路上。拂晓前，我终于拖着浑身湿透的疲惫身体睡着了。

没过多久，亚里士多德打开卧室门，他开门的声音吵醒了我。他慢慢走向他的床，然后古里古怪、若有所思地坐了下来。

“情况都好吧，亚里士多德？”

“不大好，我们遇到点小麻烦，不过我想会过去的。”

“什么事？”

“长官的一个手下等在外面，说长官问你要 50 美元。”

“为什么？”

“他没多说，只说你要给他 50 美元。”亚里士多德说着低下了头，似乎为这个要求感到羞愧。

想到来镇子那天请他们喝的昂贵啤酒，我很失望，我的好意在他们眼里是一种示弱。长官的傲慢要求让我想起曾经对付过的欺凌孩子的恶棍。我隐约觉得，如果现在让步，他会感觉到我的恐惧，从而得寸进尺。

我看着亚里士多德严峻的脸色，思考如何回复。过了一会儿，我回答说不行。

“不行？”他问。

“对。如果我今天给他钱，他明天、后天、大后天还会要更多的钱，那样的话，我就没钱给大家发工资，也没钱买食品和啤酒，买什么都没钱了！”

“噢！”亚里士多德说，我的立场让他深感震动。显然，没有啤酒的前景是最可怕的。

“如果他来这里，拿枪指着我的头，我会给他钱。但如果他不自己来要钱，那我认为他并不是真的想拿到钱。你可以告诉‘50 美元长官’，说我没钱给他。就这样。”老鼠、腐烂的猪肉和疲惫，再加上这件事，形势已经十分严峻，但当时的我还没有认识到这一点。

“不，伊莱，”亚里士多德斩钉截铁地说，“你必须给他这笔钱，不然我们就有大麻烦了！”

“镇长怎么看这件事？”

他愣了几秒，然后说：“我不知道。”

“那些我见过的镇上的其他官员怎么看？他们是不是认为，长官问我要 50 美元是对的？”

“我不知道。”他说。他没有想到我会问他这些问题。

“为什么你不去问问镇长怎么看待这件事？”我建议道，“你可以告诉他，说伊莱让我来问问，有人强迫镇上的外国客人给民兵钱，这件事是否合理。你可以问问他，如果我回国后把我在米基遇到的‘大麻烦’传出去，还会不会有客人来这里？”

“好！我这就去。”说完，他飞速向门外跑去。我忐忑不安地等了几分钟，担心那个士兵会破门而入，拿枪指着我要钱。但一小时过去了，什么事也没发生，于是我的担心渐渐消退，又继续睡觉去了。

几小时后，亚里士多德回来了，宣布我在非洲的第一场斗争取得了胜利。镇长和其他官员去了地区军事长官的住处，说他们不赞成他的要求。大概是因为其中一位官员认识马伊-马伊武装的高官，他讨厌他的手下做这样的事，所以长官被迫让步了。

最精彩的是，亚里士多德还告诉我，“50美元长官”会亲自前来道歉——说到这里时，他的眼睛瞪得很大，似乎不敢相信自己正在说的话。这情形就像在玩扑克游戏时，对手手里有四个A，而我却用一对2虚张声势，赢得了最后的赌注。

第二天，我正待在住处恢复体力，那位长官来向我道歉。那时，希芬德拉和毛里斯、穆卢雷马也已经从基安乔回来了，阿苏库鲁、万德杰和阿库库兄弟则留在了基安乔附近一个叫基托普的村庄继续收集标本。他们在基安乔捉到许多蛙的样本，其中一些是我以前从未见过的。我查看了他们的收获，注意到几种棕色、绿色和红色的非洲树蛙，以及几只看上去像吉塞尼小黑蛙的黑蛙。

他们还发现了水树蛙属（*Phlyctimantis*）的一些水树蛙，这种蛙的特征是凹凸不平的漆黑皮肤和大腿上鲜亮的橙色条纹，它们可以发出独特的“喔喔喔”的叫声，所以又被俗称为“喔喔蛙”。虽然他们此行没有发现劳蟾，但还是找到了几种罕见并且可能是新物种的蛙。当晚我正在休息时，一只装在瓶子里的小黑蛙叫了起来。它的叫声并不是吉塞尼小黑蛙的典型叫声——一种类似达菲鸭的叫声，而是另一种呱呱声。我在床上录下它的叫声，最后确认它是一个的新的物种：*Leptopeli mtoewaate*。

一天后，我与亚里士多德拍完一大批标本，希芬德拉跑过来说，一些村民邀请我们一起“喝啤酒”。亚里士多德还强调，即使我的身体没有完全恢复，也不能拒绝邀请。我很高兴可以借着这个邀请休息一下，于是我和希夫跟着亚里士多德来到镇中心附近一栋满是灰尘的砖楼。他带我走进去，屋子里有几张相向排列的凳子，其中一张空着没人坐。屋子里没有灯，只有从外面照进来的日光，透过日光光束，我看到无数灰尘和细小的碎屑在空中飘浮。

当我们坐下来，眼睛适应了昏暗的光线后，我看到在对面的长凳上，镇长和几个镇上的长者挤着坐在一起。我认出其中一个名叫艾莲格·纳玛库鲁（Alenge Namakulu）的老妇人，她是农业合作社的人。她把头发扎在一个白色的头巾里，一条笔直的伤疤从她前额正中向下穿过，一直从两眼之间延伸到鼻子中央。她两颊也有类似这样的伤疤。当我凝视她夹在指间的塑料酒杯时，她脸上浮现出一丝古怪的微笑。显然，我应邀参加的是一场大家指望我做东的聚会。

“白人！”她用有些含糊却很认真的声音叫道。她坐在长凳上，上身左摇右摆着大声和我说话。她使用的是当地的卡本比语，亚里士多德给我翻译，说她很高兴我身体恢复了一些，可以来参加这个庆祝我复原的盛大聚会。

显然，我的病已经家喻户晓。镇长和村里的长者朝着我窘迫地微笑。我拿了一些钱给亚里士多德，让他从等在门外的小贩那里买几瓶啤酒回来。我叮嘱亚里士多德，一定要让那个老妇人吃好喝好，因为她让我想起我的一个亲戚。听到亚里士多德翻译的这几句话，她双眼发亮，踉踉跄跄地站起来，拍着我的肩膀，大声表示赞许。她开始滔滔不绝地讲起 20 世纪 60 年代初，她在米基认识的一个比利时矿工的故事，大家都笑了起来。

这是一个了解米基历史的机会，我又问了她一些问题。她说在她小的时候，米基到处都可以看到野象，自 1996 年后，她就再没见到过了。她提到与邻近部落的战争，比利时矿工的到来和匆匆离去，以及几年

因为生病和艰难的旅程，我显得苍白消瘦。这是我在伊托姆伯维高原上短暂驻足时与武装马伊-马伊民兵和同行的人一起吃午饭。希芬德拉坐在我右肩后，约翰·阿库库坐在我的左肩后，亚里士多德在我的左边。右边背景中一个人头上顶着开采来的沉重的钶钽铁矿石，他计划到乌维拉把它卖掉。照片由万德杰·M. 穆宁加拍摄。

前才结束的一场战争。我很好奇她去过伊托姆伯维以外的哪些地方。她说自己只去过一两次姆文加和乌维拉，此外再没去过别的地方。

我不禁设想，一个在伊托姆伯维生活了60年的女人会有怎样的世界观，她的一生是刚果（金）的千年传统与暴力的殖民时代的过渡。亚里士多德后来告诉我，纳玛库鲁脸上的伤疤是巴本比部落美化妇女的传统标志，但比利时人认为这样做是非法的，因此那种生活方式将与她那代人一起消失。我对亚里士多德说，那让人伤感。

我们迈着醉步离开聚会时，亚里士多德请我预付一笔薪水，他好给自己再买一瓶啤酒和一些鱼。我答应了。然后他高兴地带着啤酒和一袋子发出腐败气息的鱼干，陪我回到住处。亚里士多德发现我确实对他的部落文化感兴趣，于是继续对我说，整个刚果（金）

都知道巴本比人是勇猛的武士，但他们也友善聪明。就我在米基的所见所闻而言，我完全同意这个说法。他还给我讲了一个会说话的木头面具和偶像的故事——迪沙尤曾有记录，加蓬的几个部落也流传有类似的故事。

乔治·夏勒在《大猩猩之年》里说："伊托姆伯维的巴本比人相信，大猩猩不是猿，而是很久以前为逃避工作退入森林的人。"亚里士多德也证实了夏勒的这个说法，并告诉我这也是为什么他的部落要保护大猩猩的原因。

回到房间，亚里士多德把那袋鱼干挂在墙上一根拴晾衣绳的钉子上。

"这些鱼产自哪里？"

"坦噶尼喀湖。"他说。

"它们到现在还没有腐坏吗？"

"不会，这些鱼在湖那边晒了，能放很多天。"

"好吧，这些鱼太难闻了，我一点也不想吃。我最喜欢吃的是寿司。"

"没问题，白人老兄，那我就有更多鱼吃了。寿司是什么？"

我向他解释，寿司是日式生鱼片。现在轮到他表示反感了。"也许有一天，你到美国来看我时就知道了。到了美国，啤酒你想喝多少就有多少！"他脸上笑开了花，说这个提议不错，说着又灌了一大口啤酒。

天黑后，我难以入眠，因为那些啮齿动物被墙上鱼的气味吸引，却又够不着，似乎要疯了。但是接着发生的事情让我简直不敢相信：我听到了老鼠啃塑料袋的声音。我打开头灯，惊讶地看到一只勇敢的老鼠沿着晾衣绳爬到了墙上亚里士多德挂鱼的地方。灯光吓到那只“走钢丝”的老鼠，它掉到地上，逃跑了。

20 分钟后，我又听到老鼠啃塑料袋的声音。我正在考虑怎么处理亚里士多德的鱼，他突然打开门走了进来。看到老鼠在吃他宝贵的晚饭，他立即抓住它的尾巴，手腕一抖，处死了它。看到亚里士多德咒骂这只偷吃他晚饭的老鼠的尸体，我忍不住笑了出来。

第二天，万德杰、阿苏库鲁和阿库库兄弟从基托普回来，他们一同带回来的还有两条蛇和许多蛙、变色龙。两条蛇中有一条是漂亮的绿树蛇（*Hapsidophrys lineatus*），这种宝石绿的无毒蛇有一双凸出的类似太阳镜的黑色大眼睛。他们还发现了小黑蛙属新物种和森林蟾蜍新物种的标本，包括一只我之前从未见过的蟾蛙，以及几种非洲树蛙。我心花怒放，用了大半天时间拍摄这些生物。工作的时候，我注意到一小群人在与亚里士多德和希芬德拉谈话。他俩朝我走过来，表情十分严肃。

“伊莱，我们得谈谈如何从米基回布卡武。”希芬德拉说，“沿比利时人修的老路向西到姆文加是一条近路，只需要一天时间。”

“噢，太好了！”我说。一天时间就可以走出去，这听起来很美妙，不用再翻一次高原，花两天或者更多的时间走回乌维拉。

“但是去姆文加的路上有很多联攻派民兵。”他补充说。

这时候，亚里士多德插嘴发表意见。“这些人非常危险！这条路在巴本比人控制的区域外，因此他们可以随心所欲。他们可以拿走一切，甚至可能打死我们。”亚里士多德还告诉我，有许多人从米基抄这条近路到姆文加，但经常遭到骚扰，有时还会被抢劫或被殴打。我做出的选择显而易见：沿原路线返回。没人反对。

我因为上次被跳蚤咬伤感染，还有些虚弱，因此返回的时候比来时慢了许多，经过两天的步行，我们到达马贡达村，一路上还收集到一些标本。这一次，不同于我们上次看到的几名政府军士兵，村里有几个马伊–马伊民兵战士。亚里士多德和希芬德拉和他们谈了一会儿，然后过来告诉我说，回乌维拉的路上有点麻烦，因为政府军的士兵已经几个月没拿到饷水了，为了维持开支，他们开始抢劫通过伊托姆伯维高原的行人。一些行人被困在马贡达村，等待形势变得明朗。

我一边抓挠昨夜被跳蚤咬的地方，一边思考我们的下一步行动。我已经收集到 60 年来数量最多的采自伊托姆伯维高原的两爬动物标本，这些标本是历经千辛万苦才收集到的，一旦失去，得不偿失。因此当亚里士多德建议雇一小队马伊–马伊民兵护送我们到高原的安全区域时，我立即同意了。消息很快在其他旅行者中间传开，几分钟内，我们的随行队伍增加到 20 多个人。在马伊–马伊民兵的保护以及人多势众的双重优势下，我们通过了危险区域。停下来吃过一顿简短的午饭后，我们与马伊–马伊民兵和大部分同行的人分开。

接着我们继续返回乌维拉的艰难旅程。在攀登一处长着青草、石头凸起的山坡时，我看到一只在草丛里窜行的蜥蜴。万德杰和毛里斯也看到了。他们丢下背包，用砍刀把它从坑穴里挖了出来。我仔细一看，立即认出它属于阿道夫蜥属（*Adolfus*）。

我们在伊托姆伯维高原地势稍低的地方捉到几只分布广泛的阿道夫蜥属的常见种类：*Adolfus vauereselli*①，但我发现它们总是出现在山地森林边缘附近，而且这只蜥蜴的颜色有点奇怪。我们推测刚刚

①一种蜥蜴的学名，无对应中文名，是撒哈拉以南非洲特有的生物。——译者注

发现的蜥蜴是一个新的物种，所以又花了几分钟继续寻找，终于收集到第二个标本。其实我还需要更多作为统计分析的充足样本，但天色渐暗，只好继续前进。

黄昏降临时，我们走下一条“路”，松动的石头像卵石一样在脚下滚动。在我们开始走下高原的东坡时，我双脚僵硬，所以一次次滑倒。我拖慢了前进的速度，好在我们还是在天黑前赶到一个叫穆纳尼哈的小村庄。酋长好心地提供了一处足够我们所有人过夜的大棚屋，幸运的是屋里没有生火。

2008 年 7 月 1 日，太阳刚刚升起不久，我们谢过酋长的热情款待，踏上了返回乌维拉的最后一程。一路上，我们通过了一连串被太阳烤得越来越热的岩石地表和几块玉米、木薯地。下午，我们下山进入乌维拉，就像做梦一样。我走过城市边缘由棚屋和小楼组成的迷宫，每个人都盯着我这个蓬头垢面、衣衫褴褛的白人看。队伍成员又累又饿，因此我请所有人在蓝猫餐厅吃了一顿有烤鸡、鱼和啤酒的庆功宴。我们步行翻越了几座大山，我减少的至少 7 千克的体重就是明证。第二天，我们回到布卡武，在那里计划 2008 年的对维龙加国家公园的最后阶段的考察。

Emerald Labyrinth

A Scientist's Adventures In The Jungles Of The Congo

# 第5章

## 维龙加的吸血鬼

阿尔伯特国家公园，即今维龙加国家公园，建立于1925年，是非洲第一个国家公园。公园建立的主要原因之一是为集中于这片地区的山地大猩猩创造一个保护区。随后几年里，比利时国王颁布了一系列法令将公园区域扩大，在先前建立的狩猎保护区的基础上又增加了其他土地。扩大区域的主要依据是大型哺乳动物的分布。当地人有在传统区域打猎、捕鱼和耕种的需要，区域的增加也考虑到尽量减小对这种需要的影响。这一过程并非完美，到20世纪50年代，与土著部落的谈判结果导致公园边界的一系列让步和改变。

在以美国的国家公园为模板设计公园时，比利时人意识到，科学研究是了解保护对象的必要手段，而旅游项目可以为保护活动提供资金。1933年，比利时两爬动物学家加斯东-弗朗索瓦·德维特（Gaston F. de Witte）对公园里的生物多样性发起了第一次大规模研究调查。他记录了公园里的23种两栖动物和63种爬行动物，其中一种两栖动物和一种爬行动物被描述为新物种。

1960 年，一些独立的研究学者又在公园内发起过八次大型研究调查，调查内容涵盖从人类学到植物学的各个领域。该公园内的动植物已经被研究得相当透彻，我们知道维龙加国家公园内养育的动物物种（包括濒危物种）比中部非洲其他国家公园都要多。公园里有 200 种哺乳动物，其中包括非洲象、狮子、豹、河马、水牛和羚羊。

此外，公园里还有 700 多种鸟类，包括尼罗鳄在内的几种濒危的两爬动物、100 多种鱼、种类繁多但未经仔细研究的无脊椎动物，以及种类多到令人难以置信的植物。维龙加也因此被认为是世界上最富饶的生物多样性的宝库。维龙加国家公园仅 7 800 平方千米的总面积——只比美国面积倒数第二的特拉华州大一点，它的生物多样性的丰富程度让人觉得不可思议。

如此多的生物能挤在这样小的一个范围里，是因为维龙加国家公园的地理位置：它位于东非大裂谷的西部边缘。东非大裂谷形成于大约 3 000 万年前，两个大板块——非洲板块和阿拉伯板块分离，形成了红海。随着板块构造活动的继续，非洲板块分裂为两个构造板块——索马里板块和努比亚板块，它们分别向东西两个方向漂移。

成百上千万年之后，附着两个构造板块间的距离增加，形成了延伸数千千米，从红海一直延伸到莫桑比克的东非大裂谷。巨大的断裂运动伴随着一系列火山活动，无数山脉，如刚果（金）东侧边境沿线连绵不绝的艾伯丁裂谷山脉由此形成。这些地质力量还在艾伯丁裂谷内形成了无数大坑，水流入坑内变成湖泊。

在非洲大湖地区，自北向南分布有艾伯特湖、爱德华湖、基伍湖和坦噶尼喀湖。在卢旺达语中，维龙加意为“火山”，维龙加国

在尼拉贡戈火山喷发出的岩浆上扎根的矮小植物。背景中，火山在阳光下若隐若现。

家公园南区有两座世界上最活跃的火山——海拔 3 462 米的尼拉贡戈火山和海拔 3 062 米的尼亚穆拉吉拉火山。其中最为活跃的是尼拉贡戈火山，最近几十年来，它数次喷发出大量岩浆，摧毁了基伍湖北岸城市戈马的一部分。裂谷活跃带来的另一个后果是相对频繁的地震。胡图族神话将频繁的火山爆发和地震归因于火山里恶鬼的暴怒。他们逝去祖先受折磨的灵魂就徘徊在这个非洲版本的地狱里。

维龙加国家公园沿艾伯丁裂谷西侧边缘排开，园内的海拔在 800 米（爱德华湖）到 3 000 米（陡峭山地）之间。巨大的海拔差意味着维龙加国家公园内有各种各样的地貌，山地竹林、各种海拔梯度的山地、山麓森林，森林-草原间杂地形，以及峡谷中的水淹草地，令人叹为观止。

除了火山高地外，维龙加国家公园内还有壮观的鲁文佐里山脉，这条山脉崛起于 300 万—200 万年前的非火山地理活动。山脉最高峰达到惊人的 5 119 米，其中还有一座曾经覆盖有 6 平方千米的冰川。因为其海拔，鲁文佐里山脉里有石南树、千里光属的植物和半边莲属的植物，以及以苔藓和地衣为代表的非洲高山带植物，而这些生物都是世界上其他地方所没有的。考虑到极为多样的地形和植被，我们很容易理解为什么维龙加国家公园会以生物多样性和风景美丽而闻名。

虽然维龙加国家公园被联合国教科文组织列入世界遗产名录，但现在的维龙加国家公园已不是 20 世纪初的维龙加国家公园。二战期间，由于比利时人把关注点和资源转向别处，许多“比属刚果”人进入公园内开采资源。到了 20 世纪 50 年代后期，由于与牲畜的冲突，猎狗这种标志性的非洲哺乳动物在维龙加国家公园灭绝。1994 年，卢旺达大屠杀发生之后，100 万难民逃入扎伊尔东部，其中许多人将维龙加国家公园东部的森林砍掉变成木材。

1997 年第一次刚果战争期间，由于自动武器的涌入和无政府状态，维龙加国家公园内的大部分标志性动物被大规模屠杀。大象的数量从 1960 年的 8 000 头剧减到今天的 400 头左右，减少了 95%。维龙加国家公园曾经有世界上最大的河马种群，1974 年是河马种群数量的峰值，在当时，低地河流和爱德华湖附近有将近 3 万头河马，但到了 2005 年，调查记录显示，该地区的河马只剩下不到 900 头。

黑市里，木炭和大麻的利润丰厚，为了利益，武装分子和腐败的政府官员持续损害维龙加国家公园里剩下的森林。对卫星图像的研究显示，在 21 世纪的前 10 年里，维龙加国家公园失去了 2.6%

的森林。即使联攻派进攻国家公园哨所并杀死护林员时，保卫维龙加国家公园的官员也从未屈服。如果刚果（金）能尽快实现和平，维龙加国家公园内的野生动物数量得以恢复的机会非常大，而旅游则可以给公园周边的社区带来收入。然而，如果目前的动荡趋势再持续哪怕仅仅几年，公园里的动物和生态都将受到不可逆转的损害。

2008 年，我重拾对维龙加两爬动物的兴趣，想去公园内寻找殖民时期比利时两爬动物学家描述过的物种。这些物种早已踪迹难觅，再也没人见过。加斯东-弗朗索瓦·德维特在维龙加收集了数量庞大的两爬动物标本，并花费近两年时间写出一本关于园内两爬动物区系的巨著。这本书中描述了一种长约 87.5 厘米的黑蛇——以利奥波德二世命名的利氏草地蛇（*Melanocalamus leopoldi*）。

30 年后，洛朗利用其中一些标本为园内的几个两栖动物新物种命名——仅仅依据唯一一个有着独特扁平吻的标本，他将其中一种非洲树蛙命名为 *Hyperolius xenorhinus*。这些鲜为人知的物种在分类学上是否有效？这些被描述的生物是否已经灭绝？地域广阔而生物多样的维龙加会不会还藏有其他未被发现的物种？

要回答这些问题及提供园内已知物种的最新清单，我们需要从维龙加国家公园内的低地丛林和山地森林等不同栖息地中获取尽可能多的两爬动物标本。伊托姆伯维高原的远征已经让我筋疲力尽，但这些未解之谜和一睹维龙加国家公园标志性哺乳动物的渴望驱使我继续前进。

7 月 4 日，在布卡武完成补给后，我们在一条弯弯曲曲、崎岖不平的路上走了一天才走到基伍湖北岸的边境城市戈马。汽车颠簸着驶过一些狭窄开裂的小路，几年前，尼拉贡戈火山流下的熔岩把这条路的路面变成了黑色。达到戈马后，我们在一栋大房子的铁门外停下，希芬德拉下车敲门。里面有人应和，希夫不耐烦地叫他们开门。

过了一会儿，门开了，他回到汽车边，告诉我们这是他的家。这里住着他的妻子和几个 20 岁出头的孩子。看样子他提前打过电话，因为他的妻子已经为我们准备好一顿美餐，还准备了冰可乐和冰啤酒。戈马的生活水平高于我见过的其他城市，有自来水和更可靠的电力。吃过可口的饭菜，我洗了来到刚果（金）后的第一个热水澡，真是奢侈。

第二天早上，我们隆重谢过希夫一家人，然后离开戈马，继续北上。这条大路有一小段穿过维龙加国家公园的南区，那里森林葱绿，风景优美。虽然公园一派原始风貌，但路上人来人往，他们用汽车、自制木自行车和板车拉着木柴和木炭等各类货物。这些木头和木炭只能来自维龙加国家公园，因为沿着这条路出公园边界继续向北，四面是点缀着茅草屋、鱼塘和庄稼的平原，找不到一棵树。

我们继续向北，再次进入维龙加国家公园。道路两侧，杂草丛生的平原上出现了更多的金合欢树，看上去就像我在塞伦盖蒂大草原上看到的非洲自然美景一样。我们缓慢前进，穆卢雷马尽量避开路上的大裂缝和大坑。我一点也不嫌慢，因为希芬德拉说这里还有狮子和大象出没。

如果我在战争前来到这里，也许还会看到成群在路边吃草的哺乳动物。但是现在，搜寻野生动物的踪迹只是徒劳而已。不久，我们来到一个叫鲁文迪站的哨所。哨所里几栋年久失修的建筑曾是公园的总部，并且为游客提供住宿。

环顾哨所四周，我看到一群蓬头垢面的妇女和儿童，她们一共有二十几个人，手里拿着面包、煮鸡蛋、炸面圈、汽水和鱼干等小食品，围在我们的汽车旁大声叫卖。几辆汽车满载着货物和人停在路边。和卡胡齐–比埃加国家公园里一样，一条大路从维龙加国家公园的中央穿过。我意识到，在这样一条车马喧阗的路上，见到野生动物的可能性几乎为零。这时亚里士多德指着一小群在道路附近觅食的狒狒。显然它们已经习惯了人的存在，我看到其中几只狒狒正在游客丢弃的塑料袋里翻找食物。

我们继续前进，在一个前不搭村后不着店的地方通过了一座围着铁丝网的联合国部队哨所。我看到一小群赤羚，于是让穆卢雷马停车。这是一种外形像鹿的常见品种的羚羊，有黄褐色的毛皮，雄性还会长有螺旋形的角。它们轻快地退到路边，停下来不安地抖动着头，并回过头来瞪着我们。它们旁边有一汪小水塘，水塘边有几只非洲秃鹳和非洲兀鹫。这两种鸟都是食腐动物，所以我想，是不是有动物死在了池塘里。我拍了几张照片，但热得像蒸笼一样的平原逼得我退回汽车上。我们继续北上。此后，虽然我们继续在公园中穿行了几个小时，汽车经过只惊起了草丛中几只色彩斑斓的鸟儿，但我再也没见到一只哺乳动物。

最终，沿着这条路，我们开始攀爬卡巴沙陡坡。一开始，坡度相对缓和，但随着陡峭的山坡蜿蜒上升，发卡弯①开始出现。开到

①形容赛道上某个弯角程度的词。发卡弯一般的角度都接近 180 度。——译者注

山顶后，我们下车欣赏山谷的美景。极目远眺，草木繁盛的东非大裂谷一直延伸到乌干达境内。峡谷里几乎没有人烟——没有道路、房屋、汽车，也没有火，这一切让我欣喜。

我转身望向另一边与这条公路平行的山脊。山上气候凉爽、土壤肥沃，基本上没有爆发过热带疾病，因此殖民时期，许多比利时人定居于此。他们砍伐原始森林，为庄稼、牛群和羊群腾出土地，许多殖民者发达后便在这里成家生子。到了 20 世纪后期，这一地区几乎一片森林也没剩下。因为身处海拔更高的地方，我感到湿热感已经明显消退。

我们很快通过了一个标识公园边界的路障。突然之间，到处可见小屋、庄稼和成群的人。原来我们进入了卡尼亚巴永加镇，窝棚和小屋汇成的“汪洋大海”淹没了视野内的每一座小山。虽然教堂、警察局和学校旧砖楼上的法文已经褪色，但依然可以从中看出比利时人留下的痕迹。路边成排的巨大桉树是比利时人种的，用来遮阳和美化环境。但因为人越来越多，森林越来越少，树也越来越稀少，当地人为了弄到柴火，今天砍一点，明天砍一点，已经把这些桉树枝砍走做了柴火。

我们继续向北穿过爱德华湖以西的山脉，我看到山坡上雄伟的比利时风格的公馆。其中一些公馆依然整洁，它们坐落在葱绿的草地中央，草地上还有小群的牛和绵羊。一栋房子的大门口有一块旧得褪了色的牌子，上面有奶酪、酸奶等乳制品的广告。我禁不住惊叹这里的美景，想象着殖民时期的比利时人享受当地草莓和奶油的样子。

午后，我们到达卢贝罗，我看到一处以前肯定是中心市场的地方。破败的建筑是曾经的商店，一间旅馆的窗户破了，露台上满是黑色的霉斑，几栋比利时人的老屋坐落在远处几座小山包上。几个女人和小孩在木头搭的路边小摊上出售蔬菜和其他食品，一道金属路障把我们挡在镇外。

希芬德拉下车和一个拒绝给我们放行的人打招呼，他们走进一栋旧房子，去和警察长交涉。我在外面等待，注意到一个穿着女式皮大衣的男人。他先在路障后盯着我，然后大摇大摆地走到我这边座位的车窗前，要求看我的护照。他没有穿制服，没有戴徽章，身上也没有任何可以证明他身份的标志，却对我说他是警察。亚里士多德告诉他，希夫已经去向警察长报告我们的来访，但这个自称是警察的人依然坚持要看我的护照。我不想惹麻烦，交出护照，眼睁睁地看他拿着我最珍贵的财产消失在路障另一面的人群中。

希夫回到车里，叫穆卢雷马出发。但我告诉他，一个穿大衣的人拿走了我的护照。希夫咒骂着回到那栋房子去找我的护照。20分钟后，他拿着我的护照回来了，抱怨说他为了拿回护照交了罚款，我得补偿他。等我们离开这个地方时，美丽的夕阳已经落山，天色很快暗了下来，我们一行人在灰蒙蒙的暮光里隆隆前行。等到黑暗最终淹没我们时，一车人安静了下来，我也感到一阵疲意袭来。

我们继续着这趟累人的行程。穿过一小块残余的森林时，我又活跃起来。听到蛙在路边鸣叫，我决定停下来去看个究竟。但天黑后在刚果（金）赶路是很危险的，所以我们也不想耽搁太久。

我注意到林中有一种不常见的芥末黄色的非洲树蛙，我叫所有人留意，因为我们只能停留几分钟。我借着头灯仔细察看，意识到它肯定是侧纹非洲树蛙（*Hyperolius lateralis*）。这个物种第一次发现于尼亚穆拉吉拉火山边的一片小湖，那里距离戈马不远。洛朗在

1940 年描述了它，10 年之内，他又根据异常的颜色类型描述了数个相关的物种。我刚刚见到的这只树蛙的特征似乎和他在维龙加国家公园里发现的一个亚种相似。

这个有趣的发现让我精神抖擞，当我们在夜里进入小城布滕博时，我依然睡意全无。此时我们已经饥肠辘辘，于是开车来到一家餐馆。我们在那里遇到了性格开朗的让·克洛德·基永古（Jean Claude Kyungu），他负责维龙加西北部奇亚贝里姆山上的一小片森林。

3 年前，希芬德拉是奇亚贝里姆山大猩猩保护项目的护林负责人，他花了很多时间来训练大猩猩如何与游客相处。希芬德拉深知，在那样一小块孤立的森林里，这些大猩猩的生存形势是何等险峻。就在我们吃烤鸡和炸薯条的时候，让·克洛德告诉我们，那里剩下的 18 头大猩猩，最近有两头死于一种未知的疾病。作为预防措施，我们将见不到剩下的大猩猩。

20 世纪 50 年代后期，乔治·夏勒在奇亚贝里姆山待了两个星期，找到了 85 个大猩猩的巢穴，其中大部分建在距地面几米高的竹子上。有时候，夏勒会利用大象在林中踩出的弯曲小路寻找大猩猩，然后再沿着路返回营地。虽然他在奇亚贝里姆山附近看到梯田和人类集中居住地，但当时的环境肯定要比现在更加原始。大象早在 20 世纪之前就在这片区域销声匿迹，大猩猩的数量也锐减，夏勒看到的那个原始世界已经一去不返了。

第二天上午，我和让·克洛德谈起大猩猩，谈到它们狭小的生活空间如何经常导致冲突的发生。孤独的雄性大猩猩会离开家族，寻找雌性建立自己的家庭。但是现在，它们的总数太少、太拥挤，这些雄性经常撞上大家族，与处于支配地位的银背大猩猩发生冲突。这种冲突有时会带来伤害。

我们离开布滕博。通往维龙加国家公园的路弯弯曲曲，走在上面，我能够看见远处的奇亚贝里姆山。山边的森林固然极美，但我也注意到周围密密麻麻的人类居住区和庄稼。一条泪滴形的狭窄陆上走廊连接着这座孤山与东边的国家公园的主体，很显然，奇亚贝里姆山几乎与世隔绝。没有大猩猩经这条走廊进出，我禁不住想到，一场很小的灾难即可灭绝奇亚贝里姆山里的大猩猩种群。

中午前，我们到达森林的边缘，我看到殖民时期的金属标牌上写着“阿尔伯特国家公园”，标牌上弹痕累累。沿着森林边缘，我们走向几栋聚在一处的房子，认识了几位护林员。让·克洛德邀我到其中一栋房子去，他想给我看点东西。我跟着他来到房前，他把墙上的一些弹孔指给我看。

最近，武装分子打死了一名护林员。他们想进奇亚贝里姆山打猎、砍柴和砍竹子。我出神地看着护林员牺牲的地方，感觉脊背阵阵发凉。同时我也很愤怒，一小群拿着枪的恶霸居然认为，他们有权为一时私利而摧毁国家公园所代表的一切。我身处在这片地区，安全堪忧。但在开始登山前，我们还会看到一个可怕的场景，那便是最近死于神秘疾病的奇亚贝里姆山的大猩猩的墓地。我们经过那里，让·克洛德阴沉着脸告诉我，每个人都为死去的大猩猩伤心，因为他们感觉大猩猩就像自己的家人。

我想抛开这份消极情绪，所以当让·克洛德给我指出上山的小道时，我立即向山上走去。沿着这条陡峭的山路攀爬，至少要花半小时才能登顶，每隔几分钟，我都要停下来喘口气，顺便在路边的落叶里搜寻蜥蜴和蛙。不到一个小时，我们就渡过几条小溪，进入森林深处。头顶的树冠层密不透风，午后的光线透不过来，林中一片昏暗。在我们穿过一块块至少 15 米高的浓密竹林时，光线愈加暗弱。在几个地方，我看到大猩猩不久前通过小道时留下的痕迹。

在一些关键位置上摆放着木头，帮助护林员通过类似泥沼的水淹草地。我们快速走过这片草地，来到森林外的一块空地上。我们已经上到海拔 2 750 米的地方，空气稀薄，气候寒冷，但由于走了两个小时，我还是出了些汗。这里的护林站卡利比那由一排平房构成，与住在这里的护林员互相介绍后，他们拨出几个房间给我们居住。我和亚里士多德开始工作，拍摄前一夜在卢贝罗附近收集到的非洲树蛙。

黄昏时分，我们走进卡利比那站附近的水淹草地。此时营地的上空翻卷起片片乌云，空气中水汽浓重。几分钟里，我们发现并记录了一些呱呱叫的非洲树蛙，希芬德拉还在一片长草里发现一只睡着的变色龙。后来，越来越密集的电闪雷鸣迫使我们回到平房过夜。虽然我躺在温暖的睡袋里，睡袋上面还盖了一条毯子，但低气温还是冻得我哆嗦了一夜，直到第二天早上喝了点热咖啡才暖和过来。

随后几天，我们又找到几种大裂谷其他地区没有见过的有趣物种，包括一种变色龙和一种身份不明的宝石绿色的小黑蛙，那种变色龙背上的棘状鳞甲的样子和莫希干发型有些相似。白天搜寻的时候，我们还看到很多鸟类，甚至还找到了一些黑白疣猴夜里睡过的窝。奇亚贝里姆山的动物种群似乎相当丰富，而且我们很可能发现了大裂谷这一部分特有的几个物种，真是振奋人心。我们的发现也强调了持续保护奇亚贝里姆山的重要性——即使它庇护的动物现在已与公园里的邻近种群互相隔绝。

告别卡利比那站里友善的护林员后，我们下山，沿原路开车返回布滕博。我们沿着下山的道路缓慢地向北行驶，越向下走，空气越潮湿闷热。我们经过了几个不起眼的小镇，每个小镇的外围都是树木被砍倒后裸露出来的庄稼地。

下午晚些时候，我们进入贝尼市。一个世纪前，贝尼还地处雨林中央，荒凉而偏僻，但是现在，它无疑是除戈马以外我看到的最发达的地方。这里有几间商店、旅馆和餐馆，甚至还有几家银行，我还能看到为它们提供电力的电线。城市里人来人往，我还注意到街上有刚果（金）军队和联合国的汽车。希夫指挥穆卢雷马把车开到市中心附近一排养护良好的建筑：刚果（金）自然保护研究所地区总部。我意外地看到一个身材粗壮的白人在院子里走动。我们的车慢慢停下时，他转身看着我。

我从开着的窗户里和他打招呼，下车后又和他握手。他自称名叫斯图尔特（Stuart），是伦敦动物协会的生物学家。我们都很高兴能在这里遇到说英语的同行，很快就热烈地谈论起各自在刚果（金）的工作。斯图尔特来维龙加国家公园北区的低地雨林区安装相机，查看公园里獾㹢狓的数量是否足够多。獾㹢狓是长颈鹿的近亲，罕见并且很难追踪。我打算入夜后再和他见面。

我们在市中心找到一家物美价廉的旅馆。一进房间，我就看到一只壁虎在飞檐走壁，一时没忍住就捉住了它。它与我在利维洛时看到的那只壁虎是相同的物种。安顿下来后，我决定去浴室洗个澡。虽然浴室里有淋浴，但这里的自来水供应实在靠不住，时断时续，因此旅馆员工直接放了一大桶盥洗用的水在浴室里。当然，这种不流动的水是蚊子的温床。

我打开水龙头，果不其然，空空的管子里嗤嗤地冒出少量空气，然后就没了动静。浴室里也没电，我只能在黑暗中把桶里的水往身上泼，直到把身上的灰尘和泥浆冲洗干净。洗完澡，整个人变得神清气爽，因此当亚里士多德来敲门，告诉我斯图尔特和另一个白人出现在旅馆的酒吧时，我高高兴兴地和他出去。

天黑后，城市里的大部分电灯都亮了起来。我离开房间，绕过一个墙角，找到一间摆了几套白色塑料桌椅的餐厅。屋里灯火通明，电视里正在播放一个艺术家用斯瓦希里语表演的音乐节目，电视的声音开得很大。几个人一边喝啤酒，一边吃着鸡、鱼和木薯。

斯图尔特在吧台边向我挥手，他身边坐着一个端着酒杯的大个子白人。我和斯图尔特握过手，他介绍我认识他的朋友及同事西蒙(Simon)。西蒙也是英国人，协助斯图尔特调查维龙加国家公园北部的低地森林。我们三个人都非常激动，因为我们即将在非洲大陆上生物多样性最丰富的地点之一工作，难以想象接下来会发现些什么。

斯图尔特和西蒙希望用相机捕捉到的动物是獾伽狓。从任何角度来说，獾伽狓都是一种不同寻常的神秘动物。它们的赭色身体像马，腿上和臀部的条纹像斑马条纹，头的形状则有点像它们的近亲长颈鹿。獾伽狓头顶有两只圆锥形的角，无论雌雄，毛上都有棕色的油，这似乎是为了适应雨林的潮湿环境而进化出的防水能力。獾伽狓是昼行动物，但非常害羞，喜欢生活在森林中最偏僻的地方，让身体上的色彩与浓密树冠下的阴影融为一体。它们蹄子的上方和前部有特殊腺体，可以分泌出一种可能与嗅觉交流有关的蜡状物质。

与它们的近亲长颈鹿一样，獾伽狓用长长的舌头（可达46厘米）舔食森林地面上的下层灌木、藤本植物和嫩树枝的叶子，它们可以食用的植物超过 100 种。彼此交流时，獾㹢狓会发出各种与人声类似的声音。在植被浓密、空气潮湿的森林里远距离通信时，它们也可以与大象和河马一样，发出人耳听不到的次声波。这种动物的成熟期 2～3 年，寿命在 30 年以上，雌性可在一年中任何时间生育，大多一次生一胎，有时两胎。哺育期间，妈妈出去觅食时，幼崽就躲在森林深处里。

因为獾㹢狓过于隐秘，再加上刚果盆地几乎不为西方人所知，所以有关这种动物存在的说法直到 19 世纪后期才传开。1890 年，亨利·斯坦利在他的《黑非洲》（*In Darkest Africa*）一书中复述了俾格米人的一个神话：有一种名为“atti”的驴子生活在森林里，俾格米人有时用植物伪装的大陷坑捕捉它们。斯坦利后来说，他在伊图里森林的塞姆利基河西侧见过这种动物。

1900 年，斯坦利的朋友、乌干达的英国（Uganda Protectorate）总督哈里·约翰斯顿（Harry Johnston）爵士决定考察乌干达的邻国“刚果自由邦”，寻找这种动物。以俾格米人为向导，约翰斯顿从贝尼附近的班布巴部落弄到两条獾㹢狓的尾巴。这些尾巴被送到伦敦动物学会，秘书长菲利普·斯克莱特（Philip Sclater）博士检查后认为，这是一种未知的可能与斑马或长颈鹿有关系的哺乳动物。一些人甚至猜测它们也许是传说中的独角兽。

次年，这种动物被错误地描述为一个斑马新种。当年晚些时候，约翰斯顿从“刚果自由邦”弄到一张獾㹢狓的皮和两块头骨，并把它们转交给英国自然历史博物馆的科学家。他们确定这种动物是长颈鹿的近亲，但又非常独特，属于它自己的属。这一发现在媒体界引发轰动，许多人理所当然要追问，为什么在如此长的一段时间内，这样一种大型动物都不为人所知?

如果一种和马一样大的动物能够逃过科学探测,直到 20 世纪末才被人发现,那么刚果(金)的广袤森林里还会藏着哪些令人惊奇的动物呢?中部非洲的刚果低地雨林和沼泽丛林的面积有 1 603 700 平方千米——是得克萨斯州的两倍还多,并且连成一片,绵延不绝。这片地区的许多地方都远离道路和通航河流,因此从来没有科学家考察过。

2008 年,人们在刚果(金)的沼泽丛林里发现了成千上万只大猩猩。这件事强烈表明,尽管我们已经进入 21 世纪,但我们对刚果盆地生物多样性的认识极其匮乏。

斯图尔特一边喝啤酒,一边讲述一个与他以前的大猩猩研究项目有关的动人故事。殖民时期,在中部非洲科学研究所工作的一个欧洲人发明了一种办法,可以为动物园捕捉一整个大猩猩家族。斯图尔特说,在今天的自然科学研究中心,你依然可以看到他捕捉大猩猩用的巨网。在查看此人的野外考察笔记时,你会看到一个除了刚果(金)之外,在世界任何地方都会显得荒谬的条目。那个人写到,他在林中发现了两足行走的类人猿的痕迹,虽然追踪了一些时间,但还没找到它,痕迹就消失了。

斯图尔特描述的这个人很可能是一名叫查尔斯·科迪尔(Charles Cordier)的瑞士籍的捕兽人,他住在卡本加附近一块孤立的林中空地上,如今这块空地是卡胡齐-比埃加国家公园以北的一处矿井所在地。乔治·夏勒证实,科迪尔用大网捕捉大猩猩,这张巨网需要上百名"比属刚果"人操作。这是一项有利可图的活动:20 世纪 50 年代后期,一只大猩猩能卖到 5 000 美元,大约相当于今天的 5 万

穿过刚果盆地的低地雨林的公路，该路段位于维龙加国家公园朱马镇。

美元。夏勒复述了科迪尔与这种“类人猿”的故事。

夏勒说，科迪尔将这种像人一样的猿看作“比属刚果”版本的雪人怪物，“比属刚果”人告诉他，这种猿身上长毛，直立行走，雄性有 1.7 米高，雌性只有 1.2 米高。这种类人猿夜里睡在洞穴里用叶子铺成的床上，以螃蟹、蜗牛和鸟类为食。科迪尔告诉夏勒，他见过这种动物的脚印（这也验证了斯图尔特的故事）。科迪尔还告诉夏勒，有一次，一只类人猿从网里逃脱。科迪尔甚至声称，1957 年，一只类人猿在一个采矿营地里被打死。

这一切是否是真的？考虑到 2008 年刚果（金）那次令人震惊的关于大猩猩的发现，更多猿类种群还有待发现当然是可能的。大猩猩被发现于中部非洲，在中新世，至少有 40 种不同的猿类生活在欧亚大陆和非洲。

2014 年，一队科学家重新检查了 20 世纪 50 年代在维龙加国家公园收集到的一只臼齿。研究人员发现，这只臼齿的化石层年代为更新世，但没人知道这只臼齿是属于早期人类（人属），还是傍人属（*Paranthropus*）或南方古猿属（*Australopithecus*）的一个独立物种，后两者都是有类人猿面部特征的直立行走动物。是否还存在一种尚存的类人猿在长时间都没有被人注意到？也许不会，但没人探索过的广袤的刚果盆地森林里无疑还有惊人的新物种等着我们去发现。

第二天黎明后不久，我们离开贝尼，驶上一条沿陡峭的小山盘旋而下的路。一只树蜥在路边晒太阳，它的颜色是像孔雀石一样的青绿色。我试图去捉它，但没有成功。趁着短暂停留，我俯瞰山下广袤平坦的刚果盆地的起点，一片棕榈树和低地自然雨林混合的植被一直延伸到天边。这是一块巨大的碗形洼地的东部边缘，这个由雨林和沼泽组成的地势几乎没有中断地向西延伸了 3 500 千米，一直延伸到中部非洲西海岸的大西洋。想到眼前这片绿色海洋里可能隐藏着的秘密，我不由得心潮汹涌。

走完一段下坡路后，道路立即变得宽阔平坦。路上的坑少了，显然最近有工人整修了这条路，还在路边修了涵洞，开挖了沟渠，引走了路上的雨水。我们一路走，一路惊叹道路两侧的参天大树。几分钟后，我们来到维龙加国家公园北区边缘一个叫朱马的地方。驻扎在这里的护林员住在两栋外观现代的楼房里。我还看到几栋小屋，三个女人正在晾衣服、做饭，对我们充满了好奇。

作为维龙加国家公园的前任管理员，希芬德拉认出那些护林员，热情地和他们打招呼，我们几个人也不慌不忙地下了车，和他们握手。几分钟后我们才弄明白，原来希夫希望我们把营地设在这里，因为前方很长一段路都找不到有人居住的地方，他希望靠近这些护林员，以确保我们的安全。

我看看周围的植物，虽然周围有许多当地雨林特有的树种（其中一些至少有 30 米高），但也有一些庄稼、一些大树被砍后的空地和一些挤得密密麻麻的棕榈树。棕榈树既可在林中自然生长，也可以为获取营养丰富的棕仁和有用的棕榈油而大规模商业种植。我意识到我们正位于一片次生林的边缘。

生态学家用“次生林”一词描述被人类活动干扰过的地区，它不大可能容纳原始森林里特有的物种。我有点失望，但希芬德拉担心我们的安全，我不愿拂了他的好意，于是同意把营地设在那些小屋旁。我们用几个小时的时间清理出一小块支帐篷的地方，马赛尔生了火，一些妇女友好地拿着我们的塑料壶去小溪边帮我们灌水。我们甚至还想办法挂起一块巨大的油布，这样我就有了一个简陋的不受雨淋的露天实验室。一名护林员还给我们送来一把椅子和一张小桌子。

中午，马赛尔给我们做了一顿美味的午饭。下午，下了一场雷阵雨。接着黄昏降临了营地，暮归的猴子和鸟儿的鸣叫渐渐转为蝙蝠、昆虫、蛙的夜晚大合唱。我们只用了几分钟时间就找到许多蛙和蜥蜴。我录下几只蛙的鸣叫声，它们有的栖身在小池塘边，有的在水边的芦苇上，一只水树蛙被发现的时候甚至待在离地 3 米的树上。我们干了几个小时，回到营地时，我实在太累了，倒头就睡。

几小时后，我在阵阵头痛中醒来，肚子也感觉一阵剧痛，痉挛等不适症状一直持续到天明。当马赛尔钻出帐篷，看到我又一次从营地厕所回来时，他微笑着说："早上好，头！"

"我病了。"我苦着脸回他。

"噢，天啊！"他答道。再次离开营地时，我听到他在帐篷边与希夫打招呼。我回来时，希夫正在喝咖啡。他严肃地看着我。

"早，伊莱。马赛尔说你病了。"

我抬头看他。我的脸色一定很苍白，因为我还没开口，他就说："你真的病了！感觉怎么样？"

"我痉挛得难受，嘴里很臭。"

"噢！"他叫道，"是不是口气闻起来像臭鸡蛋？"

他一语道出令人恶心的真相。"是，你怎么知道？"

希夫一本正经地告诉我，说我感染了贾第虫。他对这个诊断很有把握，因为贾第虫是世界上最常见（仅南极洲没有）的人类肠道寄生虫之一，这种病在热带地区的感染率达到 30% ~ 50%。这是一种单细胞原生动物，能够在人类的小肠内经由两个发育阶段繁殖。贾第虫的特征是有四对鞭毛（每条都类似丁精了的鞭状尾巴）、两个功能核（大部分真核单细胞生物只有一个）和一个独特的凭以吸附在小肠内壁上的盘状结构。

口气里的臭鸡蛋味是这种寄生虫在宿主肠道内阻止脂肪（有时也阻止碳水化合物和维生素）吸收的结果——未消化的脂肪在肠道内腐烂，发出难闻的气味。这种病在婴幼儿中最常见，它导致的吸收障碍可加重营养不良，阻碍生长发育，但不会致死。

贾第虫包囊通过粪便污染的水、食物或人际直接转移传播，潜伏期为一到两周。考虑到时间和不卫生的条件，我大概是在穿越伊托姆伯维高原的旅行期间染上这种寄生虫的。

这种疾病很常见，碰巧希夫手里有一些治疗贾第虫的药片。我吃过药，然后回帐篷里补了一会儿觉。但没过几个小时，潮湿闷热就让我的帐篷变成一只火炉。我出来透气时希夫和万德杰已经到森林里找动物去了。

我环顾乱七八糟的实验室，正当我不知道该做些什么才好时，突然想到昨晚收集的一大堆标本。不管生病与否，我都得开始拍摄这些标本。我坐在椅子上工作，潮湿的空气让我不停地流汗，胸口上的汗不断地向下流。缓慢单调的工作将我的注意力从病痛中转移开。几小时后，我决定冒险吃点香蕉。

随着太阳西移，希夫和万德杰带回几只动物，其中有一条吓人的犀咝蝰，低海拔的刚果盆地里特有的一种毒蛇。这种夜行的蛇身长约 1 米，主要以小型哺乳动物和两栖动物为食。大部分时间里都一动不动地等着伏击猎物，受到惊扰时，会发出非洲蛇类里最响亮的类似尖叫的嘶嘶声。

亚里士多德警告我，这种蛇的攻击力极强，受到威胁时，它们可以从地上跳起来进攻。希夫和万德杰还跑到森林边缘一片被水淹没的地里，看样子那里晚上应该有蛙。这时护林员哨所外传来汽车停下的声音，我看到斯图尔特和西蒙下了车。他们是来拜访我的。他们一直在努力寻找獾㹢狓的痕迹，并且发现了獾㹢狓在这一带活动的证据。接着，谈话转到从我苍白的脸色上依然明显可见的病。

“你在刚果（金）待了多长时间？”斯图尔特问。

“大约六周。”

“病了几次？”

"嗯，除了吃了一些坏了的食物闹肠胃，这是我得的第一场大病。"

听到我的回答，斯图尔特似乎很意外。"你不知道你有多幸运。"他说。

那一刻，因为我在刚果（金）的经验有限，我没有完全理解他的话有多正确。

西蒙插嘴谈到他感染贾第虫的一些痛苦经历。就在我们谈论刚果（金）艰难的工作条件时，一种像来自另一个世界的尖叫声回荡在林中。虽然我看不到发出这吼叫的动物，但能听到巨大的翅膀在树冠层上扑动的呼呼声。这显然是一只大鸟。原始森林里这摄人心魄的声音让我想到巨大的翼龙。

"犀鸟！"斯图尔特叫道。他飞快地拿出一副双筒望远镜搜寻起来，但树冠层太厚，什么也看不到。西蒙一把丢开望远镜，看看自己会不会交到好运。

虽然非洲分布着大约 25 种犀鸟（亚洲和美拉尼西亚[①]有超过 30 种），但我还是猜出，这只犀鸟有可能是黑盔犀鸟（*Ceratogymna atrata*）。黑盔犀鸟以呼呼作响的翅膀声闻名，在中部非洲的森林中较为常见，如它的名字所示，黑盔犀鸟的羽毛大部分是黑色的，但眼睛和喉咙周围有明亮的钴蓝色斑块，一个巨大的管状结构（盔状突起）从头顶一直延伸到喙。黑盔犀鸟是杂食动物，成年雄性的翼展近 1 米。

黑盔犀鸟的寿命较长，实行一夫一妻制（可能），一年或两年

①西太平洋中密克罗尼西亚以南和波利尼西亚以西的一个地区，包括俾斯麦群岛、所罗门群岛、瓦努阿图群岛、新喀里多尼亚群岛、斐济群岛和错落其间的岛屿。——译者注

繁殖一次（取决于能吃到的果实多少），一次生育一到两枚蛋。与其他种类的犀鸟类似，黑盔犀鸟喜欢把巢筑在林中最大最老的树洞里，但不幸的是，这些树经常最先被商业伐木者砍倒。为了尽量避免被捕食的风险，雌鸟一般钻进树洞，然后雌鸟和雄鸟一起用烂泥将雌鸟封在洞里，只留下一条狭窄的小缝作为雌鸟与外界的联系。雌鸟将自己和小鸟的性命完全托付给雄鸟，雄鸟不知疲倦地飞来飞去，将食物送到巢里。因为犀鸟的主要食物是果实，所以有利于传播树的种子，对于维持森林的生态结构而言，它们绝对是不可或缺的。

我预祝斯图尔特和西蒙的野外考察工作取得成功，然后目送他们在夕阳中离去。我恢复了一些精力，完成了实验室的工作，跟刚果（金）同事来到他们当天早些时候发现的可能有蛙的池塘。蟾蜍和阿非蛙的鸣叫声此起彼伏，我花了几个小时，录下数种动物求偶的鸣唱声。我们在午夜后回到帐篷，这时，我已经忘记了贾第虫，一夜睡到天亮。

第二天黎明后不久，外面激烈的谈话声吵醒了我。担心可能发生的安全问题，我飞快地套上汗湿的衣服，探头出去想询问发生了什么。一拉开帐篷的拉链，我就闻到了煤燃烧的味道，看到营地上撒满了一小堆一小堆烧红的煤块。希夫手指地面，马赛尔端着满满一盆煤跟在他的后面。希夫狂乱的手指向哪里，马赛尔就把煤块撒到哪里。循着希夫手指的地方，我看到了问题的原因：行军蚁。

由大约 2 000 万只雌蚁组成的先头部队正穿过我们的营地，并绕开马赛尔撒下的煤块。我听到无数蚂蚁行走在林地枯叶上的声音。我以前看过一两次这样的队列，那时它们正横穿一条小道，大量上颚巨大的兵蚁保护“大军”的侧翼。

不同于大部分已知的蚂蚁，许多行军蚁通常不筑巢，而是在露营时聚集成一个临时的整体来保护脆弱的蚁后和幼蚁。非洲行军蚁没有螯针，通常依靠密集的群体攻击来压制、摧残和肢解猎物。寻找食物时，这种行军蚁一次可以漫游三周的时间，但它们也有不迁徙的时候，当处于繁殖期或食物充足时，它们会在一个地方停留数周时间。

在非洲，所有已知的蚁种几乎都食肉，它们会吃掉不能从它们的攻击中逃脱的一切无脊椎动物或小型脊椎动物。行军蚁不仅是一个有强大捕食能力的超个体，而且它们在森林生态中也发挥着重要作用，许多森林动物——如鸟、蛇、蜥蜴、獴、大猩猩、黑猩猩——会捕食因蚂蚁攻击而变得虚弱的动物，甚至是蚂蚁本身。

我也跟着希夫咒骂起来，因为这些蚂蚁离实验室太近了，让我没有办法工作，而且这些行军蚁已经看出燃烧的煤只有几分钟的作用，所以不再理会这些煤块，继续寻找食物。就在我觉得无力阻挡这支蚂蚁大军时，一个人端着满满一盆不明液体跑进营地。他到处泼洒盆里的液体，营地里很快就充满了强烈的汽油味。这一次，蚂蚁选择绕路避开。我的贾第虫病还没有好，还有些头晕，于是我忙不迭地跳出帐篷，避免被活活烧死。

几小时后，汽油的味道完全散去。这时，我的身体已经好多了，胃口也恢复了。我吃了几根香蕉和马赛尔做的木薯和鸡肉。这天上午到下午的时间里，我的刚果（金）同事时不时带回几只引人瞩目的蛙。亚里士多德带回一只背上皱纹很深的棕色唇蛙；万德杰带回一只嘴周围有不寻常黑色纹饰的河蛙。

夜幕降临，希芬德拉带我来到路边一块水田，我花了几小时录下雄性阿非蛙的鸣叫声。亚里士多德决定跟他的俾格米朋友深入营地附近的森林。几小时后他回来了，带回三只攀蛙（*Chiromantis*）。这种蛙外表呈石灰绿色，皮肤上坑坑洼洼的，像是出过严重的水痘。

虽然我们在朱马有一些有趣的发现，但人类活动给这个地区造成了太多破坏，真正为原始森林所特有的物种已经不多。因此在睡觉前，我们决定明天转移到东边距离朱马几小时路程的鲁文佐里山脉。

第二天上午，我以最快的速度完成手上的工作，然后又花了几个小时的时间把所有物品装车。向护林员和营址里的女人们道别后，我们开始了穿越森林的旅程。我希望可以在路上找到一些野生动物，但除了一条死了的黑唇眼镜蛇，我什么也没看到。黑唇眼镜蛇是非洲最大的眼镜蛇（长约 2.7 米），攻击性极强，我很高兴没在它的地盘上碰到它。我们一路前行，路边的风景慢慢从森林变为草原。我们离开了国家公园，来到了自然植被被人类糟蹋过的区域。

下午晚些时候，我们到达卡曼戈村。这个村子所在的低洼涝原是一片不受保护的夹心地带，它的西面是维龙加国家公园的低地雨林，东面是高耸的鲁文佐里山脉。几栋盖着波纹铁皮或茅草屋顶的砖泥结构的建筑点缀在这块有沼泽、庄稼、鸡、山羊的土地上。我们的卡车开进村，背上系着婴儿、肩上扛着木锄的女人们停下来注视我们。村外的庄稼地里有一棵高高的棕榈树，几十只织巢鸟和圆扁瓶形的鸟巢压弯了树枝。这些鸟儿正唧唧喳喳地飞来飞去，显然是在给巢里生长的小鸟喂食。

与卡曼戈村的酋长一起吃过一顿愉快的晚餐后，希芬德拉出去找向导，我和亚里士多德并肩坐在一块原木上等他。黄昏降临，暮归的农人从我们身边走过，一个赤脚的中年男人在我们旁边转悠。他叽叽咕咕地自言自语，亚里士多德听了不由得哑笑起来。亚里士多德和他说了几句话便大声笑了出来，那人也坐到我们旁边的地上，拿手指在烂泥里画。万德杰也来了，轻声笑着坐到我旁边。亚里士多德说这个人是个疯子，他正在不停地谈论女人。

正当我在想这个话题是否有趣时，眼睛的余光瞥到什么东西在移动。我放眼望去，发现一条长约半米的深色小蛇正在小路上爬行。“Nyoka（蛇）！”我叫道。那个疯子尖叫起来，飞快地逃走了。我还没来得及站起来，万德杰便已经打开头灯去追那条蛇了。

等我和亚里士多德打开头灯追上万德杰时，他已经把蛇捉在手里——说明这条蛇不是毒蛇。从它紫黑的皮肤颜色和奇怪的梨形头部来看，这是一条锉蛇（*Gonionotophis*）。这种无毒蛇在低地雨林附近的人类居住区特别常见，而且它们几乎只吃其他的蛇。当晚余下的时间里，我们在一块沼泽里收集到种类繁多的蛙。

第二天清晨，当第一缕阳光照耀在我的帐篷上时，我拉开帐篷门，看到几个小孩已经聚集在附近看我“出洞”。我一边吃早餐，一边和希芬德拉聊天，告诉他这次考察结束前我还想去什么地方。我们位于鲁文佐里山脉的西边，我想到西麓的小山里寻找那个消失已久的非洲树蛙种“*Hyperolius xenorhinus*”。

1955 年，洛朗的同事德维特在一个叫泰耶山的地方采集到这种树蛙的标本。根据这个独特的宽吻标本，洛朗描述了它。我拿出一张地图，把我要去的地方指给希芬德拉。希夫说我们需要在路尽头的一个镇上采购补给，还可以在那里找进山的向导和脚夫。我们出发去希夫说的小镇。到了小镇后，我们发现那里离乌干达的边境很近，许多人说英语，而且他们不收法郎，只要乌干达先令。

希芬德拉和亚里士多德到镇上办事，我留在车上，注视着鲁文佐里山脉。它们向上穿入浓密的白云，也不知有多高。山峰经常笼罩在云雾中，因此第一次看到这些山的人，会觉得山体的大部分隐藏在云中。据传言，早在公元前 500 年，古希腊诗人埃斯库罗斯就已经提到鲁文佐里山脉。

第一份公认的西方目击者的描述写于公元 120 年，作者是叙利亚地理学家马里努斯，他详细记录了一个叫第欧根尼的希腊商人的旅行。这位商人从东非进入内陆，他看到两座大湖和一座被冰雪覆盖的山脉，以为那是尼罗河的源头。30 年后，依据第欧根尼的描述，克罗狄斯·托勒密（Claudius Ptolemy）绘制了一幅著名的非洲早期地图，图上显示了赤道以南的两座大湖，湖水来自月亮山（即鲁文佐里山脉）。

到了 17 世纪，当第一批探险者进入中部非洲时，与山脉有关的神话依然在流传。传说中，人在搜寻这片神秘的高地时会发疯，因此英国探险家理查德·伯顿（Richard Burton）爵士称这条山脉为疯子山脉。1861 年，伯顿的英国同胞、探险家斯皮克经过维龙加山脉，看到它们一部分笼罩在云雾里，便认为他发现了传说中的山脉，但实际上，它还在南面很远的地方。第一个看到鲁文佐里山脉的是传奇探险家亨利·斯坦利。

1876 年，他描述了从远处看到的巨大的蓝色山体。他没意识到这座山的重要性，只以资助人的名字给它命名，称这座模糊不清的大山为戈登·贝内特山。最终，1890 年，斯坦利出版了《黑非洲》一书，在书中，他详细描述了第一次清楚看到的积雪覆盖的鲁文佐里顶峰。那时候，他还没意识到这就是他 14 年前命名的戈登·贝内特山。

现在，艾伯特湖、塞姆利基河峡谷，以及鲁文佐里山脉被看成尼罗河的主要发源地。鲁文佐里山脉发源于火山活动，在两三百万年前崛起于艾伯丁裂谷的底部，形成时间比裂谷内其他山脉至少要晚 2 000 万年。鲁文佐里山脉形成较晚的年代有助于解释它们巨大的高度和陡峭的山坡。

鲁文佐里山脉以刚果（金）–乌干达边境为中心，长约 110 千米，宽约 50 千米，其中六条主要山脉（斯坦利、斯皮克、贝克、埃明、盖西和路易吉·迪萨沃亚）以欧洲著名探险家命名，24 座山峰海拔超过 2 400 千米。它们也是世界上最潮湿的山脉：常年异乎寻常的降雨量，一些月份的降雨量甚至超过 40 厘米。厚厚一层像海绵似的苔鲜吸收了这些雨水，使地表常年保持湿润。

鲁文佐里山脉的植物种类繁多，其中许多为鲁文佐里山脉独有。湿透的苔藓形成了大范围的苔藓–泥沼区，使鲁文佐里山脉的冰川水汇集成河流——这些水便是尼罗河来水的重要部分。由于全球气候变化，自 20 世纪 50 年代以来，鲁文佐山脉里的冰川一直在融化。人们预计，到 2025 年，这些冰川可能会完全消失。

巴南德族世世代代生活在鲁文佐里山脉的山坡上，他们的狂野就像这条山脉一样。在我来这里的一个世纪前，英国探险家沃拉斯顿从这里经过，他评论说："理论上，比利时人声称他们管理着塞姆利基河左岸（即西岸）一直到鲁文佐里的地区，但实际上，他们的控制范围只到河流为止，除了我们来时走的爱德华湖旁那条路外，比利时人再也没到过其他地方。

一个集市上的人盯着我看。画面背景右方可见鲁文佐里山脉。大部分孩子以前从未见过白人，关于白人喝黑人血的可怕谣言吓得他们心惊肉跳。照片上，马赛尔戴着帽子，穿着黑色西装上衣坐在草丛里。亚里士多德站在他身后。右边背景里，万德杰穿着法兰绒衬衫，戴着黑帽子站在小路上。亚里士多德身后隐约可见的是希芬德拉，他戴着白帽子，正在为买食品讲价。

照比利时人的说法，定居在塞姆利基河东岸和鲁文佐里西坡的原住民是叛乱分子，他们拒绝承认国家的权威，拒绝为国家工作。”虽然在蒙博托统治时期的20世纪80年代末至90年代初的扎伊尔相对和平，不少游客攀登过鲁文佐里山脉的西坡，但战争期间武装分子进入这片地方后就再也没人来过，而且我想去的那个地方，很有可能已经有半个世纪的时间都没有西方人去过。我们得非常小心。

所有人在一个小时内回到汽车旁。我们采购了补给，找到了向导。向导说一条东向的老路尽头有个叫姆必利的村庄，我们可以在那里雇到脚夫。刚过村子东边，我们便遇到一小队妇女、儿童从山上下来。一个十几岁的女孩瞪着大眼睛看着我，嘴里还在不停地念叨，“muzungu”（白人）时不时地从她嘴里冒出来。

亚里士多德在她面前停下来，轻轻捏住她的下巴，抬起她的脸仔细打量。接着，他说了一句很严厉的话。女孩打开他的手，恼火地慢慢走开，还三步一回头地对他怒目而视。我对亚里士多德说他不应该这么粗鲁。“不……”他用惯常的拖长音说——当他情绪激动时，他就会这样。“她说了不好听的话，我就得纠正她。”

“她说了些什么？”我问亚里士多德。

“她说，‘看，白人！肯定是来吸我们血的！’”

“什么？！”我一点也没想到会这样。

“对！”亚里士多德继续说，“她认为你要杀死黑人，喝他们的血，好让自己强壮起来。”

“她怎么会有这种想法？”我觉得很震惊。

“这是他们在学校学的——人人都知道。”

“你不会在骗我吧，亚里士多德？那是彻头彻尾的疯话！”

我简直惊呆了，不安地问亚里士多德，我们是不是该重新考虑进山的事情。我停下脚步，等他回答。但他没有停下，只是做了个不屑理会的手势，说我不用为此担心。有那么一会儿，因为担忧和犹豫，我迈不开步子，没法聚起力气继续攀登这片山坡。但是当看到所有人都消失在上方远处时，我决定相信亚里士多德，再次迈开步子。不安让我的肾上腺素急剧上升，我气喘吁吁，疲惫的身体几乎承受不了神经紧张和向上攀登的重负。

那时我还不知道，白人，尤其是殖民者吸黑人血的谣言在非洲人中流传甚广。非洲人怀疑医疗领域的白人工作者，一些非洲谣言说，殖民者杀死非洲病人，用他们的血治疗患贫血病的欧洲人。另一种说法是，穿黑色连体服的白人消防队员会吸非洲人的血，因为他们的衣着与“Mumiani men”相仿。“Mumiani men”近似于吸血鬼，据说它们可以通过喝人血获得力量。这些传言出现的时间并不明确，但似乎是开始于19世纪末或20世纪初。

这些传言的兴起也许与殖民者带来的技术有关，其中一项与医药有关：手术中使用的氯仿让一些非洲人非常惊讶，因为这种化学品莫名其妙地就让非洲人动弹不得。考虑到欧洲殖民者对非洲人的不公平对待，欧洲人的技术被非洲人演绎出各种负面故事便也不足为奇。但让我惊讶的是，这些在20世纪出现的谣言居然流传至今，而且还在刚果（金）的学校里继续传播下去！

我不想落在同伴后面，于是加快步伐追上亚里士多德。原来他意识到我落在了后面，正在小道上等我。沿着一条狭窄多石的小径，我们一路向上攀登。半小时后，小路越来越难走，午后，火热的太阳也从云后探出头来。攀登一段近乎垂直向上的小路时，我喝了许多水。好不容易到达山顶后，希芬德拉和所有脚夫都气喘吁吁。我们一边休息，一边欣赏下方的村庄和小路。前方远处，我可以看到高高耸立的青山。

我们缓慢而艰难地前进，有时攀登非常陡峭的山路，有时步行在缓缓上升、越来越高的蜿蜒小道上。随着日头西斜，我们来到一座绿草覆盖的小山，那里有30来人，大部分是妇女和儿童，她们聚在一起摆了一个临时的集市。

多年前，这里也许还是一片雨林，因为还有几棵树残留在这里。他们在树荫下叫卖鱼干、水果，以及从印度进口来的廉价的塑料制品。

我们一到这里，所有人都停下手里的事，盯着我看，连跟着我走了大半天的脚夫都用冷淡怀疑的眼光瞪着我。我用斯瓦希里语和一些孩子打招呼，但没有一个人敢靠近我。

亚里士多德和一些人搭讪，几分钟后，他告诉我，他们以前从没有见过白人。因为白人是吸血鬼的谣言传得太广，所以我并不责怪那些孩子对我的警惕。但是听说我在找蛙、变色龙和蛇时，他们都激动起来，似乎很乐意帮忙。我们在女人那里买了一些新鲜的水果，接着继续赶路。孩子们围着我手舞足蹈，指给我看几千米外原始森林边缘的一个村子。我们又走了一个小时，下到一条小峡谷，峡谷的小溪里好像有蛙。之后我们爬上最后一座陡峭的小山，来到偏僻的基桑济村。这里海拔大约 1 500 米，离泰耶山不远。

村民向我们投来惊愕的目光，一些小孩看到我便哇哇地哭了起来。有人给我和希芬德拉搬来木头椅子，每张小椅子的椅面下方几乎都是用三脚架形的树枝支撑。这种离地面只有 10 多厘米高的椅子虽然很舒服，但坐在上面，我的膝盖的位置几乎和眼睛齐平。亚里士多德、万德杰和马赛尔小心翼翼地坐在我们旁边的地上，所有村民和几个从集市跟过来的人好奇地盯着我们，用一种显然迥异于斯瓦希里语的语言聊了起来。

希芬德拉开始讲话。他语速不快，但声音很大，所有人都能听见。听到他的话，人群渐渐安静了下来。他小心地向大家说明我们是什么人，来这里干什么。随着谈话的继续，我可以听出一些人支支吾吾地表示怀疑。紧张的气氛几可触摸。

通过希夫的翻译，我得知村里的酋长欢迎我们来到基桑济村。他继续说了一些关于我们的任务等礼节性话题，接着直奔主题：他和几个基桑济村民想知道我能不能请他们喝瓶啤酒。当我问希夫有没有啤酒卖时，他说邻村有人私酿了一种特别的酒，质量应该还不错，就是价格有些贵。我想给村子里的人留个好印象，而且我们马上也要走到这次考察的终点，所以我给了他们够买好几瓶酒的钱。所有人都向我微笑，竖起大拇指。

我对他们说："Haraka, ne na kiu！"(快，渴死了！)众人哄堂大笑，亚里士多德说我做得很对，因为他听到一些村民嘀咕我是不是个好白人。显然，我完全打消了他们的担忧，现在甚至被捧为英雄。没过多久，他们拿来食物，分给我们一块支帐篷的好地方。我看到一些女人向我挤眼睛，几个小孩也壮起胆子，走来和我握手。

随后几天里，基桑济的村民帮我们找到许多有趣的动物。最惊人的发现是一只之前从未在这样低海拔的地方记录到的色彩鲜艳、头戴重盔的东非变色龙（*Kinyongia carpenteri*）。我还发现了更多小黑蛙、树蜥和一只火箭蛙。可惜以利奥波德命名的黑蛇和 *Hyperolius xenorhinus* 从未现身，也许是因为我们靠近鲁文佐里国家公园边缘，这里的森林已经遭到人类和家畜的巨大干扰。

2008 年 7 月 15 日，我们离开基桑济村。我送了一大袋香草薄饼干给村里那些为我们供应食物和水，给予我们帮助的女人们。她们高兴地叫起来，含着眼泪叫我们一定要早点再来村里。我们的考察即将结束，登上回欧洲的航班前，我检查邮箱，得知我获得了国家地理学会的拨款，我将在来年春天回到刚果（金）。

Emerald

A Scientist's Adventures In The Jungles Of The Congo

Labyrinth

# 第 6 章

## 万德杰的眼睛

野性与文明

2009年，作为新受雇的进化遗传学家、两爬动物学家和分类学家，我计划在那个夏天做一次规模宏大的考察。我希望到艾伯丁裂谷高海拔地区获取多个野外地点的样本，这需要过硬的心理素质和强健的身体。然而当助教第一年的压力让我在这两个方面都有所欠缺，结果就是我将经历众多磨难。我们在实验室里对前一年的样本做了研究，发现了许多新的物种，但因为我的样本量太少，研究成果达不到学术出版要求，我需要找到更多样本来让它们获得世界的关注。

我还想考察比利时两爬动物学家雷蒙·洛朗在20世纪50年代初探索过的地方。他发现的许多物种后来从未有人见过，并且有许多物种连一张照片也没有留下。我还想再次尽可能多地采集多个地点和各种栖息地的样本，以便更好地理解分布在刚果（金）东部那些鲜为人知的地区的动物。

2009年5月的非洲之行比前一年更加波折。我从佐治亚州亚特兰大出发，坐了11个小时的飞机到达尼日利亚的拉各斯。我没有进入该国的签证，海关官员又不明白我要转机，结果把我交给了机场警察。我可怜巴巴地在那里坐了几个小时，直到有人同情我，让我溜到前往肯尼亚内罗毕的航班登机门。

两天后，又经历了一些麻烦后，飞机终于从云层开始下降，我看到了基伍湖卢旺达一侧的美景。飞机降落在尚古古附近的卡门贝机场。30 分钟后，希芬德拉和亚里士多德骑着摩托车来了。一看到我，他们脸上笑开了花。按照当地传统的见面方式，我从左到右再中间地碰他们的头，和他们打招呼。

“Oolay esambo yanaay.”（你是我的铁哥们。）我用卡本比语言对亚里士多德说。他很高兴，拥抱着我，不断重复着说：“欢迎！”

接着，他上上下下地把我打量了一番，说我又胖了。在做助教的几个月里，沉重的压力在我的腹部留下了一圈赘肉，但我一笑置之，因为我知道我很快就会甩掉这些赘肉。

看到我，朋友和同事们都很高兴。乘出租车去边境时，我激动地告诉他们我在标本上的有趣发现。到达边境后，一个面无表情的卢旺达人在我的护照上盖了章。我们要从鲁济济河上那条摇摇欲坠的桥进入刚果（金），几个少年缠着希芬德拉，抢着要为我扛行李。

很快，我们过了桥来到刚果（金），我的护照上又盖上了一枚刚果（金）这一侧的边境章。然后我们又坐了 20 分钟的车，穿过布卡武市中心，来到希夫的家。他的五个孩子微笑着轮流和我打招呼。我要了只大碗，拿出一大袋裹着巧克力的花生。他们的兴奋之情溢于言表，三下五除二就把巧克力花生吃光了。我给希夫带了一台考察用的新的 GPS[①]、一台新的 DVD[②]作为礼物，我还从法国亚

①全球定位系统。——编者注
②数字激光视盘。——编者注

马逊商店买了几部电影，这样他就可以和孩子一起看法语片了。我给亚里士多德带了一架全自动照相机，让他负责拍摄这次考察的全过程，对于这个新任务，他显得非常激动。

我们去年用的那辆汽车在野外工作的最后一天坏掉了。这一次，在来之前的好几个星期，我就从拿到的拨款里汇出一大笔钱给希芬德拉，让他买台新的发动机，再做些其他保养。与去年的情况如出一辙，我来了之后才听说发动机刚刚买到，还没往汽车上装。我有些懊恼，但也无可奈何，只好待上两天，一边看电影，一边等车修好。考察队的其他成员陆陆续续地从利维洛过来，并为即将到来的远征做准备。

为了随时给我们准备食物，厨师马赛尔第一个赶了过来。他还戴着去年我送给他的那顶红色棒球帽，帽子已经有些旧了。尽管穆卢雷马在监督汽车的修理，但他白天还是会时不时地来露个面，和我们打声招呼，向我们报告汽车的修理进展情况，顺便再预支点工资买啤酒喝。

下一个来的是万德杰，他的灿烂微笑和随口而出的几句英语让我刮目相看。去年，他还连一个英语单词也不会说，我把我的英语－斯瓦希里语词典留给了他，显然他好好利用了它。毛里斯也跟着万德杰一起来了，但是我并不想让他来，因为他已经是快80岁的人了，虽然看上去不到60岁，而且去年，在我们穿过伊托姆伯维高原的艰难旅程中，他费了很大的劲儿才赶上大部队。

我已经在邮件中和希芬德拉谈过，今年最好别让毛里斯加入。但毛里斯期待着像考察队的其他老队员一样比去年涨点工资，所以又兴冲冲地来了。显然他是抱着得到工作的期望来的，我实在不忍心打发他回利维洛。希夫后来告诉我，毛里斯动用了他作为部落酋长的政治资本，让希夫今年给他一份工作。不过毛里斯显然没法继续在伊托姆伯维高原工作，我们只能在那之前雇用他几个星期。

约翰·阿库库和费利克斯·阿库库也从乌维拉赶来了，一起来的还有沉静聪明的阿苏库鲁，他看上去还是老样子，就是脸上多了一把山羊胡子，显得更加老成睿智了。他一本正经地和我打招呼，给我介绍这支队伍里唯一的新成员，一个叫肯杰瓦的羞涩壮实的小伙子，他也来自伊托姆伯维。

经过三天的休整，我们的野外用车还没修好，我开始急躁起来。所有人吃饭都要花我的钱，他们也因为迟迟不能拿到和我说好的工钱而有些失望。那天夜里，我对希夫说出我的不满，他向我保证车子第二天就能修好，到时我们可以立即出发去野外。于是我吃完晚饭，回到吊有蚊帐的床上休息。

到达刚果（金）后，又过了五个令人揪心的漫长日夜，我们终于离开了布卡武。我们沿着一条与鲁济济河平行的山路前进，一路往南。这条崎岖不平的路在一个叫卡马尼奥拉的村子附近突然中断了，我们又回到基伍湖和坦噶尼喀湖之间那条炎热的峡谷，停下来买了点饮料。

一些当地的男孩好奇心起，开始和我们说话。我告诉他们，我们来这里寻找爬行动物和两栖动物，计划当晚住在卢凡吉。一个男孩嗅到机会，带亚里士多德去了一座废弃的建筑，带回一只壁虎。我给男孩买了瓶汽水表示感谢。我们继续向南，在一座横跨卡马尼奥拉河的桥边停了一会儿,在一座刚果（金）士兵纪念碑前拍照留念。卡马尼奥拉有自己的纪念碑，这里曾是蒙博托取胜的地方。

1964 年，蒙博托和扎伊尔武装力量夺取了叛军控制下的卡马尼奥拉桥。为了纪念这场胜利，蒙博托建了这座纪念碑，还把他的豪华游艇、一个陆军师和金沙萨的体育馆命名为卡马尼奥拉。纪念碑上弹痕累累，塑像已经不见。亚里士多德告诉我，战争期间，卢旺达士兵进入刚果（金）时曾对着纪念碑射击，并推倒了一座蒙博托的塑像。

我们继续向南走了一个多小时，到达卢凡吉镇。卢凡吉镇徒有镇名，其实只有几间简单的砖结构建成的小屋，路上到处都是散养的鸡、羊及乱跑的小孩，繁忙的马路将小镇一分为二。我们在一个医生的家门前停下车子。简陋的屋子前种了一些植物，围成一道篱笆，在炽热的阳光下，这道篱笆还能提供一点阴凉。简单介绍后，我们一起去拜访当地的警察局局长和军事长官。

走了大约 1.5 千米，我们看到一群坐在树阴下的士兵。他们的长官戴着闪亮的反光太阳镜，当我坐到士兵让给我的座位上时，他冲着我微笑。这位长官身材魁梧，绿军装烫得一丝不苟，黑皮鞋闪闪发亮，肩上一条红绶带清楚地表明他是这里的负责人。

随着长官一个微妙的手势，一些士兵恭敬地从椅子上站起来，把座位让给希芬德拉、医生和突然从马路对面冒出来的警察局局长。希芬德拉清清嗓子，把我们介绍给军事长官。瘦骨嶙峋的士兵背着冲锋枪，用怀疑的目光打量着我们。军事长官微笑着和我们握手，当他说“你好”的时候，嗓音似乎比贝瑞·怀特[①]还要低沉。

希芬德拉拿出一大堆政府和自然科学研究中心出具的文件，上面有允许我们在伊托姆伯维高原做研究的全部必要授权。所有人开始传阅、查看各种各样的签字和印章。一切进展顺利，但就

①美国歌手、歌曲作者、音乐家、唱片制作人、作曲家。——译者注

在这时，军事长官的手机响了。

“Oui”他用浑厚的男中音说。通话一开始还客客气气的，但很快就变了味。听着电话那头的声音，军事长官的脸很快晴转多云，再转为乌云密布。他打断对方的话，用斯瓦希里语发出一阵激烈的长篇大论，听得所有人心惊肉跳。随着谈话的继续，他的声音越来越大，越来越愤怒，还对着面前的“假想敌”指手画脚。看着他发出的熊熊怒火，我紧张起来，暗自庆幸没在他手下当兵。当他扭头叫一名手下时，我注意到他后颈有一道很深的伤疤。显然是被人砍了一刀，割掉了一长条肉，而且从伤口的深度看，还险些被砍断脖子。这家伙无疑是经过了战斗的考验才得到现在的地位。

五分钟后，通话终于结束了。人群鸦雀无声。他用愤怒的目光看着电话，怒气冲冲地说：“武装分子。”他摇摇头，用法语向我们解释，这一带的叛军正在制造很多麻烦。说完，他慢慢坐回椅子上，稍稍放松了些，又把戴着反光墨镜的眼睛转向我。希芬德拉壮着胆子回到我们最初的谈话，军事长官神色缓和地听着我们的宏大计划。希夫告诉他，我们准备在卢凡吉一带做些考察，再回到伊托姆伯维高原——从这里可以看到那条绿色山脉。很快，希夫说完了我们的任务，开始与军事长官和警察局局长谈起来。

谈话的结果是，我们夜间在卢凡吉一带找蛙时将会有一支武装卫队保驾，但到了伊托姆伯维高原就只能靠我们自己了。最后，这些人在文件上签了字，所有人再次握手。我们离开时，军事长官用英语对我说“祝你好运”，他微笑着，似乎几分钟前那个让他愤怒的通话根本就没发生过。

回到医生的房间后，亚里士多德告诉我，卡马尼奥拉村的男孩捉到了一些蜥蜴，正骑自行车赶过来。显然，我的汽水鼓励了他们。两小时后，他们带来几只壁虎、石龙子、变色龙和蟾蜍，其中一些我以前从未见过。我奖励了他们，然后和亚里士多德一起开始拍照。黄昏来临，我给自己身上喷了些驱蚊药，但我的刚果（金）同事讨厌它的味道，因此当我提出给他们也喷一点，以防沼泽里的虫子叮咬时，所有人都拒绝了。

几名警察和我们会合。我们在黑暗中走了一小段路，来到镇边的卢武布河。在好奇心的驱使下，一群男孩也跟着我们一起来了。当我们下到河边的沼泽时，这群男孩哈哈大笑起来。我们陷在与大腿一样高的烂泥里，模样滑稽地艰难前进。虽然我喷了许多驱蚊药，但无数虫子还是飞进了我的眼睛、耳朵、鼻子和嘴巴里，咬得我奇痒难耐。同事们咒骂着，拍打着，但几分钟后，我们强迫自己忍受恼人的叮咬，开始在河边的芦苇丛里寻找蛙。

许多雄蛙在鸣叫，我录下几段精彩的录音：有奶油色的阿非蛙，还有几只色彩各异的非洲树蛙。亚里士多德捉到一些皱蛙，连毛里斯都捉到一些在水边蹦跳的蟾蜍。几个小时后，我们抓到了足够的蛙，恐怕第二天要用一天的时间才能拍完照片，因此我们满意地结束了工作。

第二天上午，我正在处理标本，三个卡马尼奥拉村的男人骑着自行车突然出现了。显然，那几个男孩把他们遇到白人的事告诉了每个人。他们捉到了三条活蛇，这让我很惊讶。因为通常情况下，其他人都是把蛇打死再送给我们。一般人（不管非洲还是其他地方）不会区分无毒蛇和毒蛇，所以我不赞成非专业人士捕蛇。但是他们已经费力捉到了这几条蛇，还骑了两个小时车送过来，让他们空手而归显然说不过去。所以我还是收下了他们带来的这几条蛇。

老资格的捕蛇手毛里斯很有把握地打开一个封着的罐子，里面装着两条无毒的家蛇。但这时候，我看到一辆自行车的后座上有一个被绑得严严实实的大篓子，毛里斯用不敢置信的口气问："眼镜蛇？"听到这句话，我开始紧张起来。这些人怎么可能活捉了一条眼镜蛇？那时，我在刚果（金）只见过一种眼镜蛇：体型巨大的黑唇眼镜蛇，有一两次，我们在森林附近找到了它们的尸体。但我们现在是在一条干谷的中央地带，所以这条被捉住的眼镜蛇肯定是其他种类的眼镜蛇。我指示每个有经验的人拿一副捕蛇钳，这样一来，如果发现它有剧毒，我们可以安全地对付它。

卡马尼奥拉村的男人小心翼翼地把篓子放在院子中央，所有人都一动不动地盯着它。他飞快地拿掉篓子上的盖子，赶紧退后几步。篓子口里没有东西冒出来。希芬德拉走上前，瞥了一眼说："噢，花条蛇（*Psammophis*）。"我当即松了一口气，兴奋起来。花条蛇俗称沙蛇，在非洲很常见。虽然严格来说，这种蛇有制服猎物的毒牙，但毒性很弱，对人没有威胁。我们时不时见过几条这样的蛇，但它们快如闪电，除非被逼到角落，不然根本没机会捕到它们。也许，卡马尼奥拉村的人一起合作才捉到了它。

我想看看这条蛇长什么样，于是自信地走到篓子前向里张望，结果却发现希芬德拉的判断错得离谱。我原以为会看到一条尖嘴有条纹的蛇，结果却看到一条暗棕色的蛇，它显眼的圆头抬起来离开地面十余厘米。卡马尼奥拉村的那几个人知道自己捉到的是什么。

"眼镜蛇，注意！"我喊道。我一边用法语让他们小心，一边模仿着喷毒的动作，因为我担心这可能是一条黑颈眼镜蛇

(*Najanigricollis*)，它可以将毒液喷到敌人的眼睛里，毒瞎它们。万德杰看看我说:“Ndiyo（对）!”他和毛里斯以前肯定遇到过这种蛇。

我们面前这条蛇属于剧毒蛇谱系中的眼镜蛇科。眼镜蛇科的体长从 60 厘米到 5.8 米（如亚洲眼镜王蛇）不等，它们与蝰蛇的区别在于上颌骨（蛇和人都有）前有固定的直立毒牙，还有长且肌肉发达的身体，这些特征让它们可以主动追捕猎物。眼镜蛇凸出的双眼可以探测到运动的物体，身体前段长长的肋骨可以展开，将颈部皮肤向前方和两侧扩张,向可能的捕食者露出表示警告的“风帽”形状。与之打过交道的饲养员把眼镜蛇描述为好斗、不安、聪明，对于一种行动敏捷的大型毒蛇而言，这些词意味着它们极其可怕。非洲和亚洲某些种类的眼镜蛇能够将毒液“喷”进那些不理会警告的捕食者的眼中，引发剧痛，甚至致盲。

在面对敌手时，这些喷毒眼镜蛇取胜的机会更大，它们中空的毒牙内有类似枪管来福线的螺旋槽，可以使喷出的毒液旋转起来。毒牙开口是一个又小又圆有斜面的缝隙，在肌肉挤压毒腺时可以准确地将毒液喷向威胁者。

在非洲，喷毒的进化似乎与中新世的气候变冷同时发生。更冷的气温制造出更多“开放的”草原栖息地，甚至在几百万年后制造出植被更少的干燥栖息地。在这些栖息地中,蛇无法轻易隐藏或逃脱,因此喷毒很可能作为一种急需的防守武器进化出来。权威两爬动物学家哈里·格林（Harry Greene）表示，大概是作为对付灵长类动物的防卫手段，能喷毒的眼镜蛇首先在亚洲进化出来。

毛里斯毫不畏惧地走向篓子，将那条蛇倒在地上。所有人都倒吸了一口凉气。医生退到敞开的门边。毛里斯用他惯用的棍子压在蛇头后方，把它按在地上。其他人都吓得呆若木鸡。蛇扭动着身体，想抽出身来，但毛里斯有几十年的捕蛇经验，他知道用多大的力道才能刚好制住它，而又不伤害它。他空着的那只手慢慢扼住眼镜蛇的七寸，然后放开棍子，把蛇提了起来。蛇拼命扭动身体，企图反抗毛里斯的控制。万德杰连忙跑到师父身边帮他扼住蛇的身体。看到毛里斯牢牢控制住了眼镜蛇，所有人都长出了一口气放松下来。

但意外就在这时发生了。万德杰抓住蛇尾，这时，眼镜蛇意识到自己的头部正对着他，因此它张开嘴，将一束毒液喷进万德杰的眼睛里。万德杰立即松开蛇尾，转身朝我跑过来。他一个字也没说，但恐怖的表情告诉我发生了什么。我迅速拿起一只清洁 DNA 取样工具的塑料挤瓶，不停地冲洗他的眼睛。我让万德杰转动眼球，尽量将水喷到他眼球的各个位置。我甚至没有时间去看眼镜蛇和毛里斯的情况。不过很幸运，毛里斯安全地将眼镜蛇塞到了一只布袋里。

万德杰一声不吭，但所有人都看出他忍受着剧烈的疼痛。眼镜蛇喷毒的目的就是给捕猎者带来痛苦，让捕猎者的攻击难以为继。我跑进房间找止痛药。我只进去了两分钟，但出来时，却发现万德杰、希夫和亚里士多德已经走了。后来我得知，希芬德拉拉着万德杰，找到附近一个刚生完小孩的妇女，因为眼镜蛇的蛇毒可以用人奶中和，多亏了那个正在哺乳期的年轻妈妈，万德杰才避免了一场可能遭受的严重伤害——女人抛开羞涩，让他把头靠在她的膝上，把奶头放在他的眼睛上方，将珍贵的“解药”挤到他疼痛难当的眼睛里。

回到医生的屋子里，毛里斯用一种据说可以中和蛇毒的植物搅拌出一种药液让万德杰立即喝了下去。万德杰的遭遇让我歉疚不已，那天，每隔一刻钟，我都要去看一下他的状况。每次我问他情况怎样时，他都说不好。那一天，我们距离任何一家有能力为他做更好治疗的医院都很远，他吃了我给他的止痛片和布洛芬，这些药似乎缓解了他的疼痛。

当晚，处理完白天收到的大量资料后，我开始考虑队伍下一步的行动。如果第二天一早万德杰的情况还没有好转，我们就要分出宝贵的资金、时间和人力，送他去一家远在邻国布隆迪的大医院做适当的治疗。因此，当我在几只蚊子的嗡嗡声中沉沉睡去时，这次探险依然前途未卜。

Emerald

A Scientist's Adventures In The Jungles Of The Congo

Labyrinth

# 第 7 章

## 木格格马村的杀人犯

20 世纪末，扎伊尔国内爆发了一场可怕的战争。这场战争爆发的原因极为复杂，牵涉到多股外国势力和联盟的倒戈，但其根源可以追溯到胡图族和图西族的冲突。自比利时殖民统治于 20 世纪 60 年代结束以来，这两个民族间的冲突一直在持续发酵。

1994 年 4 月，卢旺达发生了一场历时数月的大屠杀。之后，攻击开始转向联攻派和操纵大屠杀的其他胡图族的同谋者。卢旺达爱国阵线的流亡者从乌干达打到卢旺达东部，成千上万的胡图族人像潮水般退却。

1994 年 7 月末，约 100 万名胡图族人逃入扎伊尔。这时霍乱爆发，数以万计的人又因此死亡。国际社会花费巨资建起庞大的难民营，但因为难以甄别，所以难民营里鱼龙混杂。实际上，难民营为武装分子提供了长期的庇护所，他们阻止那些无辜的胡图族人返回卢旺达。

胡图族武装分子很好地扮演了受害者的角色，并利用难民营重新集结。几周之内，他们在扎伊尔重新建立起了政治势力。难民营距离边境很近，因此一些胡图族武装分子甚至能够对卢旺达发起残暴的袭击。经年累月，胡图族武装分子从戈马扩散到扎伊尔北基伍省的其他地区。他们招募扎伊尔胡图族人，怂恿他们袭击扎伊尔图西族牧场主。图西族部落与这些胡图族武装针锋相对，他们组织民兵反击，这个地区很快变成了战场。偷来的牲畜和援助给难民营的食品被卖到黑市，用于购买武器弹药。

1996 年 10 月，蒙博托领导下的扎伊尔摇摇欲坠，在保罗・卡加梅（Paul Kagame）[①]和其他图西族卢旺达人的推动下，洛朗・卡比拉（来自加丹加省与冲突无关的卢巴部落）和其他叛军领导人在基加利开会，解放刚果-扎伊尔民主力量联盟由此成立。联盟成立后，卢旺达支持的联盟部队在不到一个月的时间里便将联攻派和其他胡图族极端分子赶出难民营。屠杀随之而来，数十万胡图族难民作鸟兽散，有的深入扎伊尔，有的回到卢旺达。

由于得到安哥拉和乌干达军队的支持以及美国的后勤补给，联盟在七个月的时间内占领了好几座大城市——他们一路打到扎伊尔首都金沙萨，推翻了蒙博托的统治，由卡比拉取而代之。与此同时，卢旺达部队与解放刚果-扎伊尔民主力量联盟合作，在扎伊尔土地上重复了大屠杀。在联盟进军期间，他们杀害了成千上万无辜的胡图族难民。扎伊尔国库不复存在，卢旺达人控制了卡比拉领导的全部的保安部队。

在巩固权力的过程中，卡比拉众叛亲离，但随着他的统治得到世界承认，美国矿业和银行业的代理人纷纷来刚果（金）商谈利润

①曾任卢旺达爱国阵线军事领导人，现任卢旺达总统。——译者注

丰厚的采矿协议。在金沙萨，卢旺达人痛恨该市人民无拘无束的文化传统，他们迷恋政治控制，用殖民时期的河马皮鞭羞辱和鞭打市民。卡比拉对刺杀他的传言也越来越疑神疑鬼，而且作为对日益增长的排外情绪的反应，他的忠诚开始转向。他解雇了那些忠心耿耿的官员，只因为他们是图西族人。这个做法点燃了他们的反叛情绪。

1997 年 5 月，第一次刚果战争结束，脆弱的和平得以实现，但是仅仅 15 个月后，当卡比拉与原本支持他的卢旺达人和乌干达人对抗时，和平烟消云散。

1998 年夏，卡比拉开始创建自己的军队。他首先释放了卢旺达前武装部队士兵和联攻派民兵，并且训练他们，让他们加入草草拼凑起来的刚果（金）军队。他解雇了一个一直在军队任指挥的卢旺达军官雅姆·卡巴雷贝（James Kabarebe），并要求全部卢旺达士兵离开刚果（金）。但卡巴雷贝预料到了态势的发展，早已把忠于自己的部队，以及大量的补给和弹药部署在刚果（金）东部。

卡比拉的盟友在首都煽动反图西族情绪，在金沙萨引发了一场图西族士兵掀起的叛乱。刚果（金）东部的部队很快响应，第二次刚果战争爆发。卡比拉在进攻叛乱武装时宣称：“我不会让伟大的祖国被一个小小的邻国控制。蛇能吞象吗？不能！”

在乌干达、布隆迪以及与卡比拉为敌的刚果（金）人支持下，卢旺达人在基加利组织了一个名为刚果民主联盟的新集团。他们很快占领了刚果（金）东部数座重要的城市，但在安哥拉和津巴布韦的支持下，卡比拉阻止了他们西进的步伐。时间流逝，盟友变幻，乌干达和卢旺达分裂为各自的刚果民主联盟派别，成千上万刚果（金）平民在这场自相残杀的冲突中丧生。

随着该地区陷入混乱，卡比拉开始向包括亚里士多德所属的马伊–马伊民兵在内的刚果（金）东部送款，让他们与卢旺达士兵作战。最终，为了达到各自的目的，刚果（金）的九个邻国或侵入刚果（金），或干涉刚果（金）的内部事务。随着战争的拖延，各方开始掠夺。战争极为错综复杂，分不清哪边是“好人”，哪边是“坏人”。30 个地方武装派别，成百上千万人卷入这场“非洲的世界大战”。

当战争于 2003 年正式结束，所有外国军队撤出后，马伊–马伊民兵和其他武装派别开始互相攻击，以争夺令人垂涎的丰厚资源。一些人认为，虽有大量联合国部队的存在，但刚果（金）东部的战争仍在继续。联攻派依然潜伏在与刚果（金）东部接壤的偏僻森林里，自那以后一直在制造混乱。

2009 年 5 月 22 日天亮后不久，我去探望万德杰，得知眼镜蛇毒造成的疼痛开始减轻，我松了一口气。医生确认他会在几天内恢复，无须更多治疗。万德杰坚称他可以继续工作，多次要求留在队伍里。我们将设备装到那辆破车车顶上，全队人员聚在一起拍了张照片。在清晨灰蒙蒙的光线下，照片上的我们看上去阴郁但坚忍。

亚里士多德皱着眉头，眼袋很重；阿库库兄弟似乎没睡醒；穆卢雷马、肯杰瓦和希芬德拉看上去萎靡不振；阿苏库鲁用他那典型的冷漠眼光打量着我；可怜的万德杰撅着嘴——眼镜蛇毒液的影响还没消退，他的眼睛像刚在拳击赛上被人打了一拳一样肿得很高，但他已经基本痊愈了，可以开始下一段旅程了。令人惊讶的是，年迈的毛里斯正在车顶上把剩下的设备绑好，他的精力看上去比我们这些人加起来还要足。

我们所有人奇迹般地挤进一辆车里，阿苏库鲁轻声指挥穆卢雷马驶上一条通往镇子尽头的、隐没在草丛里的路。这是条老路，路上有无数石块和凹坑，车子开在上面剧烈地颠簸着。我们一路西行，透过晨曦中的浓浓雾气，我看到远处灰色的薄雾笼罩在橄榄绿色的伊托姆伯维高原上。一小时后，我们准备穿过一片特别茂密的森林，一棵大树倒在路上。

穆卢雷马慢慢停下车。我伸展伸展腰腿，其他人都在掂量那棵树，并用斯瓦希里语讨论移走这个路障的最佳方法。一个男人走近我们，他显然很有幽默感，因为他人为地把戴在头上的棒球帽帽檐加长到至少一米。希夫指了指他的帽子，笑出声来。他们两人握过手，聊了起来。两个衣着鲜艳、头顶着沉重的蔬菜筐的女人也停下来看热闹。随着谈话越来越热烈，她们也加入其中。

这一刻，我突然发现“争论”是刚果（金）的全民休闲活动。争执越激烈，越让人兴致盎然。我意识到，对于刚果（金）人而言，夹杂着几句巧妙笑话的激烈争论是人们互相打趣和发展友谊的一种方式。最终，我们将大树搬到路边，所有人回到车里。希夫报告了一个好消息：前往勒梅拉的道路畅通无阻，武装分子也很久没在这边惹麻烦了。

勒梅拉是伊托姆伯维高原东麓山丘里的一个小镇，殖民时期曾是瑞典新教的一个传教所。第二次刚果战争期间，该镇在马伊-马伊民兵以及其他交战方之间数度易手，并引发双方之间无数次的处决行动。希夫说一名来自欧洲的医生还在那里开业，我暗想要是在山里生病了，回到勒梅拉也许是个不错的选择。通过镇上唯一一条路时，我注意到几所殖民时期的旧铺面和屋子，以及一些给这条干道增色不少的大树。

我们沿路走到镇子边，直到无路可走。这时希夫说我们需要找个牧师看管汽车。我被他弄糊涂了，问他为什么不能让穆卢雷马把车开回利维洛，在那里等我们。希夫说穆卢雷马不想和大家分开，即使那意味着艰难的攀登和进入可能有危险的地区。我被他的情谊所打动，向他微笑，但他只是略略回了我一个怪相。

我仰望上方高耸入云的山脉，想着雷蒙·洛朗在 20 世纪 40 年代发现的独特但后来从未面世的蛙物种。在这个地区的竹林里，一些最有趣的物种，包括惊艳世人的花丽跳蛙（*Callixalus pictus*）很常见。阿苏库鲁向我们保证，他可以带我们去到这种类型蛙的栖息地。

这些久已不见踪迹的物种很有可能生活得很好，但伊托姆伯维高原的野外工作环境令人生畏，自殖民时代结束以来，几乎还没有两爬动物学家挑战过这个地方，因此没人知道前方会有哪些危险等待着我们。然而，随着持续不断的森林砍伐和人口增长带来的各种威胁，我需要考虑这些物种被灭绝的可能性。发现真相的途径只有一条，那便是亲身探索。

我们雇来几名少年当脚夫，开始慢慢攀登一座长满绿草的陡峭小山。上了山，我们就离开了勒梅拉镇，进入山区。虽然这条路不再通车，但还是能看出殖民时期的矿工如何利用这条古道将汽车驶入伊托姆伯维高原深处。

20 世纪中叶，他们在山里开采金矿和其他矿产。在这条年久失修的路上，一座木桥依然横跨在小溪上，我停下来，让亚里士多德给我拍了张照片。我们沿着这条路越爬越高，直到阿苏库鲁带我们走上一条全是石头的小路。这条石头小路沿一面陡峭的斜坡蜿蜒穿过长满青草的山丘，我俯下身子，使上半身与道路平行。一个小时又一个小时过去了，随着时间的推移，我感觉到了气温的下降，但由于一直在活动，身上还是暖乎乎的。

爬到海拔 2 000 米后，我们走上一条像是用石阶砌成的路。我们几乎走在飘在山腰的云彩里，气温越来越低，我加了一件外套。稀薄的空气迫使我们越来越频繁地停下来休息，在下方碧草青青的山丘上体验到的刺激和快感现在已经变成疲惫和痛苦。我强撑着缺乏锻炼的身体，勉强应付艰难的攀登，唯一的想法就是在力气丧失前再走一步。

午后，我们到达高原，脚下的小路消失在一片泥潭沼泽的中央，但阿苏库鲁很有把握地对着远处一座长着青草的小山继续前进。我们的双脚在泥泞的沼泽里挣扎，我听到了蛙在泥潭沼泽里的鸣叫声。涉过一条路上的小溪时，冰冷的溪水渗进了我的靴子。最终，我们爬上了覆盖着无数牛粪饼的山顶。朝山下望去，我看到山谷里几座圆形的小屋，以及散养在小屋周围的几群山羊。我们又一次进入牧牛民族班亚穆伦盖族的领地，去年我们也遇到过这个民族的人。

灰蒙蒙的夕阳余晖笼罩着周围的小山，我们遇到了几个又高又瘦的男人。他们请我们到最大的一幢棚屋里烤火。他们说这个村子叫鲁兰波。棚屋和我以前到过的一样，通风不好，厅里的烟雾几乎令人窒息。进入棚屋几分钟后，我就被迫逃离了。但好在有人把我领到隔壁有扇木门的房间里，让我在那里过夜。我扫走地上的垃圾，把充气床垫摆好。我们在海拔 2 807 米的地方。我没有看到传播疾病的蚊子，也就没有支帐篷。突然，我清楚地听到收音机里传出多莉·帕顿（Dolly Parton）的歌声。

夜里，气温下降，刺骨的寒冷不时把我冻醒，我辗转反侧。早上，喝过一杯热咖啡，我走出小屋晒太阳，呼出的气体在寒冷的空气中凝成了白雾。我们再次出发，一路上，漫山遍野长满了青草和小黄花，偶尔还会看见新近路过的牛群留下的一堆堆牛粪。在山上，经过人和牛群经年的踩踏，一条条布满石头的小径蜿蜒穿过远处翠绿的小山，看上去像一条棕灰色的彩带。

走了不到一小时，我们进入一条小山谷。突然，亚里士多德闪身钻进草丛，掏出一只阿道夫蜥属的蜥蜴。我们去年在伊托姆伯维高原发现的蜥蜴也是这个品种。几分钟后，亚里士多德和阿苏库鲁又抓到了一只。这么短的时间内就获得了两个潜在新物种的标本，我很高兴，时间在行进中慢慢流逝。

向导阿苏库鲁似乎总是走在最前面，他带领我们翻过一座座样子都差不多的长着草的小山，步子很坚定。当我们落后太远时，阿苏库鲁会不耐烦地等在一块花岗岩石头或一棵树后面。他冷淡地看着我拖着沉重的脚步在稀薄的空气中喘息，态度让人恼火。他从不和我说话，但会兴致勃勃地与希芬德拉聊起我们看到或经历的一切。中午的阳光很热，为了努力跟上他，以及几个扛着沉重的科学仪器、帐篷和食物的少年脚夫，我跑得一身大汗。

当我追上他时，我看到他在山顶停下来正和两个人说话，几个少年脚夫也在他们附近停下来休息。走近山顶，我看到那两个人穿着迷彩裤，肩上背着 AK-47 突击步枪，心里不由得打起鼓来。

亚里士多德站在士兵边上等我过去。这两个人是马伊−马伊民兵，正在索要从他们辖区通过的买路钱。大约一刻钟后，我们谈妥了，我给了他们几美元以及阿苏库鲁为了应付这种情况特意在乌维拉买的几本连环画。拿到钱和书后，他们高高兴兴地放我们走了。聪明的阿苏库鲁知道，在伊托姆伯维打仗，无论是哪一方的士兵，他们的生活平常都很无聊，看连环画是一种流行的打发时间的方式。

走了大约六个小时后，我们爬上一座陡峭多石的小山的山顶，放眼望去，下方的景色无比壮丽。阿苏库鲁兴奋地指着北边小山谷里一片闪亮的蓝色湖泊给我看。我们驻足休息，欣赏着无边的美景。我们到达了隆格韦湖，在那片水域的北侧，我看到几幢漂亮的小屋依偎在山腰。村庄四周的山上依然可以看到一小块一小块残留的山林，但大部分树都被砍掉了。

午后，我们来到隆格韦湖附近。我可以更清楚地看到村里的小屋，几个在打理庄稼或放羊的人停下来看着我们。小孩子看到我非常惊讶，我猜测这里已经很久没来过白人了。我们爬上通往村子的陡峭小山，得知这里叫科梅沙。我问村里人，白人最后一次来这个地方是什么时候。他看上去 30 多岁，说不记得了，得问一问村里的老人，这让我很意外。几分钟后，他带来一个看上去 50 多岁的人。他告诉我，最后来这里的白人是一个植物学家，23 年前来到这里，说准备去姆胡济。姆胡济是个大村庄，从这里向北要走好几个小时，因此在许多人的记忆中，没有白人来过隆格韦湖。

村里的人让我使用村子中央一栋废弃的小屋，友善的主人甚至给我拿来一张桌子。在邻近科梅沙村的峡谷里，我们花了几个小时站在沼泽的冷水里收集标本，但除了一些橙色肚皮的蟾蛙外，我们没找到任何新种类的蛙。正当我在小屋里架设相机，准备拍摄这些动物时，亚里士多德拿来一只他也不认识的蛙。这只蛙似乎是某种非洲树蛙，但又不同于四处可见的暗棕色或橄榄绿色的非洲树蛙，这种蛙的颜色完全是另一个类型的，连双眼的颜色都与众不同，它漂亮的豹纹黑点和体侧边缘的霓虹绿斑点相得益彰。

没有 DNA 序列数据，我只能欣赏这只蛙独特的外貌，拍了张照片，记下亚里士多德发现它的位置，思考它会不会是一个新物种。虽经全队努力寻找，但我们再也没发现第二只类似的蛙，而且我还需要等待多年才能弄明白它为什么稀少。

当晚，我想看看我们能不能在隆格韦湖边发现有趣的生物。关于这片湖，卢凡吉的军事长官曾警告过希芬德拉，说一个恶鬼住在湖里，叫我们不要碰湖水。希芬德拉觉得现在应该把这件事告诉我。我也注意到湖里没有一只独木舟，好奇传言是不是真的。我们到达湖边时，村里一半的男孩已经等在那里看热闹。我们一起涉过泥泞地带，来到湖边。原来湖周围是一圈泥沼。我们只能听到一种常见的蛙的鸣叫声。在齐膝深的泥泞里转悠了几个小时后，我们打消了找到有趣生物的念头。

我和希芬德拉回到租来的小屋，开始谈论竹子。我正在寻找罕见的花丽跳蛙（*Callixalus pictus*），这种蛙在伊托姆伯维高原的竹林里应该很常见。没人见过花丽跳蛙的照片，但据说它有漂亮的深棕色的底色，配以火焰色的树枝状条纹和斑点。

1950 年，雷蒙 · 洛朗首次描述它时，认为这种动物非常独特，把它归入一个新的属。后来在一份关于伊托姆伯维高原蛙类生态学的杂志上，洛朗认为花丽跳蛙常见于高度超过两米的竹竿上，而且通常出现在溪流附近。但这次考察中，我们进入伊托姆伯维高原后还没看到一片竹林。在过夜的小屋里我找到了原因：小屋的框架由竹子搭成，因为在这个海拔很少会长树。生活在这里的人已经耗尽这一资源，毁掉了60年前洛朗出现在这里时还很常见的竹子。

希芬德拉振振有词地说，向北走几个小时，姆胡济村附近还能找到该地区最后一片竹林。虽然我能听懂的斯瓦希里语不多，但希夫似乎是在与阿苏库鲁的交谈中得到这个信息的。我们的年轻向导对伊托姆伯维高原的了解程度似乎超过了我对自己邻居的了解程度，而且敏锐地注意到其中的细节。希芬德拉问了我一些关于动物保护的问题，阿苏库鲁总是能给出很有把握的答案，希芬德拉向他露出父亲般赞赏的目光。因为找到花丽跳蛙的可能性太诱人，加之在隆格韦湖的发现有限，上床前，我们敲定了次日去姆胡济村的计划。

5月15日早上，简单地吃过早饭，我们出发了。我们走了好几个小时，经过了好几处特别陡峭的山坡。走在泥泞小道或石子路上，我努力维持着平衡，防止滑倒。在一条小溪边，我们停下休息，吃了一些点心。

正午的阳光下，我一直在不停地流汗。残存的山林遮挡了小溪上方的阳光，林子里还有几株漂亮的树。我聆听着鸟儿鸣啭，享受这片刻休息。这时我注意到，临时雇来的脚夫和几个随员发生了一场热烈的讨论。在一阵快速的斯瓦希里语对话里，我只能听出两个令人担心的词："匪徒"和"武装分子"。显然，麻烦正在到来。

谈话终于结束了，希芬德拉面带愁容地走向我。他说我们正进入两个武装集团的地盘：马伊–马伊民兵（在伊托姆伯维高原几乎无处不在）和因残忍而在该地区令人闻风丧胆的联攻派。他们还谈到第三个未知数，一个被描绘成恶魔的匪徒阿马霍罗。显然，他比联攻派更疯狂、更嗜血。亚里士多德的意见是我们应该改道，要么回去，要么在高原的其他地方工作，但希芬德拉还拿不定主意。再翻越陡峭的山口，回到已经被人类活动毁坏的地区，我不认为这是个好主意。

我想起英国著名探险家戴维·利文斯通说过的一句话："一个为人温厚、言辞礼貌的人可以通过非洲最可怕的部落地区。"我做出了继续前进的大胆决定，并把戴维·利文斯通的话讲给希夫听。他看着我的脸打量了一会儿，然后微笑着说："行。"我的决定让大家意外，但没人质疑我，于是我们继续赶路。

我们的队伍沿着一条穿过开阔草地的蜿蜒小道逦迤而行，一直走到一个叫木格格马的小村边。一面陡峭的山坡上有几栋小屋，周围散养着一些鸡和山羊，除此之外，还有一些玩耍的孩了。我们走近时，一群妇女匆匆地从我们身边走过，告诉我们阿马霍罗几小时前才离开村子，和两名同伴往布卡武的方向去了。这个消息吓坏了每个人，大家都想知道他会不会从姆胡济村经过。我们还指望在那里找到那些稀有蛙可能栖息的最后一片竹林。

显然，除了一小队联攻派武装分子外，为了躲避阿马霍罗，所有人都逃离了姆胡济村。也许关于恶魔的传言并非夸大其辞，但我推断，这时候如果沿隆格韦湖的方向返回，我们同样有可能遇上他。

我们继续沿着穿过木格格马村的小路前进，我看到几名全副武装的马伊–马伊民兵。为了缓和紧张气氛，我非常友好地和他们打招呼。我们谈了几分钟，他们说继续去姆胡济村不是个好主意，即使阿马霍罗不在那里，联攻派也可能会毫不犹豫地朝我们开火，因为他们正在那里设伏准备袭击阿马霍罗。

我们停下来商量最佳方案。他们的斯瓦希里语语速太快，语气太激烈，我领会不了其中的细节，但还是听出了几条重要的信息：马伊–马伊民兵似乎与姆胡济村的联攻派是朋友，他们提出我们出钱，他们第二天护送我们到那里的建议。我觉得这个提议还算合理，但没多久，亚里士多德满脸大汗地跑了过来。

“伊莱，希芬德拉现在给我们带来了大麻烦。”我环顾四周，没看到希芬德拉的影子。“马伊–马伊民兵告诉希夫，说给他们一点钱就可以带我们去姆胡济，但他拒绝了，开始不顾一切地朝姆胡济前进。于是民兵说‘好吧，你可以去送死’。”

一阵寒意从我的后颈袭来，我简直不敢相信自己的耳朵。我拔腿顺着这条路去追希夫，但追了几分钟没追上，寻思还是回头的好。万德杰面带愁容地从我身边一路跑下去，我只好寄希望于他能劝希夫恢复点理智。

我回到人群中，看到亚里士多德正和马伊–马伊武装民兵交谈。民兵建议我们在木格格马村过夜，等到第二天大家都冷静下来后，我们可以继续去姆胡济村。在我看来，这不仅合理，而且别无选择。于是我们爬上一段非常陡峭的山坡，到达一块平坦的高地。我看到几所小屋和十几名充满好奇心的男孩。我们将装备搬进一栋废弃的小屋里，在柔和的午后阳光下等待。

大约 30 分钟后，我看到希芬德拉和万德杰慢慢爬上通往木格格马村的陡峭山路，希夫的脸因为愤怒而扭曲。我正在小屋里支帐篷，决定等会儿再问他情况。虽然在海拔 2 675 米的地方不会有蚊子，但小屋的地上乱七八糟地垫了一层像是用草做成的材料，这是理想的滋生跳蚤的温床。村里那些充满好奇心的孩子一个接一个地跑到小屋门口看我支帐篷，一些胆大的甚至在父亲的鼓励下走近我，和我握手，小声地和我打招呼："Jambo（你好）！"然后回到人群里。我对所有人微笑，了解到村民更多是好奇而不是害怕，我的焦虑情绪渐渐缓和了下来。

一定有人问过我们来这里干什么，因为一个男孩拿来他在村边找到的两只变色龙。不久，一个男人给了亚里士多德一袋子蛙。那是他碰巧上午捉来准备晚上吃的。我发现这些蛙是伊托姆伯维蟾蛙（*Phrynobatrachus asper*），自 20 世纪中叶洛朗在伊托姆伯维高原另一地区发现之后，这种拳头大小的蟾蛙就再也没有人见过，也从未有人拍过照片。有了这些意料之外的大量标本和毛里斯在村边发现的几只蜥蜴，我决定立即布置起实验室开始工作。我很高兴可以暂时躲开紧张的安全形势。一张桌子奇迹般地出现了，我开始拍摄每一个标本。

那一夜，亚里士多德睡在小屋门口附近充任岗哨。所谓的门，不过是用藤蔓捆在一起的树枝树叶而已。它没有铰链，想关门过夜，只需将由植物编成的矩形移到门口的一个竹框架里。当然，轻轻一脚即可踢破这个脆弱的安全假象。凌晨两点左右，我出去方便，费了一番功夫才把门挪开。离房子没多远，村里巡夜人的电筒就照到了我，他指给我茅坑的方向。村民肯定是担心安全问题才会设守卫，我从未在其他村子里见过守夜人。

我一直辗转反侧不能安睡，到了早上，万德杰带着前一天给我们一袋子蛙的人来了。简短交谈后，亚里士多德告诉我，说他可以带我们去前一天找到蛙的树林。我问亚里士多德，现在的安全形势下这样做是否明智。亚里士多德说安全没问题，因为他要深入丛林。我费了好大劲儿才说服他带上一个有武器的少年民兵，以防万一。我留下来继续处理已经获得的标本，因为如果不做防腐处理，其中一些最罕见的动物就会腐烂。

几小时后，当我的工作快要完成时，亚里士多德和其他人带回了更多的伊托姆伯维蟾蛙、一只我不认识的河蛙和一些大蝌蚪。我很遗憾没跟他们去，因为据说找到蛙的地方风景优美，有一条穿林而过的小溪。他们出去的时候，毛里斯和阿苏库鲁在木格格马村周围找到更多的蜥蜴，并且又抓到了一只神秘的阿道夫蜥属的蜥蜴。我给这些动物拍完照，村民坚持要我给他们拍几张照片。两个人争先恐后地向我炫耀他们珍爱的自制吉他，看到这一幕后，我答应给他们拍照。

之后，我将拍好的照片给他们看，数码相机的回放功能惊呆了每一个人。做完这一切后，我们也准备启程踏上前往姆胡济村的危险旅程。待在这里进一步探索附近的森林当然不错，但这样做太危险了。我很高兴希芬德拉冷静了下来，随时准备应付前方可能遇上的各种问题。

一场小雨将脚下的路变得泥泞湿滑，但没走出多远，翻过一座山头，我们就看到了姆胡济村。我看到在一块草场的西侧边缘有面积较大的一群棚屋，再往东，面积稍小点的一群棚屋坐落在一座小山上。我们下山进入草场。

我发现坐落在小山上的棚屋边有人，而且他们还正盯着我们。他们肩上挎着的枪说明了一切。他们中的大部分人背着 AK-47 突击步枪，一些人扛着火箭推进榴弹和机枪。他们肯定是别人警告我们小心的联攻派武装分子。两个人从山顶下来跟我们说话。我们现在是骑虎难下，如果形势恶化，我们无论如何也躲不开。意识到这一点，我突然感觉两腿发软。

由于某种原因，我的样子肯定很滑稽。因为我听到那两个过来打招呼的人笑话我——尽管他们笑话我时凶恶的表情仍挂在他们沧桑的脸上。他们命令我们所有人把携带的东西放到地上，然后把我和希芬德拉带到一个俯瞰山谷的小掩体工事。一个 40 岁出头、穿绿色军装、留着小胡子的人皱着眉头迎接我们。

希芬德拉呈上所有官方文件，那人板着脸，皱着眉头查看。我不知道他如何看待一个发誓要打死他，或把他赶回卢旺达的政府签发的文件，但至少这个文件可以证明我们的身份和在伊托姆伯维高原的所作所为。他头也不抬，直接向我们发问。希芬德拉礼貌地回答了每个问题，但我能感觉到他声音里的紧张。

一小队全副武装的年轻人坐在距离掩体不远的地方注视着这一切，即使被越下越大的雨淋得浑身湿透也浑然不觉。一个双眼布满血丝、眼神呆滞但闪烁的士兵好奇地打量着我。突然，我意识到他正处在某种毒品带来的兴奋中。我们身处一群拿着杀人武器的吸毒少年中，这让我不寒而栗。

小屋另一侧的声音吸引了我的目光，我听到一个低沉的声音对我们周围的小伙子发号施令，我转过身来，看到一个身材魁梧的人。

他块头很大，穿着军绿色的裤子，整洁的大红颜色的毛织上衣，脖子上围着一条五颜六色的围巾。他走近我们，我看出他至少有 1.9 米高，年纪不到 30 岁。他一手拿着一把 AK-47 步枪，一个弹匣装在枪上，几个备用弹匣绑在身上。他和手下有说有笑地走过来，气派地微笑着把枪扔给一个随从，然后大摇大摆地走进小屋。显然，我弄错了谁才是这里的头。

他咧开大嘴，笑着伸出手。我强自镇定，一边和他握手，一边用斯瓦希里语和他打招呼。他很满意，示意希芬德拉站到一边去。他在一张紧挨着我的凳子上坐下，然后继续端详我。他用孩子般惊讶的目光打量我，而我则努力不去想他曾经杀过多少人。他没有理会一旁那个板着脸的家伙，后者正在认真报告我们的身份和来到这一地区的目的。他一直盯着我，并大声说了句什么。希夫翻译说，他是基弗（Kifo，意为“死亡”）长官。这又逗得他露出无时不在的微笑。我点头致意。

我结结巴巴地用法语向他解释，我在美国的得克萨斯州做教授，来伊托姆伯维高原研究两栖动物和爬行动物。我还告诉他，我们听说这一片地方有匪徒出没，担心会不小心遇到他们。

“Oui（对）！”他回答说。甚至在希芬德拉解释我们通过他的防区的目的时，他依然饶有兴趣地盯着我的脸。这位长官查看了我们的文件，问了几个问题，但总是微笑着将目光转回到我身上。他说幸好我们昨天没来，因为那时形势非常险恶，他和他的手下正守株待兔，准备伏击匪徒阿马霍罗，把他消灭，所有村民都躲开了。

阿马霍罗显然是少数拒绝加入刚果（金）军队的马伊–马伊民兵指挥官之一。他也反对所有卢旺达人的部队，包括联攻派。这个暴徒过着流浪生活，在村庄间游荡，据说他会打死那些故意不给他食物和住处的人。但他不是傻瓜：他神不知鬼不觉地在这位长官的鼻子下通过，现已远在前往布卡武的路上。

隔着几十厘米的距离，长官把我的脸看了个透。他对我说，20 世纪 90 年代，一个叫约翰·哈特（John Hart）的美国科学家也来过这里，研究森林里独有的大型哺乳动物，那时候，这里是一眼望不到边的森林。我环顾四周，除了山顶上还有几棵孤零零的树外，其他地方的树都被砍光了。希夫和阿苏库鲁谈到的那些竹林也全都消失了。

我问他在伊托姆伯维高原怎么生活，有什么娱乐活动？听到我的问题，他脸上的表情快活起来。他看上去 25 岁左右，我大概计算了一下，1994 年卢旺达大屠杀发生时，他大约只有 11 岁。那么小的孩子会参与杀人吗？如果 20 世纪 90 年代他生活在伊托姆伯维高原，那么很有可能，他是在大屠杀发生和难民营突然解散之后才来到这里的。我想知道他的故事，而且我还以为他会告诉我。但是我的目光扫到了那个拿着机枪、精神恍惚的少年，他对我露出皮笑肉不笑的表情。他让我想起在大学里认识的那些酒后闹事的家伙，对于他们而言，没有什么是比挑起一场拳赛更来劲儿了。这让我一下子回到现实，在这里多待一分钟就多一分危险。

基弗长官终于感受到我要继续赶往巴库武的迫切心情。为了不显得那么突兀，我拿出一些钱作为酬谢，让他们去买啤酒和香烟。所有人颔首赞许我，感谢我的大方馈赠。长官站起身来，要送我到他的防区边上。下山的时候，我庆幸有他陪着，因为有他在我们的身边，他的手下绝对不敢对我们开枪。我和希芬德拉来到山脚与同伴会合。看到一切顺利，他们似乎都松了口气。

我们一起与长官又聊了几分钟。就在这时，他丢下一颗“炸弹”，我们过去半小时建立的融洽气氛眼看就要出岔子。他板着脸问希夫和亚里士多德，为什么我的法语或斯瓦希里语没学到可以和他流利交谈的程度。我得想出一个好的借口。鬼使神差地，一个好的答案突然从我的脑海里蹦了出来。

我用一种粗俗的方式告诉他，我之所以没学好这两种语言，是因为我忙着和女朋友做爱。听到我的回答，希芬德拉和亚里士多德朗声大笑，长官则满脸疑惑地看着希夫。希夫把我的话翻译出来，每个人都开怀大笑起来。那个精神恍惚的少年也咯咯地笑了起来，差点儿没丢掉他的 AK-47 步枪。我的策略奏效了。

考察队从伊托姆伯维高原下来时，希芬德拉拄着捕蛇钳站在一条河边。

长官问我有没有结婚。我说我有一个女朋友，但没结婚，也许有一天我会结婚。我的回答让他震惊，因为他说这种情况在刚果(金)

是不允许的。我摊开双手，指着他说“刚果（金）”，再指着自己说“美国”，然后笑了。他回以微笑，似乎接受了我们来自两个不同世界的事实。接着，我们缓步向峡谷的东北出口走去。我们握手告别，他转身回去，我则朝着村子边缘一块狭长的玉米地走去。

通过山坡上的一块农田时，我依然心有余悸，但下坡时，一幅令人震撼的景色转移了我的注意力。在北边天际，我看到了伊托姆伯维高原的最高峰，海拔约 3 475 米的莫希山。呈锥形的高山在高原中央陡然升起，山势之险，以至于还无人破坏原始森林的风貌。为什么这片美丽的森林没有遭到砍伐，我能想到的两个原因是：要么这片森林受着某种禁忌的保护；要么当地人欣赏它，希望能保持住这片森林。

在这个海拔处，树木一般都生长得矮小而扭曲，因此一些植物学家称这种类型的森林为“矮林”。我驻足欣赏这独特的山峰，想知道这片森林里生活着哪些动物。最终我没来得及为这片风景拍上一张照片，因为希芬德拉催促所有人抓紧赶路。随着壮观的景色离开视野，我只能希望那片森林能长期保存下去，直到武装分子不再对考察构成致命威胁。

大约一小时后，我们进入一片偏僻的山林。这时我终于松了一口气，因为我们已经通过了联攻派的地盘，没有遭到抢劫或遇上更坏的情况。但三名带着武器的马伊–马伊少年士兵依然跟着我们，虽然他们帮助我们安全通过了联攻派的控制区，但我还是不能完全信任他们。我们沿着一条蜿蜒的小路前进，渡过几条小河，最后来到一座陡峭山峰脚下一个名为基祖卡的村庄。有一个村民我们去年在米基见过，他认出了我们，腾出一间宽敞的小屋让我使用。走进小屋，我发现它已经有一阵子没人居住了，里面到处都是蜘蛛网和灰尘，屋椽的结构也与众不同，上面挂了一些食材和大麻。

我躲到帐篷里，避开当地人。我想趁现在休息一下，天黑后再找机会去村边的河里录蛙的叫声。就在想打个盹的时候，我感到一阵恶心，胳膊上有明显的麻痒感。接着，我感到胳膊和胸口的一些地方一阵阵的潮热感袭来。我太熟悉这些症状了，2007 年的一次考察中我也经历过。我似乎是患了疟疾。

我突然想起在布卡武遭受的蚊子叮咬。从那时起已经整整十天过去了，正是疟疾开始发作的时间。我现在还只是怀疑自己患了疟疾，直到两小时后，当我站在齐膝深的沼泽里录蛙叫声时，我才知道自己是真的病了。恶心和晕眩让我没法继续工作。我带了一些治疟疾的药片，在睡前吃了几片。

第二天早上，雨还在下。我穿上靴子，刚踏出小屋门就开始呕吐。万德杰和几个村民用担心的表情静静地看着我。这是我从小到大以来第一次病成这个样子，但吐过之后，我感觉好了一些。我简单地思考了一下我们的形势，意识到我们虽然发现了一些有趣的蛙，但几乎没见到原始森林，而且周围还有很多坏人。一场疟疾发作至少会让我虚弱好几天，从这里走到高原太危险了。我决定到布卡武休整几天，去几个麻烦不那么多的地方工作。

我走出小屋，看到所有村民聚在一起为我们送行。小雨还在下。望着通向北方的路，我看到一条极高极陡的小路沿山坡直上，直达山脊。我暗暗叫苦，却看到马伊-马伊武装护卫穿着廉价胶鞋轻松地爬上了湿滑的山路。我沿着这条路艰难地攀爬，用了半个小时才爬到山顶，期间还滑倒了几次。

沿着这条路继续向前，我们走进一片竹林。我们听到一阵奇怪的唧唧叫声，停下来花了不少时间找蛙。阿苏库鲁捉到两只节蛙(*Arthroleptis*)，刚才听到的叫声可能就是它们发出来的。节蛙是树栖小黑蛙（*Leptopelis*）的近亲，大部分为陆栖，体型较小，雄性加长的第三趾（长达体长的40%）被疑有某种繁殖上的功能。它们直接发育①，卵产在陆地上，跳过通常的水生蝌蚪阶段和变态过程，直接孵化为幼蛙。

我们沿着脚下的路继续向北，穿过青草覆盖的小山和少量残余的山林，我感觉身体轻快了一些。但就在这时，希芬德拉把我拉到一边，说马伊-马伊武装护卫那边有点麻烦。他们一开始同意护送我们两天，每人每天要五美元，但他们说现在已经是第三天了，他们多出了力，现在要十美元一天。我环顾身边的森林，四周见不到一个人，也没有村庄。他们有武器而我们没有，如果愿意，他们可以抢走我们的一切。

希芬德拉勇敢地与他们争论，直到他们同意七美元一天。我意识到，希芬德拉这样做是为了不让这些武装人员觉得我们害怕他们，从而利用我们的孤独无助。他们又护送了我们两小时，当大家来到高原的尽头时，他们和一个不想再前进的脚夫问我们要报酬。

我们到达一条山路的尽头，接着又爬上另一条路。这时，道路跨过一条小河，穿过美不胜收的森林。我们还不知道，我们又穿回到卡胡齐-比埃加国家公园。我们很快就走出了这片原始森林，接着又花了几个小时爬过几座小山。山上长着草，只在少数近河边的地方长着一些树。这些路最令人恼火的地方是似乎永远

①某些动物的胚胎不经历幼虫时期而直接形成成熟个体的现象。——译者注

会回到河边，而且在无穷无尽的弯曲伸展中，它们还总是从最艰难的地方翻过大山。

一个男人牵着一只山羊通过这条山路。他和我们同行了几个小时，带着我们沿蜿蜒的峡谷小路到达一个叫图旺吉扎的村庄。显然，我们得在这里过夜。黄昏时分，我们进了村，又开始下起雨来。我们被领到一个有几张凳子和一张桌子的小店。店里没有汽水，希夫只买了一些面包，所有人狼吞虎咽地吃起来。我们在当地牧师的家里过夜，他告诉我们，距离这里不远的地方有个鲁文加镇，镇上有一家加拿大矿业公司。

第二天早上，我们启程前往鲁文加，指望在那里找到去布卡武的车。虽然我的药似乎起了作用，但昨天赶了十个小时的路，再加上疟疾带来的贫血，所以我还是很虚弱。通过镇中心时，我们看到小河边有一个巨大的采金场。几十个人正忙着找金子，在泥泞里挖出一道道丑陋如伤疤一般的壕沟。我不知道他们之中有没有人正不自觉地用有毒的汞基试剂（提取黄金必须用到的试剂）毒害下游的人。矿场上方有一个围着铁丝网的建筑，我看到一架卫星接收天线和一辆锃亮的新车，希夫说那是加拿大人的总部。

我们一行人来到镇子，身上沾满厚厚的淤泥。一辆大卡车装着一箱箱汽水、啤酒，二十几个乘客坐在货物上。谈好一行人的车费，擦去靴子上的泥浆，我、希夫和另外几个人——包括十几岁的车主在内——爬进宽敞的驾驶室。虽然四周到处都是泥泞，但车主却神奇地穿着一双干干净净的白色新网球鞋。现在，我们终于可以将伊托姆伯维高原的艰难困苦抛到身后。

我原以为这段旅程会相当舒适，但后来我意识到，车主非常的孩子气，完全不像是一个 18 岁的人。当觉得无聊时，他会催促司机加速到非常危险的程度，让司机对着前面的车猛按喇叭。一个女人回头看着我们，露出紧张的微笑，坐在我旁边的车主则开心得哈哈大笑。这辆满载货物的卡车一次次轧过路上的凹坑，车身时不时地上下起伏。我觉得我们要死了。

希夫尝试与少年车主理论，让他减速，但那个孩子正在兴头上，对我们完全不管不顾。我们从一个特别深的坑上颠起，这次颠簸非常剧烈，我听到"砰"的一声巨响：车胎爆了。我感激这次爆胎，而且我希望这次时间和金钱上的损失能说服车主小心一些。

修车期间，我们在一个小村子里欣赏米通巴山脉的美景。一小时后，似乎一切就绪，我们准备继续上路。我爬进驾驶室，坐到希夫旁边。就在这时，一个脸色阴沉的男人出现在驾驶员一侧的车窗前。他与司机谈话，语气非常严厉，但司机似乎对他不屑一顾，挥手让他走开。谈话越来越激烈，司机发动汽车，暗示让他离开。但那个人没有理会司机的暗示，顽固地继续着这场已经转为激烈争吵的谈话。司机挂上挡，开始缓缓前进，但那个人继续扒在车旁，开始喊叫起来。

这时候，车主开始揍那个扒车的家伙，两个人开始拳来拳往，汽车则继续沿道路慢慢向前。我慌了神，紧盯着路，看两边有没有陡坡。尽管我看到一些大的排水沟，但没有掉下悬崖的危险。有人一拳打中扒车的家伙，他终于放开抓住驾驶室车门的手，掉了下去。

司机笑着踩了下油门，我们继续前进。我问希夫他们在争什么，他说有人欠了他十美元修挡风玻璃的钱。我只能难以置信地摇了摇头。我们继续前进，平安回到了布卡武。

虽然花丽跳蛙似乎跟我们玩起了捉迷藏的游戏，但我们重新发现了伊托姆伯维蟾蛙，收集到更多阿道夫蜥属的推定新种，发现了其他相当罕见的蛙和蜥蜴，证实了伊托姆伯维高原对于物种保护的重要性。我很满意在艰难条件下的诸多发现，期盼得到一次迫切需要的休息。不幸的是，我将在床上待很长一段时间，这段时间远远长于我原来的计划。

Emerald Labyrinth

A Scientist's Adventures In The Jungles Of The Congo

# 第 8 章

## 克里斯蒂安·姆瓦穆杜吉加的故事

2009 年 5 月 28 日，我从伊托姆伯维高原回来，尽管吃了些抗疟疾药，但不久后疟疾再次强烈发作。我卧床一周，期间读了几本书，芒戈 · 帕克（Mungo Park）的《非洲内陆地区游记》（*Travels in the Interior Districts of Africa*）便是其中之一。在缺医少药的 18 世纪末，苏格兰探险家帕克在西非经历了两年的奴役和难以想象的困苦。和帕克的经历相比，我的发热和虚弱根本算不了什么。一直在床上待到 6 月 5 日，我再也待不住了，不管虚弱与否，都准备次日就离开。

我想去考察卡波波高原，这是伊托姆伯维高原以南的一块高地，洛朗在 1952 年描述了在那里发现的几种蛙，但从那以后就再也没人见过它们。我们的野外考察团队中有几名土生土长的伊托姆伯维高原的人，与伊托姆伯维高原不同的是，卡波波高原无人居住，没有一个人能告诉我们，高原上的山林是否完整，栖息着哪些动物。洛朗在卡波波高原的短暂研究表明，那里的两爬动物不同于伊托姆伯维高原，我想去探究一番，看看事实是否与洛朗的描述一致。6

月 6 日，穆卢雷马开车来接我们，我们一起南下一探究竟。

过了乌维拉，黄昏临近，天色渐渐暗了下来，我们停在一个叫农杜的镇里，意外发现有几栋亮着电灯的小楼。希夫前去打探情况。他很快就回来了，说一个从美国来的外科医生在镇上的医院工作，虽然他人不在，但我们可以住在一栋用作仓库的楼里。

第二天天亮前，医生想来拜访我们，那时我们还在睡觉，错过了与他会面的机会。离开村镇时，我观察这一带的植物，意识到我们已走出环绕在坦噶尼喀湖西北侧的热带雨林，进入了黄色和石灰绿色相间的短盖豆林地生态区，这里有草甸、细长的短盖豆树和伞形金合欢树。这些树不是很高，而且间隔稀疏，以至于会被人误认为是一片阴暗的雨林。几块凸出的巨石点缀在山上，一派典型的非洲地貌。

农杜镇南面的路上，正在找蛇的万德杰走过短盖豆林地。

离开农杜镇后不久，我们突然遇上一长串停在路上的汽车。希夫和亚里士多德去查看发生了什么。原来前方有个巨大的烂泥坑，一辆重载卡车陷在坑里了。卡车实在太大了，别的车没法绕过去。几个人正设法用铁锹将石头和木头垫在坑里试图让卡车从坑里驶出来，我们只有安心等待，没有其他的选择。

我们在太阳下等待着，这时，一只蛙从丛林里跳了出来，落在我们的车头。我跑出去捉住它，发现是一只皱蛙，与我们在利维洛和鲁文佐里山脉发现的同属一个种。

大约三小时后，卡车终于脱离了泥潭，轰鸣着从我们旁边驶过。几辆小车也通过了障碍，继续前进。当我们接近烂泥坑时，我发现要想通过并不容易。那是一个至少有 3 米宽的大泥坑，新鲜的车辙印显示出卡车轮子反复空转的位置。泥坑周围是一大片厚厚的烂泥——周围是一块长着芦苇的低洼平地。实际上，这条路几乎从一片水淹的沼泽中穿过。雨水差不多将这一段“路”变成一大片泥沼，太阳慢慢烤干了表面的水分，留下厚厚一层黏糊糊的烂泥。我惊讶地看着几辆汽车高速驶向泥泞区域，加速冲过这个陷阱。

“Bonne chance！”(祝你好运！)轮到我们了，我给穆卢雷马打气，准备迎接一段粗暴的过程。

穆卢雷马快速起步，发动机轰鸣着，勇猛地试图像另外几辆车那样通过那片泥泞。但是当他打方向盘准备避开另一辆受困的卡车时，湿滑的烂泥咬住我们的车轮再也不松口。穆卢雷马试着前进后退了几次想冲出来，但每次都白费力气。我叹了口气，下车在路边一条长着草的小山上找了个地方坐下。三个很有生意头脑的少年立即拿着铁锹和大石块过来帮助我们，他们用斯瓦希里语讨论把车弄出来的方法，语速非常快。

我在一旁看着他们，想象刚果（金）人民是如何在这样的条件下生活下去的。那时的政府根本无力修缮道路，因为国家没有税收收入。考虑到刚果（金）严重的腐败问题，很容易便能想象得到，就算有税收收入，收上来的税很大一部分也会消失得无影无踪。

刚果（金）人民对这种现象已经习以为常，仿佛这个国家的一切都是临时拼凑起来的。没有一条好路，经济改善几乎无望；没有经济发展，修路也几乎无从谈起。看着人们在泥泞中挣扎，我觉得我们的车似乎是这个国家情况的隐喻。它是用各种零件拼凑出来的一个大杂烩。然而不管事情多难，刚果（金）人总会找到解决的办法，从不放弃，从不灰心，不管那个方法一开始看上去有多不靠谱。更令人难忘的是他们永远不缺幽默感。我对他们的坚毅和耐心永怀敬意。

一个人尝试帮我们脱困，希芬德拉和穆卢雷马蹲在一旁，马赛尔赤脚站在前景里。背景中可见周围沼泽里的芦苇。

时间一个小时一个小时地过去了，我的乐观主义情绪逐渐减退。天渐渐暗了下来，在路边的一片沼泽中过夜是悲惨而且危险的。一群逗留在路边出售烤玉米的妇女和我打趣，嘲讽我们今晚要在这里过夜了。但就在太阳快落山时，穆卢雷马让车轮爬上了垫在轮子下面的一块木头，将这辆破车一鼓作气开上了远离这片沼泽的小山。我们解放了。

听从亚里士多德的建议，我给了每个男孩十美元，以报答他们的不懈努力。他们瞪大眼睛，高兴得叫了起来。卖烤玉米的妇女也为我们的胜利而欢呼。天完全黑了，我们得意洋洋地挥手与他们告别，沿着布满凹坑的道路继续前进。

入夜后，我们终于接近菲济镇入口处的一个军方关卡。19 世纪，菲济位于尼扬圭镇和巴拉卡镇之间一条重要的阿拉伯贩奴路线上。奴隶在巴拉卡被装上阿拉伯独桅帆船，然后运到坦噶尼喀东岸——今坦桑尼亚乌吉吉的一个大型奴隶市场。殖民时期，菲济是地区政府的驻地，镇上还有一家相当大的医院。

我们走过医院和几栋比利时风格的老旧房屋，来到镇上一个建有许多新楼房和院子的区域，其中有几个院落被带铁丝网的高大院墙包围着。我们挤进两间蛛网密布的狭小旅馆过夜。第二天一早，我意外地发现天气很冷，我们已经上到海拔 1 300 米的地方，和坦噶尼喀湖周围的低地相比，这里的海拔已经高出不少。

离开镇子时，我们在医院附近停车，希夫去警察局局长那里盖了几个必要的章，我也下车在几栋比利时风格的屋子边溜达。烟囱从屋顶上伸出来，在这样寒冷的早晨，小屋一定暖暖和和的。这些房子大部分面积都很小，但建筑风格古色古香的，历经风吹雨打仍保存完好。

看得出来，刚果（金）人已经搬入一些保存完好的房子，并保留了由比利时前房主种下的漂亮花草。我望向起伏的群山，杂草覆盖的山上依然还有一些森林。东面，山区地势缓缓下降，直到坦噶尼喀湖。西北方向，我可以看到云雾氤氲的伊托姆伯维山脉在远处若隐若现。

我们离开菲济，沿着蜿蜒的道路向南，一路上雾气朦胧。我们经过几座美丽的小山，一些地方长着短盖豆树，一些地方长着因干旱而枯成黄棕色的野草，一些小山脚下有小瀑布汇流而成的小溪，溪边长着一块一块的长廊林。我们在几处风景如画的地方停下来寻找动物，但一无所获。我们在一天中最热的时候从小山上下来。

突然，我看到一幅与现实格格不入的景象，像是 20 世纪才会出现的场景。一个赤着脚、手握长矛、穿着破烂衣服的中年人从我们旁边经过。他带着三条棕色猎狗，猎狗很瘦，脖子上挂着铃铛，不安分地绕着他走来走去。他是一个猎人，正在猎捕羚羊。我不知道到了 21 世纪，还有多少猎人在用长矛，但看到一个典型的过去装扮的刚果（金）猎人，我还是很高兴。

我们进入马涅马省（Maniema Province）东南部的狭长地带。马涅马省得名于曾经控制这一地区的食人部落。我们到达卢林巴镇时，太阳已经西斜。镇子位于一片荒凉草甸的中央，到处灰尘弥漫。我们到了没多久，希夫就和镇中心一家旅馆的老板交上了朋友。落满灰尘的房间很热，因为铁皮屋顶在太阳下被烤了一整天，房间通风不良，热量散不出去。我很不情愿地支好帐篷，准备对付炎热。几个小时后，我半夜醒来，意外地发现自己大汗淋漓，浑身都湿透了。我测量了一下体温，发现自己又发烧了，令人窒息的闷热更是让人难受。

清晨凉爽的空气终于让房间不再闷热，但我的体温还在上升。天亮后不久，我请亚里士多德去看看镇上有没有诊所。一小时后，他回来告诉我，有一个德国的非政府组织在镇子边开了一个小诊所。穆卢雷马开车送我们过去，一个年轻的刚果（金）医生接诊，把我们领进一个小房间。

我把病情告诉他，他取了一点血样，放到显微镜下观察。过了一会儿，他说我得了疟疾，语气非常平静。我一下子被他的话惊住了，因为几天前我吃了很多抗疟疾的药，休息了很长一段时间，还没有治好之前的感染？我吃的是市面上效果最好的抗疟疾药，这怎么可能呢？沮丧、发热，再加上前一夜辗转反侧带来的疲惫，我的心情一落千丈。

医生向我解释，没有任何一种药物是百分之百有效的，而且对于西方人来说，疟疾被治好后还是会有疟原虫留在体内。我对医生说我用的是欧洲产（购自布卡武）的最先进的青蒿琥脂。医生则回答说，有时候在刚果（金）会买到假药或者过期药，这可能是我的疟疾只是被控制住，而没有被根治的原因。他建议我改吃奎宁片，并且警告我说，这种药副作用很大，但更有效。

这时，他的助手，一名药剂师走过来，递给我一个装满大量奎宁片的塑料袋。我询问医生服药期间能否工作，他说如果我是一个坚强的人，那就没有问题。他还建议我大剂量服用一些维生素，尽量多休息，至少在最开始的几天，药刚开始起效时休息一下更好。我吃下第一颗药片，然后离开诊所，回到旅馆。

回来后，我们发现在我出去的时候，万德杰和希夫一直在附近的一块沼泽里找蛙。除了几只普通的蜥蜴外，他们还发现了许多蟾蛙，其中有几只是我以前从未见过的唇上有黑白条痕的蛙。我努力忘掉疲惫，花了几个小时给它们拍照。刚拍完照，准备收拾一下实验室好休息一下时，一个少年送来一条无毒的非洲游蛇（*Natriciteres olivacea*），这是他在村子附近打死的。趁着标本还没有因为炎热而腐烂，我立即重新开始工作。等我干完活、吃完晚饭后，天已经黑了。奎宁的副作用让我头痛、耳鸣，上卫生间的时候，我感到小便时一阵灼痛，浑身一点力气也没有。

奎宁已经在开始杀死我体内的疟原虫，这天夜里，我醒来的次数变少了。第二天早上，我们决定继续南下。当天午后，我们在风景优美的林地里开车走了一整天，然后来到卡波波高原山脚下的本德拉镇。我很意外地看到了电线，许多人家还装着卫星天线。卡波波高原雄伟壮丽，平坦的草原上陡然升起绵延起伏的棕色和绿色的山峰，越往高处，看到的森林便越多。

殖民时期，为了获得高原上的矿产资源，比利时人曾在山上修了一条路，但我一眼望去看不到路在哪里，也没有看到山上有任何小路、居民点或用火的痕迹。它看上去有一种原始的美，我兴奋地想象哪些动物可能藏身其间。

我看到几栋殖民时期的比利时风格的房子，每一栋门前还亮着电灯。我还看到一栋漂亮的房子边上支着一顶巨大的、样子很现代的帆布帐篷，帐篷旁边有一辆锃亮的四驱汽车。不久，我们得知有个白人住在这里。我还在康复中，身体很虚弱，一个当地人租给我们一栋破败的比利时风格的屋子，我在水泥地上支起自己的单人帐篷。这栋房子和我们以前住的房子一样，卫生间里没有马桶，没有自来水，水池上的镜子也破了，但一个大澡盆还算完好，可以使用。

这天夜里我睡得很香。第二天上午，我感觉身体好了一些，于是拍摄了万德杰和亚里士多德在附近河里找到的一条红唇响鳞蛇（*Crotaphopeltis hotamboeia*）。这种夜行蛇身长 80 厘米左右，有毒，但毒性不强，在被逼急了的时候会毫不犹豫地咬人，通常在水边捕蛙为食。

我正在工作时，那个白人让人请我去喝下午茶，我很高兴地停下工作去见他。我结识了这个叫皮埃尔（Pierre）的男人。他在一家外国矿业公司工作。皮埃尔请我喝在刚果（金）少有的冰雪碧，他介绍说，他是那家矿业公司的后勤总管，一些当地人在卡波波高原发现了黄金，他们的公司正在调查这个地方的黄金是否有开采价值，已经和非洲的地质学家、工人在刚果（金）待了几个月，熟悉了这个前不着村后不着店的地方。他给了我们很多建议，以防我们的车子在刚果（金）恶劣的道路上坏掉。但他所有的解决办法都需要钱，而那正是我所缺少的。

我向他了解卡波波高原的情况。他说他只去过一次高原，并且永远不会再去了，因为高原上的条件实在太艰苦了。他曾攀登过近 90 度的陡坡，一路上踩着用砍刀挖出的立足点攀行。听上去他的经历与我们在伊托姆伯维高原上的经历类似，但卡波波高原更为险恶。高原上几乎没有村庄，森林保存完好，他经常在上午听到黑猩猩的低沉吼叫。

皮埃尔说他可以给我们安排向导和脚夫，并且建议我们黎明前出发，避免在一天中最热的时候经过草原——在走到山脚前，我们必须先走过这些草原。小镇上有一台殖民时期的发电机依然在运转，它能坚持这么久让我们很惊讶，我们转而谈到了刚果（金）的历史，以及最近几十年来这片土地上的深重灾难。

但是慢慢地，在不知不觉中皮埃尔将话题转到了刚果（金）的腐败问题。他开始猛烈抨击刚果（金）的腐败。他的一席话让我坐立不安，希芬德拉也聪明地找了个借口溜走了，但皮埃尔还不自知，继续抱怨他感觉到的刚果（金）人的缺点。我提醒他小心言行，注意安全，结果他反而嘲笑我杞人忧天。

皮埃尔让我放心，说他能自己照顾自己，因为他以前是特种兵。天色渐渐暗了下来，鸟儿的鸣啭悦耳动人。我们静静欣赏着卡波波高原上橙黄色的夕阳，皮埃尔一边喝着啤酒，一边百无聊赖地叹气说："真怀念以前当兵的日子。"

第二天破晓前，马赛尔叫醒我，给我拿来咖啡、红酱、米饭和一堆臭烘烘的鱼干。我本来不想吃早餐，但是我必须补充体力、恢复身体，于是硬着头皮咽了下去。在黎明前灰蒙蒙的薄雾中，穆卢雷马小心翼翼地把车开到镇子的另一边，我们和皮埃尔约好在那里见面。

几个脚夫和向导也在那里和我们会合，他们穿着褪了色的破旧的短袖衫和短裤，看上去都还不到 18 岁——皮埃尔向我保证他们是最好的脚夫和向导。和他们谈好条件、预付工钱后，太阳已经升得老高，需要涂防晒霜了。我先是感谢皮埃尔细致无遗的热心帮助，然后和他告别。我们开始步行，沿着一条荆棘丛生的小路向荒凉的草原走去。50 年前，这里到处都是大象和羚羊，而现在，当我们慢慢走过时，我们没有看到一只动物。

两个小时里，我们艰难地穿过灌木丛中的崎岖小道，一路上灌木和树枝划破了我们的衣服，割破了我们的胳膊和小腿。植被越来越密，我已经看不到山了，但我们的向导似乎很有把握，一直不停地在向前走。我们走到河边一块树荫浓密的长廊林，我很高兴它挡住了一部分阳光。走过这片林子，紧接着就要过河。我卷起裤脚，走进混浊的河水里，尽量不去想生活在水里的各种恐怖的寄生虫。

走过河对岸的森林，我抬起头来，看到一堵似乎直通天际的悬崖矗立在我们面前。正如皮埃尔先前的提醒一样，它实在陡得惊人。我意识到自己遇上了平生第一大难关。我们从一个立足点攀爬上另一个立足点，一次次短暂的爆发式用力将我们累得气喘吁吁。我们连续爬了好几个小时，在大部分时间里，我们必须手脚并用才能爬上去。天气酷热，用力过猛，我累得汗流浃背，上气不接下气。脚下的泥土也不结实，我们滑下去很多次，然后又咒骂着重新爬上去。

傍晚前，我们最终来到一块紧邻着小溪和森林的平地，强忍着疲惫支起帐篷。没有人还有力气去找蛙，但去溪边喝水时，亚里士多德在落叶里找到一只独特的节蛙。

第二天天亮后不久，我们继续攀登陡峭的山坡。现在我们已经来到海拔超过 2 000 米的地方，气温比我们在草原时要凉爽。走出山腰的浓密森林后，我们沿一条蜿蜒的小路穿过一片开阔的草地，然后沿着一条湿滑的小道向上攀登。剧烈的活动和稀薄的空气让我们呼吸困难，但我们最终还是爬到了山顶，森林和草地混合而成的美景呈现在我们的眼前。这里非常原始，四周看不见任何人类活动的痕迹。

我们发现了许多蝌蚪，花了一些时间哆哆嗦嗦地在冰凉的水里网它们。我们还在周围的森林里找了几个小时，但林子太干燥了，我们什么也没找到。随着下午的时间慢慢过去，我们决定扎营过夜，第二天再探索高原上的其他地方。这里十分安静，一片原始的风貌，能来到这里是我的幸运，刚果（金）其他地方没有这样的景象。

第二天早上，希夫愁容满面地向我走来，我知道我们遇上麻烦了。和附近一个营地上的矿工谈过后，他非常担心安全问题。矿工告诉希夫，卡波波高原上有武装分子和匪徒，他们经常抢东西。如果这些武装分子和匪徒知道我们在这里，很可能会把我们洗劫一空。我们没有武器，偏远的高原上也找不到武装护卫。身处刚果（金）最原始的区域，没有武装护卫让人抓狂，此地不宜久留——如果我们还想成功完成这次考察的话。

虽然不情愿，但我不得不承认希夫的担忧有道理，我们需要返回本德拉。但我不想沿原路返回，希望能在离开高原前再多考察一些地方。与向导简短讨论后，我们计划向西走，先到一个大的采矿村基尔韦玛潘特，再从那里返回本德拉——这条路上除了森林什么都没有，我们可以边走边找动物。

我们在人迹罕至的林中小路上艰难跋涉了七个小时，潮湿的树叶打湿了我们的衣服。一路上，许多地方都被植物或大树挡住了，每次爬过或钻过路上的障碍，我们的衣服上便多沾上一些泥土。我时不时地在树根附近挖掘，用头灯照一下每一个裂缝，还剥开树皮寻找，但一只蛙也没找到。有时候，某个地方的动物在某个时期会莫名其妙地变得非常稀少。不幸的是，我们在异常干旱的时期来到卡波波高原，许多动物很有可能因为干旱躲了起来。

当我们走下一面陡峭的山坡来到基尔韦玛潘特村时，天色已经完全黑了下来。山麓下是一段横向延伸的巨大峭壁，我们只能顺着一棵倒了的大树走到悬崖下的小溪，这棵大树或许是碰巧倒在了那里，或许是有人故意砍倒做成了独木桥。如果从树上滑下去，很有可能会摔断腿，因此我手脚并用，慢慢爬过大树。

下了悬崖后，我听到对面有人声传来，而且闻到了村里的烟火气息。虽然我们安全了，但也一身狼狈，饥肠辘辘。我和村里的几个矿工打招呼，队里的其他人这时慢慢赶了上来。从森林里走出来的白人让村民非常惊讶，但他们还是热情地招呼我，给了一块地方让我们过夜。

第二天早上，我感觉身体好了一些，和万德杰、亚里士多德出去查探周围的森林和草地。我们终于时来运转，找到了几只非洲树蛙和蜥蜴。我们还找到了一只雷西石龙子属（*Leptosiaphos*）的掘地石龙子，它居然误打误撞地钻到了亚里士多德的帐篷里。万德杰还找到一只样貌惊人的乌干达变色龙（*Trioceros johnstoni*）——俗称约翰斯顿三角蜥蜴，哈里·约翰斯顿爵士就是那位第一个在刚果（金）收集到獾狮狓标本的英国探险家。

一天后，我们返回本德拉。我们愉快地走在原始的草场上，就像是一群远足客。在某个地方，万德杰还丢下背包，扑向一只蜥蜴，发现是一个石龙子属的新种。现在，我们至少有了一个可能会很有趣的发现，我决心以后再回来彻底考察一次卡波波高原。时间已近中午，我们从山冈下到一段陡峭的石头路，并朝下方的草原走去。这是一趟艰苦的长途跋涉，到了下午，阳光晒得我们汗流浃背，我感觉特别疲惫。

原来是森林的地方有许多被焚烧过的痕迹，我意识到这里以前可能有人居住。我不明白为什么有人要破坏这里的森林，因为除了贫瘠的土地和石头，他们什么也没留下，也没人在清理出来的林地上种庄稼或做任何有益的事。

随着时间的流逝，我头晕目眩，口干舌燥，而且越往下走，气温就越高。我的步伐已经慢到和乌龟差不多了。有好几次，我不得不停在一丛灌木或一棵树的阴影下休息，好喘两口气。山路的尽头就是小镇，其他人急着回本德拉，躲避这灼人的酷热，他们纷纷走在了我的前头，只有万德杰还陪在我身边。为了解暑，我喝了很多水，所以在离开山路前约一小时我的水就喝光了。虽然我知道漫长的攀登和步行让人疲惫，但我隐约感觉到我的身体不太对劲儿，开始怀疑什么地方出了岔子。

回到在镇中心租住的房子后，我用尽最后一丝力气支起帐篷，然后倒头就睡。天黑后，马赛尔叫我起来吃东西，把我吓了一跳。我太累了，一点胃口也没有，于是转头又睡了。我在半夜里醒来，头痛欲裂。一量体温，我发现自己又发热了。我一边诅咒自己这不争气的身体，一边庆幸没在卡波波高原上发病，我继续睡觉，差不多第二天中午时才醒过来。

亚里士多德带我到镇子中的一个小诊所。这个灰突突的小诊所由一个男护士管理，没有医生，生锈的设备和病床像是殖民时期的遗留物。他询问我最近的病史，立即怀疑我得了疟疾。但他没有检查血样用的显微镜，只好用一种印度产的疟疾抗体检测试剂简单给我做测试。测试结果是阴性。他建议我静脉注射两天奎宁，因为他觉得我的病也许是由疟原虫或其他血液寄生虫引起的。最近的半正规医院距离这里有好几天的路程，而且路也很不好走，因此我决定听从他的建议。

第一天，我打了五个小时的点滴。在打点滴的时候，我要么看书，要么盯着漏水的天花板上的水渍发呆。其间两个男人架着一个呻吟的少年走进诊所，护士立即给他治疗。他的奉献精神让我惊讶。发烧和炎热的天气让我大汗淋漓，当皮埃尔带着一瓶冰汽水来看我时，我非常高兴。他劝我休息一周，然后再继续完成艰难的登山日程，我向他保证会听从他的建议。第二天，我再次忍受了十个小时这样的煎熬。打完点滴后，我实在太虚弱了，万德杰带我回住处时，我像孩子一样抓着他的手，靠在他的身上。

在我生病治疗的时候，希夫和亚里士多德一直在本德拉附近的沼泽里找动物，他们也确实找到了一些有趣的动物。除了一些我不认识的非洲树蛙和河蛙外，有人还打死了一条橄榄绿色的舒氏巨渴蛇（*Dipsadoboa shrevei*）。这种夜行蛇行踪诡秘，后有毒牙，但毒性不强，没什么危险。

还有一位勇士在自家附近打死了一条咝蝰（*Bitis arietans*）。咝蝰是非洲体长最大（最长的可达 2 米长、6 千克重）、分布最广泛的蝰蛇之一，它脾气暴躁，遇到捕食者时会鼓起身体，发出响亮的嘶嘶声。虽然它们会发出警告，但因为这种蛇善于伪装，会一动不动地躲在草里伏击猎物，所以有些光着脚的倒霉蛋看不到它们，会走到离它们太近的地方，甚至踩到它们，因此每年都有成百上千人被咝蝰咬伤。它们长有长长的毒牙和蓄积大量毒液的巨大毒腺，因此被它咬一下会极其痛苦。它们的毒液可导致人体组织局部发生坏死、水肿，最终被咬者会发生休克、心脏衰竭或肾衰竭。如果毒牙碰巧咬破一条血管，使毒液直接进入血液，那么被咬者会在半个小时内死去。

我们在卡波波高原发现了一个蜥蜴新种的单一标本，得到一些其他稀有物种的标本，几年后，那条巨渴蛇将对进化关系的研究发挥作用。我很满意我们在如此艰难的形势下发现了这么多有趣的东西，因此决定离开。

我告别皮埃尔，感谢他给予的帮助和建议。他祝我一切顺利，但在我介绍夏末的计划时，我注意到他的语气里有一丝担心。我告诉他，我将在布卡武恢复身体，然后北上，去到比卡波波高原更鲜为人知的艾伯丁裂谷的北端，并以那里为中心，考察西面的伊图里雨林。听完我的计划，皮埃尔直摇头，说我应该先买好足够的救援保险。显然，我的身体状况看上去不太好，但我还是决心继续远征。

几天后，我又回到戈马，住在希夫的家里。快到戈马时，车子的刹车坏了，一队人马不得不无所事事地等了几天。为了打发时间，我决定采访一下希夫的老岳母，请她谈谈她年轻时的刚果（金）。我送了一些啤酒给她，她欣然接受，同意接受我的采访。

她说她叫克里斯蒂安・姆瓦穆杜吉加，是巴希部落的一员。在她年轻的时候，部落里的大部分女孩穿的是用羊皮做的衣服，但她的父亲为比利时人工作，因此她可以穿上和白人妇女一样的衣服。

她自称出身王室，父亲是一个叫尼亚恩盖济的地方的国王。

这个地方现在叫“Nya Ngezi”，在布卡武的南边，开车沿着从布卡武到乌维拉的路走，大约要一个半小时。这条路是一个白人女工程师在20世纪初修建的，姆瓦穆杜吉加恰好是在这条路完工的那一年出生的。

她回忆说，她童年时村子附近虽然没有大象或狮子，但有很多羚羊和疣猪。为了防止生病，那时的女孩子会被在鼻子和脸颊上划出伤疤；同时，为了漂亮，也会在牙齿间刻出空隙。她说过去的生活很好，因为没有战争，但王国之间偶尔也会发生争夺土地的打斗，以矛为武器的打斗随时都有可能发生。她说大多数比利时人很和善，但大家怕他们，因为他们有时会用鞭子打人。

那时，“比属刚果”许多女孩子在15～17岁结婚，男方家需要

路边反强暴宣言的宣传牌。上面的斯瓦希里文意为：“与性暴力做斗争。如果她是你妻子，你会怎么做？我们必须直面现实，团结起来打击它。”

给女方家大量彩礼。有时候，朋友之间会用联姻的方式来巩固彼此间的友谊。“比属刚果”人的婚礼上充满了快乐，各个村子的人齐集一堂，喝酒、跳舞。许多面具被用于不同的仪式，如婚礼、葬礼、生日等。但国王的面具只有国王才能使用，别人用了就会死掉或生病。

我问到她很多与动物有关的事，她给我讲了一个故事。在这个故事里，有一种外表像豹子，但体型要比豹子大得多的动物。这种动物是会吃人的怪物，所有人都怕它。她的父母和祖父母曾对她说，如果她夜里出门，那个野兽就会把她吃掉。一到夜里，每个人都得待在屋里，尤其是女孩。她说一个老巫师最终活捉了它，在它身上挂了个金属饰物，饰物会发出声音，吓走别的动物。

我想问她为什么老巫师要这样做，却看到那些啤酒已经让她昏昏欲睡，讲故事的声音也渐渐地低不可闻。一个不存在的故事让人心驰神往，我脑海里回荡着各种关于狂野非洲的说法，直到啤酒让我也沉沉睡去。

第二天上午，穆卢雷马开车过来（带着一大笔修车费账单），我高兴坏了。所有人手忙脚乱地收拾起设备，然后上路。我们一路向北，离开了戈马这片由火山岩构成的荒凉之地。在路旁，我看到一块由某个西班牙非政府组织竖立的反强暴标语牌，强暴和战争之间的可怕关系并非刚果（金）独有，但这个问题在刚果（金）太普遍了。妇女们要么待在小屋里饿死，要么冒着被强暴的危险到地里找吃的。

我们一路北上，沿途经过好几座城镇。在路上，我注意到另一块反强暴的宣传牌，上面画了一位面色严峻的妇女。她头上顶着沉重的木柴、香蕉、水桶，背上还背着孩子。

我忍不住思考，她们中有多少人遭受过人身攻击？考虑到发生在我们身边的暴力，我感到身上一阵寒意袭来，但我还没有意识到，更大的威胁已经在我的体内茁壮生长。

Emerald
A Scientist's Adventures In The Jungles Of The Congo
Labyrinth

# 第 9 章
## 这人脑子有问题

多少世纪以来，罹患疟疾的原因一直是个谜。18 世纪，发明了以双命名法确定物种学名的著名生物学家林奈猜测，这种疾病是由饮用水中的泥土微粒进入堵塞的毛细血管引起的。

在美国南北战争中，疟疾经常决定战役的胜负；二战期间，它是驻南太平洋的美军要面对的大问题。虽然疟疾在热带地区最为常见，但在其他地方也有可能出现：20 世纪 20 年代，一场疟疾毁灭了北极圈附近的一座俄国城镇；2003 年，卫生状况不佳导致佛罗里达州出现了若干例疟疾患者。

现在我们知道，疟原虫是一种寄生单细胞真核生物，不同种类的疟原虫可以感染从爬行动物到人类在内的多种动物。蚊子被看成世界上对人类危害最大的动物，因为它们可以传播数种致命的疾病。全世界有 3 500 种蚊子，其中 70 种蚊子的唾液腺中有疟原虫。以疟疾为例，按蚊在叮咬脊椎动物时，会将疟原虫传播到它们的血红细胞中。

疟原虫阻碍三磷酸腺苷酶的合成，从而影响蚊子的行为。三磷酸腺苷酶是一种抗凝血化合物，可以让雌蚊（雄蚊不叮人）吸食到足够的血液。不能合成这种酶的雌蚊吸不到足够的血液，于是只好叮咬更多的受害者，因而每次都会感染更多的人。感染疟疾后，人体内发挥作用的血细胞便会减少，导致身体疲乏、卧床不起。

疟原虫进入人体后有 7～30 天的潜伏期，潜伏期过后，感染者会出现发寒发热、倦怠、肢干疼痛、恶心呕吐、出汗和剧烈头痛等症状。出汗发热和打冷战症状的急剧变化来自疟原虫感染后红细胞破裂释放出的有毒物质。

在非洲，最常见的疟疾是由最致命的恶性疟原虫引起的。恶性疟原虫会附着在大脑血管壁上，严重感染它们的病人（约 2%）可死于神经性昏迷、重度贫血、黑尿热的溶血性贫血、急性呼吸窘迫综合征、低血压、肾衰竭或低血糖并发症等。

人类感染的恶性疟原虫是怎么来的？科学界对此看法不一，但最近的一项研究表明，恶性疟原虫最早寄生在蝙蝠身上，后来才传播给其他的哺乳动物，如啮齿动物和灵长类动物。科学家分析了中非的人类和野猿体内的疟原虫 DNA 样本，发现人体内的疟原虫与西非低地大猩猩体内的疟原虫一模一样。因此，人类恶性疟原虫的起源似乎与这些大猩猩有关，而这种疾病的人类形式是由发生在数十万至数百万年前的“单一跨物种传播事件”造成的。早在距今 5500 万～3370 万年前的始新世，疟疾在进化过程中可能在灵长类动物（猴子、猿和人类祖先）的体内有过多次宿主转移。

疟疾导致的死亡大部分来自恶性疟疾，每天因此而死的非洲儿童达到惊人的 3 000 名。全球每年有 2.14 亿人感染疟疾，其中大约

50 万人因此死亡。2016 年，疟疾是刚果（金）致死率最高的疾病，尤其是感染疟疾的儿童，他们中的许多人因为父母买不起治疗疟疾的处方药而死亡。许多公益组织花费了数亿美元与疟疾做斗争，他们虽然取得了一些进展，但不幸的是，由于人类为了短期利益不惜损害自然，这种疾病还在继续造成可怕的伤害。

对亚马孙雨林的研究表明，采矿和森林砍伐（为庄稼和种植园腾出土地）增加了适于蚊子繁殖的区域，造成蚊子的肆虐，导致疟疾的传播更为严重。按蚊喜欢在森林外能晒到太阳的池塘里繁殖，因此森林面积被砍伐 1%，疟疾感染率便增加 8%，蚊子咬人的次数则增加 278%；据推测，中部非洲的情况也同样如此。艾伯丁裂谷内新开了许多金矿（世界上的黄金有大约 1% 来自刚果（金）），分离黄金所用的汞有降低人体免疫力的作用，会加重疟疾的感染。

在中部非洲，猎取野生动物也是一个导致疟疾肆虐的原因。捕猎到的动物需要从森林中运出去，运输活动必须建设道路。有数据表明，刚果盆地每年的非法丛林肉贸易量约为 100 万吨，相当于 400 万头牛。除了明显的哺乳动物生物多样性损失外，非法捕猎消灭了蚊子的哺乳动物宿主，迫使它们叮咬人类。

更让人担心的是，随着森林砍伐的持续，一些新的毁灭性疾病的传播风险也在增加。大部分新型疾病（动物源性疾病）的感染由人与野生动物的接触引起，如埃博拉、马尔堡出血热、艾滋病、寨卡病毒、尼帕病毒、拉沙热病毒、萨斯病毒、禽流感等。人与野生动物最有可能在森林边缘、森林被砍伐的地方以及人口稠密的地方接触，因此在未来，森林的减少和区域被割裂很有可能会增加动物源性疾病的发生。而且这种情况最有可能在中部非洲发生（如寨卡病毒最早就是在乌干达被发现的），因为在那里，哺乳动物的生物多样性丰富，生物量大，丛林肉的猎捕、运输及消费活动频繁，而且有与人类关系很近的灵长类动物的出没。

所有这些例子表明，自然环境的改变破坏了宿主和寄生虫之间的生态平衡，从而加快了疟疾和其他热带疾病的传播，给人类带来毁灭性后果。在为了谋生或改善生活而摧毁雨林时，热带地区的人不知不觉地打开了潘多拉的盒子，恶化了自己的生活环境。

驱车从戈马出发，经过维龙加国家公园继续前进的路上没有新意。我们先向北走，然后再往东朝艾伯特湖走，一路上的地貌渐渐从贝尼附近被砍光的低地雨林和农田转变为越来越干燥的林地和草甸。下午，我们进入灰尘漫天的布尼亚市。太阳火辣辣的，路上蒸腾着热气。与刚果（金）东部保留下来的殖民时期的城镇一样，作为伊图里地区的首府，布尼亚拥有电话、电报、银行和其他商业资源。许多比利时人从事咖啡贸易，布尼亚是一个主要的贸易中转站。第一次刚果战争期间，解放刚果民主力量联盟进攻布尼亚，摧毁了城市的一部分基础设施。

我们进入市中心，有联合国标志的醒目的白色车辆似乎无处不在。这是因为布尼亚是个交通便利的集结地，既方便他们从不远处的乌干达边境运来补给，又利于在刚果（金）东部和形势日益混乱的南苏丹展开行动——两年后的 2011 年 7 月，南苏丹被国际社会承认为一个新的国家。我们在城里转悠了一个多小时，寻找补给、食物和住处。最后，我们看中了大市场附近一家带餐厅的旅馆，并住了下来。

我想去考察艾伯特湖西面的蓝山山脉——19 世纪，英国探险家塞缪尔·贝克看到鲁文佐里山脉以北丘陵地带的蓝色烟雾，给它取了这个名字。虽然蓝山山脉这个名字依然出现在许多刚果（金）地图上，但住在布尼亚的人更喜欢叫它伦杜高原。伦杜高原得名于该地区的主要部落：伦杜族，他们在该地区的敌对部落是赫马族。在被称作“非洲的世界大战”的第二次刚果战争期间，两个部落发生了激烈的战斗。

1999 年，在一次冲突期间，3 万人逃出伊图里地区；次年，伦杜族民兵在布尼亚附近杀害了 425 名赫马族平民。随着战争的进行，双方多次发生以牙还牙的杀戮。2009 年，我们来到伦杜高原时，联合国刚刚说服了大部分伦杜人交出武器，和平正慢慢回到这片地区。

作为生物学家，我之所以对伦杜高原感兴趣，是因为 20 世纪对该地区的鸟类研究表明，这里也许栖息着一些当地独有的物种。几乎没有专业期刊谈到过伦杜高原的两爬动物区系，而且有传言说，伦杜高原海拔最高的地方有山林，我渴望去之前的那些生物学家极少涉足过的地方收集标本。考虑到一些物种只出现在艾伯丁裂谷孤立的高地上，我确信若能到达伦杜高原与世隔绝的山林，我们会在那里发现新物种。

在布尼亚，又一次因疟疾发热后，7 月 5 日我和全队人马启程前往朱古镇。接近镇子时，我看到几栋依附于一所大教堂的砖楼。殖民时期，这座教堂肯定是某个传教团的中心。我们来到一个岔路口，不知道该往哪边走，希夫叫住一个正在树荫下与朋友聊天的高个子老人。我们想搞清楚去哪边好，于是问他这片高原里有没有森林留下。他微笑着指向山里的一片“grande forêt”（大森林）。他说到，路尽头有个与高原森林相邻的阿博罗村，村里有座旧的意大利传教所。

我们兴奋起来，谢过老人，走上那条通向阿博罗村的路。越往前走，路上的石头越多。我们在地图上标示出的最后一座城镇稍事休息。镇上有一家保留下来的殖民时期的旅馆，旁边有几株细长的澳大利亚桉树。

远处连绵起伏的山峦上草色青青，上面有巨大的花岗岩石块以及刺桐和金合欢树。期间我们问路人阿博罗村怎么走，然后沿着他指示的方向前行。突然，原本满是碎石的路面变得平坦起来，一座看上去较新的木桥让我们轻松渡过了高原上弯流而下的小溪。

伦杜高原上的这条路是以牺牲自然环境，尤其是牺牲了那些几乎还不为人知的动物为代价建成的。根据我的判断，非洲很少有动物能在种有桉树的农场里生存。我们向高原攀登，一路上见不到任何天然林，只看到无处不在的桉树——为了推销这种硬木木材，这条路上的天然林很可能被摧毁了，因为朱古镇上的老人说森林可能已经被严重破坏，我开始担心他一语成谶。我虽然担心，但也做不了什么，只能且走且看，希望阿博罗村还会有一些天然林留下来。

走着走着，道路突然变得平坦。我们来到一个市场，许多人正忙着买卖蔬菜、山羊和常见的从印度进口的便宜货。一群少年给我们指路，告诉我们天主教传教所所在的方向。我们继续沿着一条蜿蜒的路向前走，这条路上长满荒草，看上去已经很久没有人走过了。

走出浓密的植被区，我们开始翻越一座小山，山的尽头有座高高的欧洲风格的教堂，教堂旁边的建筑很可能是牧师的住处。我快速查看了一下 GPS 设备，显示我们已位于海拔 2 400 米的地方，距离高原最高点已经不远。

顺着远方视线外的艾伯特湖的方向，我眺望地势渐低的高原东坡。东北方有一座陡峭的山，但却没有发现一块像样的森林；也许山的另一面有森林；也许翻过这座山徒步走几个小时会有一小块森林，但四面都看不到朱古镇上的老人描绘的“大森林”。

希夫去找该处的负责人，不到一个小时，希夫就和看门人打得火热。我们获准住进那栋落满灰尘的建筑。一面墙上挂着已经破碎的 20 世纪末的日历，这表明意大利传教士在这里工作到蒙博托政权垮台的日子。蜘蛛网和遍地的昆虫促使我赶紧在一个房间里支起帐篷，以免睡觉时被它们咬到。

第二天早上醒来，一个坏消息传来。希夫与当地人谈过了，阿博罗山上最后一片森林也已经被毁了。我们来晚了一步，现在只能收集高原草地上的动物标本了。我非常失望，一边吃马赛尔做的简单早餐，一边思考我们是否要在草丛中搜寻一天。我还没来得及吃完早饭，亚里士多德就带给我几只变色龙和一条灰不溜秋的家蛇（它们常现身人类住处附近，以老鼠为食）。这些变色龙是我以前从未见过的种类，于是我请万德杰和希夫到发现它们的地方再找一些回来。我刚刚开始拍照，蛙、蜥蜴和蛇就源源不断地被送过来。我完全沉浸在工作中，与亚里士多德一起拍摄这些漂亮、新奇的动物，一连拍了好几个小时。

种类繁多的两爬动物带来的兴奋消失后，我开始仔细审视每一种动物，看看能否认出每个物种。它们大部分看上去都很眼熟，但一只变色龙吸引了我的目光，因为它类似于刚果避役（*Kinyongia adolfifriderici*）——一个世纪前，这种鲜为人知的生物在伊图里低地雨林里被发现，但我手上的这只变色龙要大得多，而且它颈后的头冠也不像刚果（金）变色龙那样圆润。这里的海拔至少比伊图里高出 1 500 米，并且希夫是在灌木林而不是在雨林里找到的这只变色龙，所以它会不会是一个新物种？

这些变色龙也许是灭绝滞后的又一个悲哀的案例，我必须考虑这种可能性。所谓灭绝滞后，是指一个物种失去了天然栖息地，设法在一个可替代栖息地坚持一段时期，直到最后撑不下去，永远消失。没有一种已知的刚果（金）变色龙会生存在森林以外，可能这只我们假定是新物种的变色龙也曾生活在阿博罗的森林里，直到人

伦杜的小孩围在作者身边，看他在树下拍一只动物。注意那双护腿的防蛇靴。
摄影：亚里士多德。

类摧毁了森林。它们无处可去，必然灭绝，只是在灌木丛里暂时勉强维生。

如果这种变色龙真的是一个新物种，谁能确切地知道它真正喜欢哪种栖息地呢？它们看上去很健康。随着时间的推移，我们发现了越来越多的这种变色龙，我开始意识到它们在这一地区相当常见。

在拍摄一个颜色特别鲜艳、特别活跃的个体时，我意识到自己可能需要花费数年时间才能将这些问题研究清楚。如果这种变色龙被证明是一个新物种，那么一份权威的科学论述将使世界知道它们在这里并且采取措施，给予它们某种保护。

考察队找到了越来越多的动物，我的拍摄活动一直持续到第二天。我拿起一条无毒的蛇拍照，看到这一幕，阿博罗的孩子开心得大喊大叫。他们小心地围在我身边，一边挤在一团看我在相机上回放照片，一边用我听不懂的方言喋喋不休。亚里士多德可以熟练地使用五种语言，但他也听不明白这些孩子在说什么。

“那是什么见鬼的语言？”他用英语自言自语道。

看着我微笑，伦杜的孩子也跟着我笑了起来。这些孩子太可爱了，他们的精力永远充沛，激励我一直工作，让我忘记了正在掏空我的身体、久治不愈的疟疾。

亚里士多德出去寻找动物，我打发其他人去阿博罗山的顶峰考察，自己则在临时实验室里处理铺天盖地的标本。光线太暗，我打开窗帘，五六名少年走近，居高临下地看着我。我向他们微笑，但他们面带不悦地互相大声谈论起来，好像是在猜测我提取 DNA 样本的方法是不是某种巫术。我拿起一个瓶子，将钩子似的瓶口对着他们。我假装弯腰看蛙，然后挤压瓶子，将一股强劲的水流喷到他们毫无防备的脸上。

一开始，这让他们吓了一跳，但看到我的笑容，他们也跟着笑了起来。他们甚至叫来更多的朋友互相喷水，玩得不亦乐乎。

下午晚些时候，希夫和其他人从阿博罗山的顶峰上下来，只带回几只在教堂附近也很容易找到的阿道夫蜥属的蜥蜴。我看到他们拍的照片，阿博罗山的山林已经被永远破坏了。我望向那座山，意识到自己正在见证许多物种的灭绝，感觉有点沮丧。

根据比利时鸟类学家弗里耶达在 1949 年出版的植被图谱，伦杜高原上本来就没有多少森林，也从未受到保护，到 2009 年我来这里考察时，所有森林都已被损毁。这些森林很可能庇护着几个特有的物种，它们只分布于某个特定的地区，不会出现在其他地方，当最后一片森林被毁灭时，它们无疑也会跟着灭绝。

考察队找到了越来越多的两爬动物，我们又接着忙活了好几天。一个特别冷的早上，我在走廊里冻得瑟瑟发抖，希夫捧着一杯咖啡暖手。吃早饭的时候，我注意到有两个人在通往教堂的路上盯着我们看。他们个子很高，穿着破烂，目光里的怀疑和狡猾让我不安。他们不大可能听得懂英语，所以我没有直接去问他们是什么人。希夫说他们已经观察我们两天时间了。

“他们参加过战争，对他们来说，战争也许还没有结束。我觉得也许他们脑子有问题。也许他们打算做坏事，我们应该尽快离开。”希夫说，一股寒意钻进我的脊梁骨。

希夫以前曾跟我提起过，在刚果（金）的偏僻地区待太久会有危险，因为潜在的盗贼会发现我们的日常活动规律，然后计划一次袭击，抢走我们的补给、钱财，甚至危及我们的生命。我觉得希夫的话有道理，我们应该尽快离开。因此第二天，我们收拾行装，谢过那些对我们友善有加的人，然后启程返回布尼亚。

虽然这次伦杜之行很短暂，但我们还是发现了一种新的变色龙，记录了艾伯丁裂谷最北端的几个特有物种，取到了几个我们之前没见过的有趣物种的 DNA 样本。考察完成后，我们还需要仔细且长时间的研究才能完全了解我们的发现，一个意外的惊喜也在等着我们。

两年后，我的同事本·埃文斯（Ben Evans）分析了一份爪蟾的 DNA 样本，发现它是一个新物种，我们将它命名为伦杜爪蟾（*Xenopus lenduensis*）。虽然伦杜高原的森林消失了，但它似乎庇护了一个曾经兴盛的两爬动物区系，而我们的工作将使世界关注到这个事实。完成杜伦高原的考察后，接下来，我们将西行至埃普鲁的伊图里低地雨林，那里有数量众多的有趣物种等待着我们去发现。

Emerald Labyrinth

A Scientist's Adventures In The Jungles Of The Congo

# 第 10 章

## 在俾格米人的丛林

安全逃离阿博罗的危险局面后，我们在布尼亚过夜。7 月 10 日，我们驱车西行，路上拣到一条死去的未成年的咝蝰。一路上，浅棕色的森林和草地渐渐转成绿油油的农田。我们开了几个小时的车，黄昏时分，一场雷雨将至，我们必须找个地方躲雨，于是来到了恩加卢拉村。

第二天，因为要赶到位于刚果盆地低地雨林中心地带的埃普鲁镇，所以我们早早出发了。一路上，我们看到许多人类活动对森林的侵蚀。路边绿色植被的种类很丰富，与路上的淡红色泥土形成鲜明的对比。我看到越来越多的蜻蜓、蝴蝶及其他昆虫，除此之外，还看到了许多鸟类。如此丰富的生物多样性表明，我们西行路上的森林变得越来越原始。上午，下了一场小雨，这提醒我雨林有它自己的天气。

我希望考察的最后一程能够评估伊图里雨林的两爬动物多样性。实际上，在 1909—1915 年，美国生物学家詹姆斯 · P. 蔡平（James P. Chapin）与赫伯特 · 朗（Herbert Lang）已经在“比属刚果”取得了很多样本。但因为偏僻和低地丛林中常见的热带疾病，1915

年之后，很少有两爬动物学家到访过该地区，一些已被发现的物种再也没有人见过，而且该地区大部分动物的DNA样本缺失，最近的生物多样性调查数据表明，还有许多新物种等待我们去发现。最令人兴奋的是，这里湿润炎热的气候特别适合蛇的生存。

就在我做着白日梦期待伟大发现时，河边的景象一下子惊醒了我，让我回到现实。我看到两辆停在路边的巨型拖挂车正在装载从附近森林里砍来的木材。几十个人头顶着厚木板走向卡车。美丽的大树正在我们眼前被砍倒，变成廉价的木材。我认识到伊图里热带雨林和刚果（金）其他地区一样，在科学家评估这里的生物多样性之前有消失的危险。我心里又重燃起一种紧迫感。

刚果（金），伊图里河渡口，一群人将非法砍伐的木头装上卡车。

链锯在远处发出尖叫声，我们在一座横跨伊图里河的桥边看到一大群人和车，可是没看见人从这座桥上过河。我走到河边一探究竟，发现这座殖民时期建造的桥一部分已经倒塌了，而刚果

（金）人想出的渡河办法既危险又混乱，而且费时费钱——用驳船渡河，这种将人、物和车辆摆渡过河的大驳船显然是用森林里的木头造成的。几帮互相竞争的少年用绳子将驳船拉向两岸，向过河人索取报酬。

这里似乎没人管理，一些驳船正在危险地互相逼近，威胁的喊叫声、争执声、讨价还价声构成了一幅令人头大的场面。我不知道鳄鱼会不会潜伏在水里等着哪个倒霉的乘客掉进水里，玛丽·阿克利①在二战后曾说，这个渡口的河里有很多鳄鱼。不过，武器的泛滥应该控制住了它们的数量，很快，我就把这些想法抛之脑后。

不顾车马的喧嚣，一小群猴子依然在离河不远的林子里大呼小叫。渡河需要花费很长时间和不少钱，于是我不慌不忙地观察着在河岸边越聚越多的人群。各色人等似乎全无惧色，勇敢地涉过泥泞的河岸，跳上晃晃悠悠、漏着水的驳船。女人提起艳丽的肯加布裙子，防止泥泞弄脏了衣服；西装革履的男人徒劳地躲避着飞溅的烂泥；渡船满载时，赤着脚、穿得破破烂烂的人依然一路飞奔到船上。

我们付给一艘驳船的主人 20 美元，然后穆卢雷马把车开到载我们渡河的驳船上。一辆满载乘客的中国产客车跟着我们上了驳船，客车上的几名乘客跑到船舷边上闲看。几个人一边大喊着让其他驳船和独木舟让路，一边将我们拉向对岸。我坐在副驾驶座上观看这无序的混乱和喧哗。一辆红色公共汽车从对面向我们这边渡过来，我和司机四目相对，他向我吐吐舌头，然后按下喇叭。汽车喇叭发出震耳欲聋的声音。看到我本能地捂住耳朵，他对着

①美国探险家、博物学家，摄影师。——译者注

我哈哈大笑。之后，我的耳朵里至少嗡嗡直响了一个小时。

我们继续西行，丛林的树冠逐渐遮蔽了路面，40 多米高的大树像巨人一样高高矗立。这里植被繁多，飞速掠过的色彩鲜艳的鸟儿更增添了丛林的狂野，也让我们对丛林深处可能的发现充满期待。在去埃普鲁镇前，我们先经过了几个小村庄。与我之前看到的刚果（金）人相比，村庄里的人身材矮小、体形瘦弱、大眼睛、浅肤色。他们自制的藤蔓篮子彻底暴露了他们的身份：俾格米人，一个古老的狩猎民族。

最早有关俾格米人的描述可以追溯到埃及第六王朝[①]，埃及贵族哈尔胡夫的墓碑上记录了他写给法老佩皮二世的信。信上说，一群喜欢歌舞的小人住在月亮山（即鲁文佐里山脉）以西的大森林里。"俾格米（pygmy）"一词来自希腊语"pygmç"，意为"拳头"，但也用作度量单位，表示肘到指节间的距离。

西方世界最开始认为俾格米人是传说中的人类，直到 1874 年，德国植物学家、探险家格奥尔格·施魏因富特（Georg Schweinfurth）给出了一份描述俾格米人的权威报告。不久，意大利探险家乔瓦尼·米亚尼（Giovanni Miani）在中部非洲探险时从一个孟格别图族的酋长手里买来两个俾格米人。这两个俾格米人先是被交给了苏丹和埃及的科学家，最终又被交给了欧洲科学家。这些科学家想知道他们是否有退化的尾巴，是不是人类与类人猿之间的过渡物种。

1906 年，俾格米人奥塔·本加被带到美国，被关在动物园的笼子里与一只猩猩一起展出。虽然这件事情在今天看来很荒谬，但它

①埃及古王国时期的一个王朝，大约在公元前 24 世纪至前 22 世纪，统治约 160 年。——译者注

确实真的发生过。由于煽动性的报纸标题及动物园管理员让他露出的长着尖牙的整齐牙齿，成千上万人涌到动物园来看他，参观人数最高时达到每天 4 万余人。

1886 年，一位来自欧洲的总督埃明帕夏被困，著名探险家亨利·斯坦利带领救援队去营救他。在这场历时三年的远征中，斯坦利在离埃普鲁镇不远的伊图里森林里与俾格米人发生了冲突。俾格米人很有可能是在自卫，因为斯坦利及其欧洲伙伴缺少食物，经常袭击当地人的村庄，寻找可以盗取的食物，打死任何认为对他们有威胁或不合作的人。

像对待当地的班图部落一样，斯坦利很可能将俾格米人看成低等人甚至动物，救援队里的一名英国人还杀死一个俾格米人，让伦敦的动物标本剥制师将他的头颅制成标本。在斯坦利写的畅销书《黑非洲》里，他添油加醋地描写了他与使用毒箭的俾格米人的战斗。这本书在英国和美国售出约 15 万册，被译成 10 种文字。

在随后的数十年里，科学家主要从形态学、遗传学和起源方面研究俾格米人，但到了 20 世纪 20 年代后期，一个叫帕特里克·帕特南（Patrick Putnam）的人类学家开启了一段非传统的学术研究之旅，最终让我们对俾格米文化有了深入细致的了解。帕特南相貌英俊，身材修长，有一头醒目的火红色的头发和络腮胡子，是美国东海岸一个富有外科医生的儿子，但他性情古怪、骄纵自私、野心勃勃。古怪的性格使他成为所有人关注的焦点。

哈佛大学富有魅力的人类学家欧内斯特·A. 胡顿（Earnest A. Hooton）激励他前往偏远地区研究鲜为人知的民族。1927 年，帕特南正在哈佛大学攻读人类学硕士，胡顿得到洛克菲勒基金会

（Rockefeller Foundation）资助的 7 000 美元，于是派帕特南和另外两人去西非考察。他们原计划是去塞内加尔，但不幸的是，塞内加尔爆发了黄热病，迫使他们最终改变了计划，选择去“比属刚果”研究俾格米人。

由于不注意个人卫生，帕特南多次得病，有一次还因为猎捕大象时受伤，差点失血过多而死。但这次受伤却让他因祸得福，因为他爱上了他的看护阿班济玛，她一直照料他，直到他恢复健康。

尽管性情古怪，但帕特南还是在“比属刚果”实现了他梦寐以求的与俾格米人的交流。他在伊图里森林里住了几十年，只是偶尔回美国看看家人。日积月累，他获得了大量有关伊图里雨林自然史、语言学以及俾格米文化的资料，但他几乎什么书也没出版，作为人类学家他没取得任何成就。结果，他不得不想方设法在“比属刚果”谋生。

有一段时间，帕特南在伊图里森林一个叫彭盖的偏僻小村庄做卫生官，但他与多名非洲妇女有染，不光彩的婚姻、对权威的蔑视以及张扬的举止很快让他丢掉了那份工作。他已经“融入当地人中”，这也让人们认为他有点神智不正常。

丢掉了卫生官的工作后，帕特南不知道接下来该干些什么。由于他有七颗蛀牙，牙齿疼得厉害，因此他决定沿一条阿拉伯人开辟的贩奴线路穿过森林，去寻求一位传教士兼牙医的帮助。东行的路上，帕特南经过了埃普鲁河附近一处风景优美的地方。瀑布在石头上流过，稍高的地势带来了比彭盖更适宜人生活的气候。帕特南有权有势的家人给他弄到了必要的比利时人签发的许可证，最终他与妻子玛丽定居在埃普鲁镇。玛丽似乎不介意他同时还娶了三个非洲女人（包括阿班济玛），完全适应了和帕特南生活在埃普鲁镇。

比利时人在埃普鲁镇附近修了一条路，帕特南夫妇在镇上开设了几个很受欢迎的旅游项目：一个小型动物园、供来访科学家使用的基础设施，以及一个游客招待所。帕特南夫妇在埃普鲁镇开设的站点被称为“帕特南营地”，它吸引了世界各地的冒险家和学者，科林·特恩布尔（Colin Turnbull）便是其中之一，后来他写了一本关于俾格米民族精神的书——《森林民族》（*The Forest People*），这本书的读者在同类题材的书中是最多的。

不同于许多住在“比属刚果”的白人，帕特南公平对待俾格米人，尊重他们，给他们当了多年的法官和医生，时间一长，他也受到埃普鲁镇的俾格米人的爱戴。1937 年，玛丽回到美国后死于流感，之后，帕特南与第二任妻子埃米莉结婚。但埃米莉与非洲格格不入，因此帕特南很快就和她离婚了。

与埃米莉离婚后，帕特南又娶了住在纽约的安妮·艾斯纳（Anne Eisner）。帕特南的家人住在马萨葡萄园岛，他在离家不远的一个海滩结识了安妮。安妮没有想到帕特南在非洲有家眷。帕特南的非洲妻子玛达让她怒火中烧，她还由此得到了一个外号：“Madami ya Kaleli”，意为“大吵大闹的女士”。心碎和感到受辱的安妮疏远了帕特南，她长期住在森林深处的俾格米人营地，最终也成为一名研究俾格米人的专家。

帕特南长期抽烟，因肺气肿和脊髓灰质炎而导致的腿部麻痹严重限制了他的行动能力。帕特南于 1953 年去世，去世时只有 49 岁，身后留下了一间建在埃普鲁镇附近的旅馆和一个动物园——动物园圈养了 30 只獾㹢狓和一群受过训练的大象。

20世纪60年代初，刚果共和国独立后，一支叛军毒死了动物园的管理人，把动物园里剩下的动物宰了做了食物。这场叛乱一直持续到1970年，在此期间，叛军和政府军两败俱伤，埃普鲁镇的许多村民也因此被杀害，一些人在俾格米人的帮助下成功地逃进森林。战争让埃普鲁镇渐渐败落，但科学活动没有因此停滞太久。后来，美国人再次让这个小镇成为一个科学研究的基地。

20世纪70年代初，约翰·特恩布尔和特蕾西·哈特（Terese Hart）在观察鸟类时结识。1973年，约翰来到扎伊尔研究伊图里森林的俾格米人。一年后，特蕾西加入和平队[①]，在布尼亚附近的尼亚昆代工作。几年后，两人回到明尼苏达州，结婚生子，同时攻读生物博士学位——特蕾西专攻植物学，约翰则研究俾格米人猎获的哺乳动物。

20世纪70年代末，为了得到撰写博士论文所需要的研究资金，他们带着三岁的女儿萨拉定居在埃普鲁镇。曾与约翰深度合作过的俾格米人肯盖成为他们研究中不可或缺的帮手。肯盖帮他们在帕特南生活过的地方盖了一间新的屋子。

1982年，特蕾西的第二个女儿丽贝卡在埃普鲁镇出生。为了完成博士论文，约翰夫妇曾在80年代中期回到美国短暂居住，之后，两人在纽约动物学会（New York Zoological Society，该组织后来成为国际公认的国际野生生物保护协会，简称WSC）的赞助下又回到埃普鲁镇。多年来，纽约动物学会持续关注着约翰夫妇在埃普鲁镇的科研活动。这一时期，约翰夫妇的家里又新添了一个成员：名为埃莲娜的第三个女儿。

①美国一个派遣青年志愿者到发展中国家工作的组织。——译者注

20 世纪 90 年代，在距离埃普鲁镇不远的地方，战争正如火如荼。那时，约翰夫妇一年之中会去埃普鲁镇好几次，有时还会带上他们的女儿。但每次去埃普鲁镇，他们都会有一个朋友或熟人已消失不见。在战争带来的混乱中，埃普鲁镇的偷猎和非法采矿活动日益猖獗，约翰夫妇的科研焦点从生态学转向生物保护。随着时间的流逝和两人影响力的增加，他们尽量保存刚果（金）原生态环境的决心也日益坚定。

2007 年，他们的孩子已经长大，在美国生活。他们没有了后顾之忧，因此开始了一个野心勃勃的新目标：将科研保护活动中心搬到 TL2 保护地（TL2 Conservation Landscape，得名于楚阿帕河、洛马米河和卢阿拉巴河，三条河在该地区形成一个三角形，今称洛马米国家公园）。这片狭长且面积巨大的低地雨林是刚果（金）最不为人知的区域之一，里面栖息着数量众多的倭黑猩猩（黑猩猩的近亲）、非洲森林象、刚果太阳鸟，以及其他珍稀和正受到威胁的物种。他们搬走后仍然在远方监测埃普鲁镇周边的生态环境，当我在 2009 年来到镇上时，他们已经深入 TL2 保护地至少一年时间了。

我们进入埃普鲁镇，希芬德拉和几个守在路障旁的护林员打招呼。希夫让我看路边的几栋小建筑物，那是护林员总部和研究中心，里面有一块地用栅栏围着，圈养着獾㹢狓。

我们来到镇中心时已近黄昏，被橙色的夕阳拖着的长长的影子正在慢慢变灰变暗。这时我们的肚子早已咕咕直叫，由于马赛尔不可能很快找到食材做出一顿晚饭，于是我们停在一家餐馆前准备吃饭。餐馆里画着一幅森林动物组成的摇滚乐队的壁画：一只黑猩猩在弹吉他，一只疣猴在打鼓，主唱似乎是一只号叫的豹子。

一个面无笑容的少女打着手电将我们领到几张肮脏的桌子前。

一段简短的交谈后，亚里士多德告诉我说他们能提供的食物只有猴子或羚羊。我立刻拒绝，决定先找到约翰夫妇的屋子，然后再去找吃的。我们开车驶过一条风景优美的林中公路，路边有几栋小建筑物。不久，我们来到一小块空地，空地的尽头有一栋醒目的大房子。一个看门人过来查看情况，我们付给他一小笔钱，然后在这栋能看到埃普鲁河的房子边扎营。

房子特别干净，里面的东西也井井有条。几排书架上放着许多平装书，家具看上去简朴而舒适。一栋盖得很漂亮的附屋就在距离主屋几米远的地方，我能看到附屋里的洗浴设备。房子里还有一个安着纱窗的走廊。约翰夫妇肯定在这里度过了很长一段时间，他们一边做研究、照顾女儿，一边倾听森林的声音。与我在刚果（金）住过的其他地方相比，这间屋子算得上四星级酒店了。

来到伊图里腹地，我非常激动，迫不及待地叫万德杰和我一起去探寻附近的森林。我们听到了小黑蛙的叫声，没过几分钟，就追踪到一只在小溪旁边 3 米高的树上呱呱叫的小黑蛙。我高兴地看到这是一只个头非常大的有奶油色斑点的绿色小黑蛙，它两条腿下的皮肤仿佛在金黄色的油漆里蘸过。这是个好兆头。

第二天早上，亚里士多德轻敲卧室门的声音吵醒了我。

我支起疲惫的身体，爬出蚊帐打开门，发现他带来了惊喜。

“早，头。”他晃悠着和我打招呼。

“看。”他举起一塑料袋面包。“好极了！”我尝了一口，然后全部买下来给全队人当早饭。“卖面包的女孩非常漂亮，”我猜测着亚里士多德的真实动机，“我觉得她明天还可以再送一点面包过来。”他狡猾地笑着说。

亚里士多德与当地俾格米人合作寻找动物。几小时后，他们陆陆续续回来了，找到了一种我不认识的多皱森林蟾蜍和一只奇怪的腹部呈亮橙色的非洲树蛙。希芬德拉在护林站附近抓到一条碰巧从他眼前爬过的罕见的扁平白环蛇 (*Lycophidion laterale*) 。晚上，吃过米饭和豆子，我们决定探寻埃普鲁河附近的森林边缘。身高不足 1.5 米的俾格米向导穆萨给了一个建议，于是穆卢雷马开车带我们到他说的地方去。

我和亚里士多德独自走进森林，一只小黑蛙正坐在植物的一片叶子上，我们用捕蛇钳夹下这片叶子。另一根树枝上的东西吸引了我的目光，我看到一条瘦瘦的蛇正在树枝上觅食，我用捕蛇钳轻轻地把它从树枝上拿下来。这一举动还是惊动了同在一根树枝上的蚂蚁，在我细心地夹住蛇，确认它是毒蛇还是无毒蛇时，蚂蚁蜂拥着爬上捕蛇钳的杆子，咬我的双手。这条蛇有黄褐色的身体、暗黄色的腹部和浅棕色的眼睛，我十分惊奇，这居然是一条罕见的无毒蛇：乌干达屋蛇（*Hormonotus modestus*）。

抓住这条蛇让我十分满意，我决定到车里处理一下被蚂蚁咬得火辣辣的手，穆卢雷马和亚里士多德步行去找其他人。在昆虫的嗡嗡声和夜行哺乳动物奇怪的尖叫声中，蚁毒带来的疼痛感逐渐消退，我关掉头灯，沉浸在这史前一般的天籁里。月光照亮了路，眼睛适应了黑暗后，我注意到一只小猫在林边潜行。

一开始，它身上的斑点图案让我以为是一只薮猫，但考虑到它相对较小的身材和出现的地点，我意识到自己见到的是一只罕见的非洲狞猫（*Caracal aurata*）。非洲狞猫多出现在赤道附近的林地，偶尔也可以在草原的长廊林和普通林地里见到，狞猫是非洲唯一生活在森林里的猫，和世界上其他类型的中型猫一样，狞猫以小型的鸟类和哺乳动物为食，但有时也会猎杀中等体型的小羚羊和猴子。

我们对非洲狞猫的繁殖特点和行为了解得很少，只知道圈养的狞猫一窝生两只小猫，而且它们之间似乎有一整套复杂的交流方式。非洲许多地方的人都猎杀狞猫，他们将狞猫皮作为传统仪式或打猎时佩戴的幸运物。因为大肆猎捕和森林砍伐，非洲狞猫已被列为易危物种。

亚里士多德和穆卢雷马回来告诉我，希芬德拉和万德杰只找到几只普通的蛙，他们还要继续找一会儿。驱车返回的路上，我看到一条外表显绿色的蛇慢慢爬过路面：树蝰（*Atheris squamigera*）！我的心里突然一紧。

穆卢雷马马上停车，我冲过去用捕蛇钳轻轻地拎起这条毒蛇，把它塞到我脚边的一只篓子里。这种蛇的长度一般不超过 80 厘米，颜色各异，但最常见的还是浅绿色的带黄色交叉条纹的树蝰。当受到威胁退无可退时，这种蛇会把身体盘成 C 形，并反向摩擦鳞片，发出类似于水滴在热锅上的嘶嘶声。我们对这种蛇的毒性严重程度几乎一无所知，只知道在中非共和国，有一个人被这种蛇咬伤了，他虽然接受了治疗，但还是在六天后死了。

回到约翰家，我想放松一下，于是到书橱找找有没有什么好书可读。一本《安妮日记》吸引了我，我上中学时就知道这本书，但从来没有机会读过。书的封底有一段简介，讲的是在被纳粹发现并转移到集中营前，安妮如何在纳粹的眼皮底下生活。最后安妮在集中营中死于斑疹伤寒。这本书让我入迷，一直读到深夜还不肯罢手。

7 月 15 日，我和亚里士多德花了大半天时间拍摄前一夜我与队员收集到的动物。晚上，我们决定去小镇西边的森林找动物，穆萨带着他的朋友——一个叫马克莱莱的俾格米人过来帮助我们。我们又找到许多蛙。我看到路上有一条无毒的白环蛇，立即跳下车，徒手抓住它。看到这一幕，坐在后座上的穆萨吓得像看恐怖片的女人一样大叫，显然他觉得我会因此死掉。穆萨的反应让所有人开怀大笑，万德杰从我手里接过蛇，向穆萨演示他能给蛇“施魔法”。

我们在前一夜发现乌干达屋蛇的河边结束了当晚的工作。这一次，我没有在这里找到蛇，但听到一只非洲树蛙发出的一阵极不寻常的叫声。后来，我弄明白这是一只布利法山非洲树蛙（*Hyperolius bolifambae*），它首先被发现于喀麦隆火山附近。雌性布利法山非洲树蛙的背部显奶油黄色，腿上有大块大块的深棕色斑，腿和腹部上的黑色部分点缀着明亮的白点，脚趾是明亮的橙色，漂亮极了。这是一个收获颇丰而开心的夜晚，只可惜后来事情的发展有了变数。

入夜几个小时后，我从时断时续的睡眠中醒来，感觉身体非常虚弱，肚子里翻江倒海一般。我在发烧，但似乎又和以前疟疾发作时的症状不一样。我辗转反侧，浑身大汗淋漓，只好坐起来继续读《安妮日记》，直到黎明时分把书读完。

亚里士多德过来时，我告诉他我又生病了。我们来到镇上的一家小诊所，医生诊断后说我得了伤寒。由于我营养不良且患过疟疾，所以免疫系统太弱，没有办法有效地自我抵御。医生让我服用大剂量抗生素。服药时，我想到了安妮患的伤寒病，吓得不寒而栗。这到底是什么病，会不会有生命危险？

我吃了药，工作到下午，直到觉得时间差不多了才打电话到美国，请人帮我搜集关于伤寒的相关信息。斑疹伤寒和伤寒经常被混淆，但它们实际上是由不同类别的病菌引起的两种疾病。斑疹伤寒是由蜱、跳蚤和虱传播的立克次氏体（*Rickettsia*）引起的，而伤寒则是由伤寒沙门氏菌（*Salmonella typhi*）引起的。

伤寒沙门氏菌不同于引起一般性食物中毒的沙门氏菌，但这不是我关心的重点，我关心的是伤寒的致死率：如果没有及时治疗，死亡率在20%以上。我害怕了，决定在这一天余下的时间里休息休息，让抗生素发挥作用。

第二天醒来，我感觉身体情况没有好转，但这时，亚里士多德、万德杰和希芬德拉已经在埃普鲁镇交到许多俾格米族的朋友，并捉到了几条有趣的蛇。我强打起精神给它们测量、拍照。虽然身体因为晕眩而有些摇晃，但沉浸其中让我暂时忘记了正在蹂躏我的疾病。因为没吃太多东西，但喝了许多水，一连几小时，我不停地在出汗。

休息了一夜后，我感觉好了一些，但连续的大雨阻碍了队伍的工作，我只好读了大半天的书。傍晚前，正当我坐立不安、百无聊赖时，雨渐渐小了，是蛙出来活动的完美天气。我决定跟着队伍去埃普鲁河附近找蛙。我坐到穆卢雷马的车里，这样就不用走远路过去把自己累得够呛。进入森林后，我们散开寻找动物。我看到一条无毒的铿蛇在灌木丛里睡觉，高兴得哇哇直叫。我抓住这条紫灰色的蛇，其他人都跑来看我发现了什么，我骄傲地向他们展示我的猎物。亚里士多德说我很幸运，然而这一夜最好的发现还在后头。

我录下小黑蛙的叫声，亚里士多德在一条小溪边捉到几只唇蛙。

这时，森林里洼地处的东西吸引了穆萨的注意。他和队里其他人快速而兴奋地用斯瓦希里语互相交谈。我听到了一个词：tembo（大象）。

我靠近他们，看到穆萨拿着小树枝在积满雨水的大象脚印里鼓捣。突然，万德杰扑向一个正在洼地边缘扭动的东西，他抓到了一只灰不溜秋的小蛙，微笑着把它拿给我看。这是一只鲍氏膜蟾（*Hymenochirus boettgeri*），俗称小爪蟾，19 世纪后期首次在伊图里

从左到右，万德杰、穆萨、作者和马克莱莱站在埃普鲁河边。摄影：亚里士多德。

被发现。这种蛙一般很瘦，皮肤上的褶皱很深。几十年来，这种蛙在淡水水族馆中很受观众的欢迎。

膜蟾、爪蟾，以及西非特有的默林睑蟾（*Pseudhymenochirus*）同属古老的负子蟾科。而这一分支的动物源起于侏罗纪。那时候，它们也许生活在巨型食草恐龙的脚印里。大约 1.35 亿年前，非洲南美板块分裂，形成了南美板块和非洲板块，负子蟾科动物由此分道扬镳。

这些蛙类相对原始，它们的形态特征非常突出。

有了这个有趣且令人振奋的发现，我们开始把注意力放在其他大象的脚印里。最终，我们又找到一些蛙。由于劳累过度，我开始感觉到疲乏晕眩，因此我带着收获回到约翰家。我拖着病体躺在床上，一边倾听雨林的声音，一边思考我们发现的这些蛙是否依赖大象的脚印生存。如果是这样，那么中部非洲的大象一旦被猎尽时，它们会不会灭绝？埃普鲁镇一带似乎还有相当数量的大象，但这一形势还能持续多久？没有得到明确的答案，我沉沉睡去，做了一个梦，梦到一群粉红色的大象。

第二天上午，我的身体又恢复了一些。做完处理动物的常规工作后，穆萨和马克莱莱带我去逛埃普鲁镇。我们拜访了两个美国小伙子，他们正与国际野生生物保护协会和美国国际开发署合作一个短期项目。研究中心的围栏里圈养着几只㺢㹢狓，我惊讶地看到它们迈着优雅的步伐，在围栏里四处寻找看护员送来的新鲜树叶。我们拍了几张照片，照片上的我十分消瘦，疟疾和伤寒已经把我折磨成一根脆弱的竹竿。我已经在刚果（金）的荒郊野岭待了两个多月，完成工作后，我应该回去休息一下了。

我们在年久失修的烂泥路上走了好几天才回到布卡武，途中路过维龙加国家公园时还发现了一份惊喜。当时我们正开车慢慢走在公园中央坑坑洼洼的烂泥路上，几名护林员向我们挥手示意，“Tembo（大象）！”他们激动地指向路边。

我以为象群在远处，飞快地将镜头调到长焦。等我们跑向那所小小的护林站时，却发现几头大象就在几米开外的地方，正围着几棵树吃叶子。其中一头大象似乎尚未成年，它站在所有人的视线中，浑然不顾附近的人。在这么近的距离看到野象，我兴奋得浑身颤抖。

一名护林员抓住我的胳膊，把我拉到一个距离小象只有大约3米远的茅草亭。看到我靠近，小象扇了扇耳朵，用这种温和的方式警告我不要离它太近。看到我只是静悄悄地站着不动，它也放松了警惕，回去继续吃树叶。我的心怦怦直跳，耳中只听到它们吃树叶的咀嚼声、象群交流时低沉的隆隆声，以及它们吃树枝时发出的嘎吱声。象群吃完后就慢慢地走进了灌木丛，我们也回到车子里。这场不期而至的遭遇让我有些眩晕，有些不敢相信。准备继续赶路时，我回头看了看，问所有人："刚刚的事情是真的吗？"

我简直运气爆棚，才能看到活生生的地球上最大的陆生动物。一路上坑坑洼洼，车子的剧烈颠簸将我拉回现实，我想知道，生活在偷猎者的觊觎之中，维龙加国家公园里的400头大象还能坚持多久。

20世纪40年代后期，比利时人估计，"比属刚果"每年被打死的大象有2.5万头（大部分是在他们的纵容下），即便如此，当玛丽·阿克利来维龙加国家公园时，她依然在公园里发现了一个有400头大象的象群。

2008年，根据最新的保护评估数据，国际自然保护联合会将非洲象列为易危物种，距离成为濒危物种仅一步之遥。这次评估显示，虽然西非的一些大象种群在减少，但在东部和南部非洲某些地方，因为有力的执法，大象的种群数量有所增加。然而一些证据表明，西非的大象种群也许是个独特的物种（如是，它们肯定会被归入濒危甚至极危类别），越来越多的证据支持将非洲的森林象和草原象区分开来。

实际上，2016年发表在《自然》杂志上的一项研究证明，非洲森林象与已灭绝的欧洲直齿象的亲缘关系更近，这为非洲草原象和非洲森林象是两个物种的观点提供了有力证据。

但是这些活着的非洲象即将和它们的近亲一起灭绝。2002—2011 年，偷猎对中部非洲森林象的影响是毁灭性的——它们的数量减少了 62%，在刚果（金）这个 20 世纪时拥有森林象数量最多的国家，已经有 99% 的大象被猎杀。为什么刚果（金）的情况会如此严重？这主要与执法不力、管理不善和腐败有关。象牙和其他受威胁物种制品的黑市交易是恐怖分子主要的收入来源，乌干达军阀约瑟夫 · 科尼（Joseph Kony）正是从非洲象牙贸易中获益。

虽然象牙交易屡禁不止，但还是有一些好消息可以让大象得到更好的保护。2015 年，中国承诺将全面禁止象牙进出口贸易，在中非合作论坛上，中国官员说他们将支持非洲的野生动物保护。

2016 年年底，中国宣布进一步将象牙贸易禁令延长到 2017 年年底。一个投资 2 亿美元的水电大坝正在维龙加国家公园边上建设，计划建设的八座电厂中至少有一座已经可以使用，到 2025 年，这些电厂可以创造 10 万多个工作岗位。2016 年 5 月，希芬德拉告诉我，戈马市已经有电力供应。如果幸运的话，这份刚果（金）人迫切需要的经济收入将为保护维龙加国家公园及其野生动物提供大力支持。

总体上，非洲野生动物的保护形势非常严峻，但现在行动为时未晚。现在是关键时期，但我们在对中部非洲的保护上做得还不够。我们要抓紧时间，因为只有这么一个狭窄的机会窗口期。对于非洲野生动物的保护，什么是最为关键的因素？世界各地的研究指向同一件事：执法。如果腐败、资源不足、管理不力或其他因素导致法律法规无法得到执行，那么对野生动物及其栖息地的非法利用行为就会逍遥法外。虽然维龙加国家公园里的护林员挽救了公园里最重要的栖息地及标志性动物，但他们也付出了沉重代价。

自 1996 年以来，150 名维龙加护林员在保护公园的过程中丧生。2014 年 4 月，勇敢坚强的比利时王子兼公园负责人埃马纽埃尔・德梅罗德（Emmanuel de Merode）遭人伏击，胸腹部中了四枪。

令人惊讶的是，2014 年 7 月，在一次考察结束时，我发现德梅罗德又回来工作了！非洲荒野的未来需要像德梅罗德这样勇敢的人的奉献。我们一方面要尽己所能支持他们，另一方面我们也不应忽视向国家公园周边居民提供经济援助和基础设施建设，这些帮助同样重要，因为保护活动的有效与地方居民的支持密不可分。

许多生活在国家公园附近的刚果（金）人迫切需要良好的道路、医院、学校，清洁的饮用水及电力。如果其他国家能够援建更多像维龙加水电站那样的项目，那么当地人民的生活会得到改善，保护活动也会获得成效，从而获得一个多赢的结果。刚果（金）保护活动的成功与我们所有人的利益息息相关，因为随着全球气候恶化，这个世界需要热带雨林来减轻人类活动对我们这个星球造成的损害。

Emerald Labyrinth

A Scientist's Adventures In The Jungles Of The Congo

# 第 11 章
## 阿苏库鲁之死

2009年，我结束考察回到美国。几周后，我收到希芬德拉的消息，他的前途无量的徒弟、两次带我们穿越伊托姆伯维高原的阿苏库鲁·姆梅马死了。与发生在刚果（金）的大多数令人不快的事件一样，没有人知道阿苏库鲁是怎么死的，所有的细节都模模糊糊，充满阴谋。一开始的说法是，阿苏库鲁在伊托姆伯维高原调查偷猎大猩猩的事，视大猩猩为野味的联攻派对他的保护行为怀恨在心，为了杀一儆百，他们把他绑在树上，折磨至死。阿苏库鲁的死让我想到，如果我们与基弗长官的交往没有那么顺利，这些武装分子可能也会把我们打死。

2010年，阿苏库鲁的努力获得了世界自然基金会的认可，被授予亚伯拉罕自然保护奖(Abraham Prize for Nature Conservation)。后来，我们在一次考察中碰到了阿苏库鲁的遗孀，当时她正在想方设法为生病的儿子买药，因此我给了她一点钱。按照她的说法，阿苏库鲁是被他的亲戚刺死的。她说在阿苏库鲁就要当上村里的酋长时，这个亲戚觊觎这个职位，因此杀死了他。不管真相是什么，我当时已经打定主意，我要以阿苏库鲁的名字命名那些他发现的新物种，好让我们永远都记住他。

我和我的学生全面研究了在伊托姆伯维高原收集到的标本，识别出数个新物种。同时，我开始将注意力集中在阿道夫蜥属上。2008 年，我们从米基镇返回乌维拉时第一次见到它。我立即看出这些蜥蜴的不同之处，因为它们生活在海拔更高的地方，栖息地与 *Adolfus vauereselli* 完全不同。

*Adolfus vauereselli* 是一个分布广泛的常见物种，从伊托姆伯维高原一直到伦杜高原的艾伯丁裂谷，我们在许多地方都碰到过。两者颜色也有显著差异，伊托姆伯维高原上的蜥蜴的背部中央有一条独特的纵贯的黑色条纹。实验室里有一系列样本可供对比，因此我可以仔细地测量尺寸，细数它们身体不同部位的鳞片数量，用这些数据做统计对比。

我注意到伊托姆伯维高原上的蜥蜴与 *Adolfus vauereselli* 有几个重要区别。在 20 世纪，这些证据合起来足以将伊托姆伯维高原上的蜥蜴描述为一个新物种，但作为 21 世纪的进化遗传学家，我还想更进一步分析这些蜥蜴所有关系较近属的 DNA，以支持我的猜想，即我确实发现了一个新物种。我用这些 DNA 数据绘出一个进化系统树（相当于一份用于物种而不是人的树枝状家谱），注意到虽然伊托姆伯维高原上的蜥蜴与 *Adolfus vauereselli* 完全不同，但非常接近。这是一个有力的证据，证明伊托姆伯维高原上的蜥蜴确实是一个新物种。

除此之外，我还发现阿道夫蜥属和 *Adolfus vauereselli* 的分支不同于该属其他物种的分支，而且阿道夫蜥属和 *Adolfus vauereselli* 的分支的长度与其他属的长度相当，表明这两种主要谱系目前包含在单一的属内。在一个以 DNA 为基础的进化系统树内，分支的长度取决于给定谱系长期积累的随机变异数量：分支越长，说明该谱系在独立进化的道路上走得越远。这一证据表明，我们不仅发现了一个新种，还发现了一个新属。

我继续深入研究，想知道形态学上的证据是否支持分子学显示的一个新属的发现。我查看在野外拍摄的动物照片、用 X 光检查标本、查阅文献，发现在 20 世纪 80 年代后期，有一篇论文开创性地提到 *Adolfus vauereselli* 与当时识别出的该属其他物种的差异。伊托姆伯维高原上的新物种和 *Adolfus vauereselli* 存在许多形态学上的差异，它们的肋骨形状、生殖特征和腹部颜色相对独特。一旦确认这里包含两个属，我就能确定哪个谱系是真正的阿道夫蜥属，哪个是新属。

模式种和优先权的分类学原则简化了这一点，因为首先分配给该属的不管是哪个物种，都可归入阿道夫蜥属。在我的分类做法中，我将 *Adolfus vauereselli* 转到一个新属，将其命名为 *Congolacerta*（*lacerta* 是“蜥蜴”的拉丁文），而伊托姆伯维高原那个新种被命名为阿苏库鲁草蜥（*Congolacerta Asukului*）。

假以时日，在学生和合作者的帮助下，我收集到的其他标本也会说出它们的秘密。我们发现，伊托姆伯维高原上未识别的新物种特别丰富，这也许是因为在中新世和上新世，当气候变化导致艾伯丁裂谷和刚果盆地邻近地区的森林退化时，伊托姆伯维高原上的生态环境相对稳定，成为中部非洲最大的“残遗种分布区”。生态的长期稳定可以使灭绝速度减少到最低限度，丽跳蛙（*Callixalus*）和劳蟾（*Laurentophryne*）这类残遗种因此得以延续至今。同时，生态的稳定也加快了物种形成的速度，让许多属分化出当地特有的物种。我们在 2009 年发现的那只神秘的蛙是铜金蛙（*Chrysobatrachus cupreonitens*）的一个未知变种，该物种的最后记录是洛朗于 1951 年做出的。

除了伊托姆伯维高原，我们也在其他地方发现了新的物种，2009 年，我们在伦杜高原发现了一只多姿多彩的变色龙。另外，还有许多新物种是我们在艾伯丁裂谷和刚果盆地的其他地方发现的。希芬德拉告诉我，刚果（金）的国家公园和森林保护区正在扩大。虽然我的研究成果给这些行动提供了支持，但我可以确定，到 21 世纪末，我遇到的一些物种将不复存在。

不幸的是，风景优美的刚果（金）森林正在飞速消失，消失的速度之快，甚至连研究项目都来不及跟进。我担心将来有一天，那里会再也没有什么东西等着我们去发现。许多人类祖先的化石都发现在距中部非洲不远的地方，刚果（金）这片土地上现在生活着我们的近亲（黑猩猩、倭黑猩猩和大猩猩），从前，这些森林则是我们祖先的家园。如果刚果（金）的森林消失，我们也将失去自身存在的一部分。

作为地球的“绿色之肺”，热带雨林吸收温室气体和其他污染物并释放出氧气，为改善地区和全球气候做出了诸多贡献。除了有益于大气环境之外，热带雨林还庇护了大部分地球陆生生物的多样性。在一个我们还不大理解但至关重要的全球生态系统中，这些生物紧密地联系在一起。

如果我们允许这些森林消失——其中许多将在我们的有生之年消失，那么由此造成的连锁反应将很有可能威胁到地球上残余的自然空间，并且在这一过程中彻底毁灭我们。这不是杞人忧天，不是最坏情况的推测，不是遥远的可能性，不是骗局，也不是科学家为了获得更多研究资金而吓唬政治家的阴谋。

现在是我们采取果断行动拯救尚存的自然界的最后机会。我很乐观，时间还不晚，森林还有时间恢复。如果世界其他地区的人愿意承认，没有热带雨林，我们的生活标准将大大降低，那么刚果（金）和其他发展中国家的人民将受益良多。我写下这些话时，窗外的鸟儿还在鸣唱。它们还能唱多久取决于我们的行为。

自 19 世纪达尔文提出进化论以来，适合度便是进化生物学的中心原理之一。适合度又叫“生殖成功”，指的是个体避免了自然选择（如猎食、疾病等）导致的死亡，留下更多后代，将它们的优势基因传给下一代。

总的来说，那些生存下来并且繁殖后代最多的生物就是赢家。当然，这个观点也与人类有关，如世界各地也有无数通过子女数量来衡量男人社会地位和财富的例子（即使它只存在于潜意识之中）。在刚果（金），这一观点也适用于妇女。特蕾西·哈特记录：“与许多刚果（金）的村庄一样，在埃普鲁，女人的价值体现在她生育的孩子身上，男人要到有了后代才算活过。”

但生殖成功和自然选择在刚果（金）还有一个可怕的现实需要面对。这个国家的医疗设施十分落后，疟疾和其他热带疾病对儿童而言是致命的祸害。我遇到的几个刚果（金）男人告诉我，他们有许多孩子，是因为“孩子之中有一些活不到成年”。这一心态在一代代人心中传递，非洲人口正快速到达一个环境再也无法承受的临界点，而这已经引发刚果（金）及其人口稠密的邻国卢旺达、布隆迪的动荡。

1950—1984 年，刚果（金）东部部分地区的人口增长率在 4% 左右，到了 20 世纪 90 年代中期，刚果（金）已成为中部非洲人口密度最高的国家之一，每平方千米超过了 300 人。

大约在两个世纪前，世界上的总人口不到 10 亿——这个数字是人类繁衍多个世纪后才达到的，并且只有一小部分人生活在热带地区。由于 20 世纪农业产量、卫生基础设施，以及医疗水平的进步，到 2011 年，世界总人口已经激增到 70 亿，并且超过 80% 的人生活在热带地区的发展中国家。

再过 10 年，世界总人口还会再增加 10 亿。现在撒哈拉以南非洲地区的人口已经达到 10 亿左右，到 2025 年，这一地区的人口还会再增加 5 亿。以目前人口增长的速度计算，每四天半全球人口就会增加 100 万。

依据德国科学家保罗·埃尔利希所做的粗略计算，在不破坏我们赖以生存的生态系统的情况下，我们的星球只能容纳 20 亿人——1930 年的全球总人口数量。科学界也认为，我们使用的资源和产生的废物已经超出地球的承受能力。显然，为了确保人类还有未来，地球上的人口增长速度必须降低，但如何在不违背伦理、文化敏感、宗教和其他相关伦理问题的情况下做到这一点，增强女性的能力和信心是一个关键，但显然，生育控制是第一步。

2011 年，维也纳人口研究所（Vienna Institute of Demography）一项研究表明，如果世界上每个国家在女童教育方面投入巨资，那么到了2050年，地球上新出生的人口将减少10亿——显然，受过教育的女性想要更少的孩子。而且就算不考虑人口问题，在女童教育方面的投资也应得到支持。

由于人口的不断膨胀，即使保护活动带来尽可能好的结果，但在许多欠发达地区，非法偷猎和对动物栖息地破坏还将持续。考虑到这一点，为了避免地球上的生物灭绝，我们必须在动物栖息地保护的同时采取第二项行动。动物园、水族馆和其他“异地”人工繁育项目遭到强烈批评，尤其是辛辛那提动物园在2016年发生了事故——当时，一个男孩掉进大猩猩围栏，为了挽救男孩的生命，动物园的管理人员无奈做出了打死年轻的银背大猩猩哈兰贝的决定。

批评者在讨论圈养动物时说，不是所有动物园都值得信任。在某些情况下，他们是对的，因为有些动物园把观众量和收入放在第一位，里面的动物生活在对其身体和精神都非常严酷的恶劣条件下。更具争议的是，一些人认为动物也具有“人格”和相关法律权利，他们呼吁取消动物园，建立动物庇护所，将所有与动物园有关的资金转到保护项目上来。

我同意动物园应该受到更多监管的观点，没有人喜欢看到动物尤其是聪明的大型动物被关在狭小的围栏里。动物庇护所让以前生活在动物园、马戏团的动物和受虐待的动物可以在相对较大的空间里活动。但由于动物庇护所里的动物与付费参观者接触有限或没有接触，长此以往如何维持财务平衡便是个问题。而且动物庇护所的数量也很少，美国只有两所大象庇护所。

我们通常误认为动物园里的动物都是从野外捕获的，一些机构确实会接收少量再也无法独立生存的野生动物，但到目前为止，绝大部分动物园里的动物实际上是在动物园里出生的。

如果关注那些值得信赖的公共机构，我们会发现，动物园是唯一一个可以看到异域动物的地方，因为出于各种原因，许多人不可能去参观国家公园或去国外旅行。近年来，动物园与学校的合作有所增加，游客开始了解到濒危动物的艰难处境和相关的环境问题，这鼓励人们去从事与动物保护有关的事业，就像布法罗动物园曾激励我一样。

动物园每年还筹集到数千万美元的资金，用于数量日益增长的野外动物研究和保护。这些资金大都来自游客，这些游客将参观动物园看作娱乐、消遣和有教育意义的旅游项目之一。这类可支配公共收入与保护组织的独立筹资活动并不冲突，后者被人们视为慈善捐赠。因此，花在动物园的资金可以自动转向野外保护项目的说法是站不住脚的。

到了 21 世纪，我们说的“野外”到底指什么？圣安东尼奥动物园（San Antonio Zoo）的丹特·费诺利奥（Danté Fenolio）是我的同事，他大部分时间都在国外做野生动物的野外研究。“当大家说‘将所有动物放归野外’时，他们是什么意思？”他问。

自然已经遭到重大破坏，真正的荒野所剩无几，许多动物种群是零散、孤立的，许多保护区无力阻止腐败、偷猎、栖息地破坏和其他生物多样性灭绝。如果一个收入微薄的护林员为了一笔相当于他十年劳动才能挣到的钱帮助偷猎者杀死动物，我们会感到意外吗？

举例来说，犀牛正遭受严重杀戮，过去十年来，成千上万头犀牛被偷猎者杀死。全世界一共有五种犀牛，其中三种已极危，有一身独特红棕色毛皮的双角犀牛只剩下几百头。艺术家和古董藏家将犀牛角视为投资品，这一点似乎是目前大部分偷猎者的驱动力。另一个驱动偷猎者的因素是亚洲人认为犀牛角是一种良药，可以治疗从艾滋病到癌症的各种疾病。

费诺利奥指出，我们要在公共宣传中投入几代人的艰苦努力才能改变人们对野生动物的态度，但犀牛撑不了那么久。费诺利奥认为，考虑到非洲和亚洲持续不断的毁灭性的偷猎速度，除非有动物园和人工繁育的参与，否则犀牛将会消失。如果我们真的想阻止物种灭绝，动物园的重要性只会随着时间的推移而愈发重要。

在讨论动物园和人工繁育项目时，我们首先想到的是可爱的大型动物，但动物园和人工繁育项目对两爬动物这样的小动物又有什么影响呢？

十年前，我的同事约瑟夫・R. 门德尔松（Joseph R. Mendelson）呼吁成立一个两栖动物生存联盟（ASA），集中研究地区性疾病（主要是壶菌）和开展人工繁育项目——这些都是我认为迫切需要开展的项目。另一群两爬动物学家则指出这个“诺亚方舟”式的人工繁育策略存在局限性。他们问道，有多少物种可以列入两栖动物生存联盟的人工繁育计划，它们之中又有多少物种能生存下来，并且拥有一个回得去的“家”？他们认为，全世界应该发起一场“反对环境恶化的战争”，而不是把重点放在人工繁育上。

作为回应，门德尔松说，要阻止极易感染壶菌的两栖动物种群的灭绝，人工繁育是目前唯一可行的办法。在野外控制壶菌感染目前还不可能，人工繁育项目是最后的手段，没有此类措施许多物种就会灭绝，因此人工繁育是它们唯一的希望。

显然，在进行人工繁育计划的同时，我们不应放弃减轻全球气候变化、森林砍伐和其他人类引起的对环境变化的影响的努力，所有这些都是对动物的威胁。但是，即使是最乐观的估计（可惜这是不现实的），环境改善也需要几十年才能实现，而在此期间，更多的两栖动物将会走向灭绝。

两栖动物生存联盟的一个合作组织正在帮助提升公众意识，发展更多的人工繁育项目。但 2016 年 8 月，当我查看两栖动物生存联盟的网站时，我发现该组织的各项工作的进展速度都很慢，如果我们想让两栖动物这一全球生态系统不可分割的一部分在未来继续存在，那么无疑我们还需要做得更好。

事实上，如果有更多资金，我们就能用人工繁育和再引入拯救更多的极危两栖物种。与鸟类和哺乳动物相比，许多两栖物种具有包括经济利益在内的多重优势。它们体型小，空间和饲养要求不高，项目所需费用低；性成熟早，繁殖率高，如美国牛蛙和一些蟾蜍一次能产成千上万只卵；幼体通常无须父母照料。

许多两栖动物在圈养多代后依然保持着野外的“天性”和生理机能。并且值得注意的是，一些新的研究表明，两栖动物在圈养状态下也能接受避开捕食者的训练，这一点有可能提高再引入的成功率。如果有更多资金，许多动物园、水族馆和人工繁育项目（包括那些私人经营的）将有能力扩大人工繁育项目的物种数量。

虽然出于各种原因，将受威胁两栖动物重新放归原始栖息地的努力有成功也有失败，但其中几个项目取得了巨大成功。许多挑战依然存在：并非所有两栖动物都适合人工繁育，并且一般来说，动物再引入的成功率会随着时间的延长而降低。但随着技术进步，以及我们对以前没有圈养过的物种的繁殖要求有了更多的了解，再引入的成功率可能会随着时间的推移而提高。新的遗传工程技术也许能让未来的科学家改变濒危两栖动物的基因组，让它们能抵抗壶菌感染，再重新引入到壶菌无法清除的地区。

许多非常适合两栖动物的保护项目也同样适合爬行动物。一个成功的爬行动物人工繁育和再引入案例发生在科隆群岛（加拉帕戈斯群岛）——达尔文就是在这个群岛上观察动物，做出了 19 世纪最伟大的发现。

我们现在知道，达尔文来到群岛时，岛上有 15 种象龟，每一种龟壳的形状都是独特的。但由于捕鲸者的猎捕和野山羊的攻击，导致其中 4 种象龟已经灭绝，余下的 11 种里有 8 种面临灭绝。西班牙岛象龟（*Chelonoidis hoodensis*）是面临灭绝的象龟之一，它是西班牙岛上的特有物种，体型较小，龟壳呈鞍形。这种象龟的数量曾经有成千上万只，到了 1971 年，它的数量锐减到只有 15 只。其中 12 只雌性、3 只雄性，还包括一只宝贵的由加拉帕戈斯国家公园（Galápagos National Park）繁育基地养大的雄性象龟。

大部分情况下，如此少的个体数量不足以将一个物种从灭绝边缘挽救回来，因为小的群体数量常常面临近亲繁殖导致的遗传多样性缺乏问题，这对物种的延续而言是个大问题。但是奇迹出现了，经过 40 年时间的人工繁殖，这 15 只有生殖能力的幸存个体繁殖出超过 1700 只后代，它们被重新引入西班牙岛。

2007 年，四分之一生活在该岛的象龟是放归个体的后代，而且令人鼓舞的是，这一物种的数量仍然在继续增长。这个故事的意义在于，阻止灭绝的行动从来都不晚，越来越多的极危物种正在从世界各地消失，而为了拯救这些物种，动物园和人工繁育可以发挥极为关键的作用。

不幸的是，上述种种努力都可能被全球气候变化的巨大影响所破坏，这是一种日益增长的威胁，最终可能消灭 21 世纪仍然存在的自然地区。我们以前都听说过这个基本概念：汽车、电厂、农业、牧场、工业等释放出的温室气体在大气中累积，捕获太阳辐射，缓慢升高地球的温度，导致气候模式改变。实际上，因为大规模砍伐森林和与之相关的碳排放，印度尼西亚成为继中国和美国之后的第三大温室气体排放国。

地球历史上有过好几次大的气候波动，如 5 亿多年前的极端气候导致的“雪球地球”，以及侏罗纪的炎热干旱气候。当前的气候变化之所以如此具有破坏性，是因为变化速度太快，动植物不再能在人类主导的环境中自由移动，以适应变化。例如，上一个冰河时代末期，气温在 7 000 年内才升高了 5℃，但目前预计的气候变化是，一个世纪内将升高 3℃。大部分动物不可能在如此短的时间内改变它们的分布区，因此许多物种将会消失。

到了 21 世纪，随着气温、降水等气候变量的改变，物种必须做出反应，或搬到更适宜的栖息地，或改变自身的物候特征，或改变内部生理机能与行为来应对新的环境条件。许多生活环境狭窄的物种将无力适应，而且即使能够适应一些，程度也是有限的。

随着气候恶化，森林砍伐、入侵物种（如引入佛罗里达的亚洲巨蟒）和疾病等其他威胁将更具破坏性。相应地，气候变化越大，灭绝的物种就越多，这对世界生态系统带来的后果是毁灭性的。高海拔山脉上的独特物种——如阿苏库鲁草蜥（*Congolacerta Asukului*）、金蛙（*Chrysobatrachus*）、丽跳蛙（*Callixalus*）等很可能最先灭绝，因为随着气候变暖，它们将没有地方可以躲避。

随着全球气温升高和降水量的改变，我们很难预测中部非洲的雨林会有怎样的命运，该地区的气象台非常稀少（2013 年，刚果（金）只有三座气象台），最近才开始有卫星数据填补相关的空白。而刚果盆地在大气水循环中发挥了重要作用，影响了非洲大陆的干旱区域。一项卫星数据研究表明，在雨季，艾伯丁裂谷和刚果盆地的降水量减少了 20%。

好消息是，与亚马孙热带雨林相比，过去 1 万年来，非洲热带雨林经历了更加多变的气候，因此更能适应未来的气候变化。非洲雨林的树木量似乎在随着时间的推移而增长，这表明大气中二氧化碳浓度的增加似乎在给它们"施肥"。这个趋势也在美洲得到证实。

2016 年，一项发表在著名期刊《自然》上的研究令人振奋。该研究有些出人意料地指出，亚马孙和新热带地区吸收的温室气体量是其他地区原始森林的 11 倍。如果这一发现在全球范围内是普遍现象，那么它带来的希望是前所未有的，即只要我们能够制定全球性政策来逆转森林减少的趋势，那么作为减轻全球气候变化的解决方案，热带雨林将是不可分割的一部分。这样的政策很可能给发达国家带来沉重的政治和财政负担，但如果我们袖手旁观，失控的气候变化预计将造成数万亿美元的经济破坏，这将超过我们目前为避免自然灾害而投入的资金。

时不我待，因为随着全球气候变化以及随之而来的干旱，热带雨林必将遭受极大破坏，从"碳汇"转为"碳源"。碳汇吸收温室气体，将它们储存在土壤和植物体内；反过来则是植物被砍掉、烧掉，成为碳源。那个转折点将是人类最后阶段的标志。

如果我们沿袭几十年来一贯的做法，不采取任何行动避免日益加速的气候变化，那么它的影响将无法挽回，世界经济将严重受挫，人类将大祸临头。近年来的气象资料屡破纪录：寒冷天气日益减少，热浪袭击频率增加，暴雨天气增加，亚热带地区的降水量减少，受干旱影响地区扩大。海洋吸收了大约一半因化石燃料和森林减少而释放到大气层中的二氧化碳，这些气体转化为碳酸，提高了海水酸度，这一点正与升温的海水一起摧毁地球上生物多样性丰富的珊瑚礁并导致海平面上升。

2016年的一份报告指出，如果海平面上升1.83米，那么美国迈阿密、纽约和波士顿等沿海城市将受到影响。我们的享受也会受到限制，因为变暖的海洋增加了食物中潜在且致命的弧菌。对我个人而言，我认为最可怕的是气候变化将改变世界上许多葡萄园的种植条件。同样的情况也可能发生在咖啡种植园。

令人担心的消息几乎每天见诸于媒体，其中有许多开始质疑旧的气候模型。如2016年的一项研究证明，热带地区的低空云层正在变薄，更多阳光从大气中透过来使地表温度升高，形成一个正反馈，它很可能使全球变暖的步伐快到超出任何人的设想。全球气候也许有一个我们尚未获知的临界点，后果很可能是灾难性的、无可挽回的。

虽然气候变化会对美国造成较大影响，但受害最严重的还是那些热带地区的发展中国家，因为他们可用于应对这些影响的资源最少。在非洲许多地区，因为糟糕的供水系统和几乎不存在的卫生基础设施，导致疾病横行。

在 2015 年举办的巴黎气候大会上，美国承诺到 2025 年将其二氧化碳排放量降低 28%，这将使美国成为全世界二氧化碳减排量最大的国家。然而特朗普在 2017 年退出了《巴黎气候协定》，因此协议的执行将会变得极其困难。

实际上，因为海洋的"热惯性"以及温室气体可在大气中存留数十年的现实，即使我们明天就开始停止燃烧化石燃料，停止砍伐森林，那些已经积蓄在大气中的温室气体也足以使全球的气候变化持续多年。我担心，在还来得及采取恰当而坚决的行动前，我们已经给自己和后代造成了深刻而持久的伤害。面对这样严峻的现实，我们该做些什么？

显然，我们必须在科技和更多专业研究的指导下采取缓和、减轻（尽最大可能减少温室气体排放）和适应（接受气候变化的现实，调整我们的生活方式）相结合的做法。

气候工程研究也指出，随着气候形势恶化，缓解全球气候变化可能需要辅以一些气候工程措施，而森林和土壤管理政策也许是最有效的方式。

我们又回到逆转森林减少趋势的问题上来。增加森林面积可以挽救地球上大部分的生物多样性，并减轻气候变化带来的影响。巨大的挑战还在前面，但我乐观地相信我们能够有所改变。

例如，哥斯达黎加过去森林减少的速度非常快，现在依然面临许多保护方面的挑战，但那里的人民因为从生态旅游中获益，该国的森林正在恢复，生物多样性的重要性成为他们国民精神的一部分。这个双赢的例子可以作为其他热带国家的榜样。

奥巴马将野生动物非法交易称为一场“国际危机”，2015 年，他宣布美国将动用情报机构来打击它。近年来的干旱、森林大火和洪水使公众切身感受到气候变化问题，这种感受正使人们越来越多地关注环境保护问题。

随着气候的持续恶化和我们面临的处境，许多人忍不住要责怪造成这个问题的前人。确实，许多存留在大气中的温室气体源自他们的挥霍。当时，大部分人没有全球气候变化的概念。现在我们对气候变化有了更多的了解，所以是时候采取切实行动来解决这个问题了，我们得想办法解决迫在眉睫的危机，我们等得越久，最终的损失将越大。

例如，2016 年 6 月，澳大利亚的啮齿动物珊瑚裸尾鼠（*Melomys rubicola*）——生活在一个叫荆棘岩礁的小岛上，上涨的海水淹没了它的栖息地——成为已知的第一个被气候变化逼上绝路的哺乳动物。在接下来的岁月里，还将有物种因为气候变化而消失，而且灭绝速度无疑会随着人口的膨胀而加快。

这正是需要我们加大生物多样性考察力度的原因。这些考察和保护活动将通过世界各地的自然历史博物馆、动物园、水族馆、大学、保护组织来进行，这样的活动应从刚果（金）开始，因为那里的森林相对较为完整，我们可以从中学到许多鲜为人知的生物多样性的知识。我坚信，当人类面临灭亡危险时，一定会采取行动。

如果我们接受这一挑战，我们的后代将在未来赞扬我们的举动，因为到那时，人类将会明白，我们在最后一刻挽救了地球上大部分的生物多样性，惊险地躲过了灭亡的危险。反之，如果我们什么也不做，进化将从头开始。千百万年后，一个与我们迥异的智慧生物将会研究在化石里的遗骸，然后惊讶地提出问题：人类为什么突然就消失了？

# 致 谢

这本书记录了我在刚果（金）的考察经历，以及我回国后的科学研究，感谢所有支持我的人和机构。帮助过我的有维拉诺瓦大学（Villanova University）生物系，尤其是罗素·加德纳（Russell Gardner）、阿龙·鲍尔（Aaron Bauer）和托德·杰克曼（Todd Jackman）等人。我的首趟非洲之行还得到国际自然保护联合会的资助。

感谢我的家人，他们容忍我到偏远地区旅行的癖好，从未质疑过我的目的。当我一次消失数周，什么现代通信手段都联络不上我时，他们表现出的坚忍和耐心让我深为感动。我最要感激的是我的妻子温迪·里维拉·格林鲍姆（Wendy Rivera Greenbaum），她知道我每年都要跑去非洲冒险，却依然嫁给了我。在我写作的过程中，温迪给我提供了很多很好的意见。在我做研究和写作的时候，我们已故的狗狗若利表现出的深情给了我许多鼓舞。

当然，没有刚果（金）朋友的奉献、慷慨和鼓励，我的工作同样也不能成功。我永远也无法表达我对两爬动物学同行希芬德拉的尊重和感激，我的团队亲昵地称他为“希夫”，他对刚果（金）国家公园和政府机构了如指掌，他的帮助让我们得以进入以前很少有其他科学家去过的地区工作。好几次，他的智慧保护了我免受严重的伤害。

亚里士多德是团队里另一个不可或缺的成员，当刚果（金）的现实几乎打破我的希望时，聪明而富有魅力的亚里士多德振奋了我的精神，他保护我免于各种各样的威胁，他的忠实无与伦比。万德杰是个温和而快乐的人，即使在形势最糟糕的时候，他也很少抱怨，他在丛林中像猫一样敏捷，捉到不少罕见的动物，当别人（尤其是我）都累趴下的时候，他似乎永远精力充沛。

穆卢雷马是一名优秀的司机和机工，有好几次，他创造了奇迹，防止了我们那辆破旧的丰田车陷在路上。马赛尔是一个幽默而慈祥的人，即使到了最偏远的地方，他也总是设法给全队提供营养，讲述有趣的故事。

我还要感谢毛里斯·卢武米欧、约翰·阿库库、费利克斯·阿库库和已故的阿苏库鲁·姆格马，在伊托姆伯维高原艰难跋涉时，阿苏库鲁是我们的领队。

自然科学研究中心的巴卢库·巴约普（Baluku Bajope）和穆希玛尼·马努努（Muhimanyi Manunu）提供了项目支持和许可，刚果(金)自然保护研究所同意我们在保护区内工作,对此我非常感激。

作为一个在非洲工作的白人，我尽一切努力公平对待与我共事多年的这些了不起的刚果（金）人，虽然我的努力还有缺陷，但那是我的目标。我真诚希望我的行动改善了同事的生活，我的工作将给我有幸了解和喜欢的国家带来利益。

感谢美国国家科学基金会的拨款，我们用这笔钱买了一台解剖显微镜和其他科学研究需要的材料，以支持在利维洛的研究中心工作的非洲同事。

2014 年，我参加了一个为护林员、学生和科学家举办的训练班，到目前为止，我们共同发表了二十多篇科学论文，这些研究成果正在帮助有关者优先考虑刚果（金）和中部非洲其他地方的保护行动。因为我们的项目，希芬德拉也得到了项目拨款，最近成为一个保护项目的负责人。

作为我们友谊与合作的证明，亚里士多德给长子取名伊莱，伊莱出生于 2011 年，当时我和亚里士多德正在加丹加省的大山里考察。虽然我和刚果（金）的同事合作密切，但我也从未忘记我是刚果（金）的客人，我永远感激那些年复一年邀请我回去的科学家、管理员和政府官员。感谢所有支持我考察的人。

# 缩略词表

AFDL（Alliance of Democratic Forces for the Liberation of Congo）：解放刚果民主力量联盟

ASA（Amphibian Survival Alliance）：两栖动物生存联盟

AK-47（Avtomat Kalashnikov assault rifle）：卡拉什尼科夫突击步枪

CRSN（Centre de Recherche en Sciences Naturelles）：自然科学研究中心

FAR（Forces Armées Rwandaises）：卢旺达武装部队

FAZ（Forces Armées Zairoises）：扎伊尔武装力量

ICCN（Institut Congolais pour la Conservation de la Nature）：刚果自然保护研究所

ISRCA（Institute for Scientific Research in Central Africa）：中部非洲科学研究所

IUCN（International Union for the Conservation of Nature [and Natural Resources]）：国际自然和自然资源保护联合会（简称“国际自然保护联合会”）

LRA（Lord's Resistance Army）：圣主抵抗军

NSF（National Science Foundation）：国家科学基金会（美国）

NGO（Nongovernmental organization）：非政府组织

RCD（Rassemblement Congolais pour la Démocratie）：刚果民主联盟

RPG（Rocket-propelled grenade）：火箭推进榴弹

RPF（Rwandan Patriotic Front）：卢旺达爱国阵线

UN：联合国

UNESCO（United Nations Educational ,Scientific and Cultural Organization）：联合国教科文组织

USAID（United States Agency for International Development）：美国国际开发署

WCS（Wildlife Conservation Society）：国际野生生物保护协会

# 斯瓦希里语词汇表

刚果（金）斯瓦希里语在单词用法和表达方式上不同于坦桑尼亚和东非其他国家使用的斯瓦希里语。许多常用的斯瓦希里语词典以这些东非国家的用法为基础。

ange: 小心，当心！

bangi: 大麻

bongo: 谎话连篇的人；也是谴责人说谎的词

habari gani: 嘿，情况怎么样？

hapana: 不

jambo: 喂，你好，打招呼

kadogo: 微小

kifo: 死

matatizo: 大麻烦

muzungu: 白人

ndiyo: 是

pombe: 酒精饮料，通常是啤酒，有时也指一种刚果私酿酒

siafu: 蚂蚁

sumu: 毒，巫术